W. MEISSEL/HELD OHNE GEWALT

INHALT

Reise nach Nord-Süd

Die DC-8 lag ruhig auf ihrem Kurs. Die Flughöhe betrug 12 000 Meter. Die Sonne blendete durch die Kabinenfenster, daher hatten die meisten Passagiere Sonnenbrillen vor den Augen, andere begnügten sich, die Vorhänge zuzuziehen.

Die Kursmaschine Kopenhagen–Tokio überflog Spitzbergen. Es war Land, vergletschertes Land zwar, aber immerhin Land. Was dann folgte, war das unendliche Schweigen. Es begann mit treibenden Eisbergen, und knapp dahinter, einige Flugminuten später, breitete sich die blendend weiße Wüste aus.

Die Triebwerke arbeiteten gleichmäßig. Die Stewardeß servierte Getränke. Die Luft war angenehm temperiert. Einige Passagiere schliefen.

„Wie lange haben wir noch zum Pol?" fragte Herr Sören.

„Eine Flugstunde noch", antwortete die Stewardeß.

„Danke."

Herr Sören legte sich genießerisch zurück und blickte aus dem runden Fenster. Hingen sie in der Luft? Rasten sie durch den Raum mit 900 Stundenkilometern? Wären nicht ab und zu Risse und Barrieren im Packeis gewesen, er hätte keine Bewegung feststellen können.

„Ja, der Pol!" murmelte er vor sich hin.

Sein Sitznachbar blickte aus seinem Buch auf und schob die Brille auf die Stirne.

„Ein geographischer Punkt – weiter nichts", sagte er, „er unterscheidet sich nicht von seiner Umgebung".

„Gewiß; aber es muß doch ein eigenartiges Gefühl sein, auf einem Punkt zu stehen, wo es nur eine Himmelsrichtung gibt, nämlich Süden", sagte Herr Sören.

„Ja. Das stimmt schon. Das hat auch viele Abenteurer und Forscher verlockt, ihr Leben dafür einzusetzen", sagte Herr Karlsen.

„Andrée zum Beispiel, Peary und Nansen, Byrd und Nobile und noch einige", zählte Herr Sören auf.

„Bei Nansen war das ein wenig anders. Es war ihm nicht einzig und allein darum zu tun, daß er den Pol erreichte. Er war doch mehr Forscher als Abenteurer. Er hatte schon auf seinem Marsch zum Pol erkannt, daß es keine wesentlichen Unterschiede zwischen dem Punkt, den er erreicht hatte, und dem Pol geben kann", behauptete Herr Karlsen.

„Für mich ist er trotzdem ein Abenteurer. Können Sie sich ein größeres Wagnis vorstellen, als sich mit einem Schiff absichtlich vom Packeis einschließen zu lassen, um über den Pol zu treiben?" begeisterte sich Herr Sören.

„Hm!"

„Drei Jahre dauerte die Drift im Packeis! Unvorstellbar. Ohne Funkverbindung, ohne besondere technische Hilfsmittel."

„Wir fliegen von Kopenhagen nach Tokio sechzehn Stunden. Mit einer Zwischenlandung in Anchorage. Drei Stunden Flug über das Packeis", stellte Herr Karlsen trocken fest. Er griff nach Notizbuch und Schreibstift.

Der Stift flog schnell über das Papier. Herr Karlsen räusperte sich: „Nansen war insgesamt sechsundzwanzigtausendzweihundertachtzig Stunden im Eis." Er schaute kurz durch das Fenster. „Eine kleine Ewigkeit."

Sie schwiegen eine Weile und blickten auf das gleichförmige Weiß, auf den schwankenden Boden, über den vor vielen Jahren beherzte Männer mit ihren Hundeschlitten dahingezogen waren.

Dort unten hatten sie gekämpft, gelitten, gehofft und den höchsten Einsatz gewagt: ihr Leben. Die Spuren waren verweht, zerschmolzen und einige hatten plötzlich irgendwo im Weiß geendet. Zurückgeblieben waren zerrissene Zelte, zerbrochene Schlitten, ein Skistock.

Aber auch sie waren untergegangen in der zermalmenden Wucht des Eises und durch das Nordmeer getrieben, einsame Zeugen eines stillen Heldenkampfes, um eines Tages an Grönlands Küste gespült zu werden.

„Was uns heute fehlt, ist ein Mann wie Nansen", sagte Herr Karlsen leise.

„Wieso? Es gibt nichts mehr zu entdecken, weder in der Arktis noch in der Antarktis", meinte Herr Sören.

„Das meine ich nicht. Ich denke an etwas anderes, an eine Persönlichkeit, die von einer so starken völkerversöhnenden Tatkraft durchdrungen ist, wie Nansen es war", sagte Herr Karlsen.

„Was sollte diese Persönlichkeit machen? Schreiben? Reden?

Um unsere internationalen Reibereien zu schlichten, haben wir doch die UNO", widersprach Herr Sören.

„Ich möchte nichts gegen diese ausgezeichnete Institution sagen. Sie ist nützlich und hat schon einiges Unheil verhindert. Aber ihre Mitglieder sind zu sehr den diplomatischen Gepflogenheiten verpflichtet. Sie sind in der Redeweise, ja auch in der Handlungsweise an bestimmte Formen gebunden. Mit einem Wort, sie sind nicht frei genug. Sie müssen vor allem auf das politische System ihres eigenen Staates Rücksicht nehmen."

„Es gibt eine Reihe bedeutender Persönlichkeiten in der UNO, vergessen Sie das nicht", versuchte Herr Sören zu überzeugen.

„Gewiß, gewiß. Aber ein einziger Mann würde genügen, wenn er imstande wäre, alle Menschen, gleich welcher Hautfarbe, Nation und Religion, von seiner uneigennützigen Lauterkeit, seiner bedingungslosen Liebe zu allen Geschöpfen zu überzeugen."

„So einen Menschen gibt es nicht", sagte Herr Sören bestimmt und fuhr mit der Hand durch die Luft.

„Damit stimme ich ja mit Ihnen überein. Aber es hat schon so einen Menschen gegeben", sagte Herr Karlsen.

„Wer war das?"

„Nansen."

Herr Sören hob sich halb aus seinem Sitz und drehte sich zu seinem Nachbarn:

„Der Polarforscher? Der Abenteurer auf Schneeschuhen?"

„Ja, gerade der. – Es ist erstaunlich, wie wenig Menschen sich an das erinnern, was an einem Genie wirklich groß war. Aber in unserer Zeit, die das Spektakuläre liebt, geht das Wunder der Liebe unter."

Herr Sören schien eine Weile nachzudenken. Dann fiel er wieder in die Polsterlehne zurück und fragte: „Was war Ihrer Meinung nach so groß an ihm?"

Herr Karlsen gab auf die Frage keine Antwort. Statt dessen schob er das Buch, das geschlossen auf seinen Knien lag, Herrn Sören zu. „Kennen Sie das? ‚Fridtjof Nansen – Sein Leben und Werk'?"

„Darf ich?" fragte Herr Sören und schlug wahllos irgendwo das Buch auf, um einige Zeilen zu lesen.

Herr Karlsen schmunzelte. Er kannte die Wirkung dieses Buches und er war darauf gefaßt, lange Zeit schweigen zu müssen. Er blickte durch die Scheiben. Die Sonne flammte über dem Eisfeld des Pols.

Ein Hauch der Unendlichkeit rührte ihn an, Raum und Zeit wurden eins über dem blitzenden Niemandsland, das mit dem Himmel in allen Richtungen der Windrose verschmolz.

Die Flugmaschine aus der bewohnten Welt durchraste den Himmelsraum. Andere Gesetze herrschten unter ihr: das Jahr teilte sich in einen Tag und eine Nacht, die Zeit hatte einen anderen Pulsschlag, der Raum war ein Vorhof der Ewigkeit.

Die Stewardeß servierte Tee. Herr Sören winkte ab; er las. Die Uhren tickten.

Gleichmäßig orgelten die Triebwerke und schoben den silbernen Pfeil über den Himmel.

Sie flogen über den Pol; sie flogen nach Süden. Sie hatten offenes Meer unter sich, eine Küste, Berge, Täler, Flüsse, sie hatten die Unendlichkeit verlassen und waren in das begreifbare Leben zurückgekehrt.

Die Leuchtschrift flammte auf: Bitte anschnallen! Nicht rauchen! „Bitte, anschnallen!" tönte eine Stimme aus dem Lautsprecher. „Wir landen!"

Eine weite Kurve brachte die DC-8 tiefer. Die Ohren schmerzten, und einige Passagiere lutschten Bonbons. Sie tauchten durch Wolkenfetzen und eine Bö rüttelte an den Tragflächen, daß die Tischchen klapperten, als führe man über eine schlechte Straße. Die Maschine setzte auf der Landepiste auf und rollte zum Flughafengebäude.

Die Zwischenlandung in Anchorage, Alaska, war sanft vor sich gegangen.

„Jetzt haben Sie den Nordpol versäumt", sprach Herr Karlsen behutsam seinen lesenden Nachbarn an.

Herr Sören hob die Schultern. „Ist es unverschämt, wenn ich Sie bitte, mir das Buch bis Tokio zu überlassen?" fragte er.

„Durchaus nicht." Herr Karlsen lächelte. „Aber das sind nur mehr sieben Stunden!"

„Das genügt für eine erste Information."

„Sie informieren sich aber gründlich."

Sie verließen die Maschine und waren nach wenigen Schritten durchfroren. Ein heftiger Wind trieb ihnen Schneeflocken ins Gesicht, und sie rannten in den wohlig durchwärmten Aufenthaltsraum für Transitpassagiere.

„Brrr!" Herr Sören schüttelte sich. „Drei Jahre Eismeer! Mein Gott, wie dieser Nansen das aushalten konnte."

„Das hat ihm nicht so viel zu schaffen gemacht wie die Gefühlskälte der Menschen, die Dummheit, der Haß und die Trägheit. Aber ich will dem Buch nicht vorgreifen", sagte Herr Karlsen.

Sie gingen gemeinsam zum Büffet, wo sie heißen Tee schlürften und auf die Starterlaubnis der DC-8 warteten.

Ein Sohn des Nordens

Norwegen liegt zwischen dem 58. und 71. nördlichen Breitegrad. Gegen seine zerklüftete Fjordküste rollen die Wogen des Atlantik, zerbricht die Dünung an den zahlreichen Schären, die wie öde Festungen vor den steilen Ufern Wache halten. Über den dunkelgrünen Nadelwäldern leuchten im Widerschein der hellen Sommernächte von den Fjellen die Gletscher; von ihnen stürzen in schwindelnden Bögen die Wasserfälle in die schmalen Schluchten, in denen die rotweiß bemalten Gehöfte eng an die steilen Berglehnen gerückt sind, um Platz zu lassen für einen Streifen grünen Landes, für ein paar Blumen und weißrindige Birken. Fischer sind die Bewohner der Küste, Bauern und Viehzüchter die Menschen in den einsamen Hochtälern, wo der Sommer nur kurz ist. Tief streichen die Wolken vom Atlantik gegen die Küste und hüllen das Land in Nebel, und wäre nicht der Golfstrom, das Treibeis käme aus der Barents-See und der Grönland-See bis vor Norwegens Strand. Der Kopf des skandinavischen Panters ist der fruchtbarste Teil des Landes. Hier wuchs am Talschluß eines Fjordes die Hauptstadt: Oslo.

Als Fridtjof Nansen auf dem Gut Store Fröen geboren wurde, am 10. Oktober 1861, hieß Oslo noch Christiania und der Fjord Christiania-Fjord. Store Fröen war ein Gutshof im westlichen Aker, heute ein Teil der schnellgewachsenen Stadt, mit einem romantischen Hinterland: unberührte Wildnis, Granitblöcke, gestürzte Fichten und Tannen, Bäche mit sprudelndem Wasser, Tümpel, versteckte Wiesen mit weichen Moosteppichen. Damals gab es dort zahlreiche Birkhühner, Hasen und Forellen.

In dieser idealen Landschaft wuchs der zweitjüngste Sohn des Rechtsanwaltes Baldur Fridtjof Nansen heran. Die Besonnenheit, die Charakterfestigkeit und die untadelige Gewissenhaftigkeit hatte Fridtjof von seinem Vater. Die Tatkraft, die Forschungsneugier und den unbeugsamen Willen verdankte er jedoch seiner Mutter, einer Frau, unter deren Ahnen der Staatsminister und Statthalter Norwegens aus der napoleonischen Notzeit zu finden ist, Graf Herman Wedel Jarlsberg. Zwei Temperamente vereinigten sich in Fridtjof und oft geschah es, daß aus einem wilden, brüllenden Indianer plötzlich ein stilles, vor sich hinträumendes Kind wurde. Gerade diese Fähigkeit, träumen zu können, war es, die ihm später zu den kühnen Eingebungen verhalf: Grönland muß von Osten durchquert werden; der Pol ist mit einem Schiff erreichbar, denn es gibt eine Strömung von Sibirien nach Grönland.

Fridtjofs Leben ist einfach gewesen. Milch, Brot und Grütze waren seine Hauptnahrung. Der Wald, die Wiese, das Wasser und die Felsblöcke waren seine Spielgefährten. Der Vater hielt ihn streng am Zügel, doch der wurde nur straff gespannt, wenn sich der junge Mann selbst zu gefährden drohte.

Das Abenteuer lockte immer wieder, auch wenn es mit Schmerzen verbunden war. Fridtjof angelte, er war ein begeisterter Schlittschuhläufer, und er bezahlte dafür mit blutigen Beulen. Einmal rettete er seinem Bruder das Leben, als dieser durch das Eis brach und in den Fluß stürzte. Kurz darauf gelang es nur mit verzweifelter Anstrengung, Fridtjof selbst aus dem Fluß herauszuziehen, als er sich nach erfolgreicher Lebensrettung wieder tollkühn auf das Eis gewagt hatte. Alles, was dem wißbegierigen, experimentierenden Fridtjof zugestoßen war, wurde ihm später von Nutzen: die Beulen auf Stirn und Knien, festgehakte Angelhaken in den Lippen, eine explodierte Schrotladung im Gesicht, die Straßenschlachten gegen eine ganze Bande – Erinnerungen an eine Zeit, in der er noch nicht wußte, wie er seine Energien lenken sollte. Eines jedoch hatte er schon damals am Beispiel seines Vaters gelernt: die Selbstzucht. Fridtjof wurde hart gegen sich selbst, klagte nie, wenn er körperliche Schmerzen ertragen mußte, und war nachsichtiger den anderen als sich selbst gegenüber.

Eines Tages wurde Fridtjof mit einer Sportart bekannt, die ihm später mehr wurde als Vergnügen und Zerstreuung, aber auch mehr als nur Mittel zum Zweck. Fridtjof erlernte das Skilaufen. Seine ersten Skier waren notdürftig zusammengebastelte Hölzer von unterschiedlicher Länge und Breite, aber er hatte trotzdem auf ihnen das große Erlebnis des Gleitens, des Losgelöstseins und der Schwerelosigkeit.

Fridtjofs Ehrgeiz bestand darin, seine größeren Brüder im Skilauf zu überflügeln. Hinter dem Haus in Fröen gab es einen Skihang mit einer Sprungschanze. Auf diesem Hang bewegte sich Fridtjof unermüdlich auf und ab, von niemandem beachtet, nur von der Haushälterin Marthe Larsen, die ihn ängstlich mit ihren Blicken verfolgte.

Von den neun Kindern, die es im Hause des Rechtsanwaltes Nansen gab, liebte sie Fridtjof am meisten. Kein Wunder, daß sie die Hausarbeit vergaß und ihre Nase an der Fensterscheibe plattdrückte. Und bei jedem Sturz, den sie mitansehen mußte, stieß sie einen tiefen Seufzer aus.

Mit verbissenem Gesicht stapfte Fridtjof höher und höher hinauf, bis er am Wiesenende stand. Dann fuhr er los, fuhr auf den Schanzentisch zu, geduckt, mit eingezogenem Kopf. Ein Eisklumpen in seiner Spur riß ihn aus dem Gleichgewicht, er stürzte vornüber, verlor die Skier, Mütze und Fäustlinge, schlug sich den Kopf blutig und blickte verwundert um sich. Als er das Blut warm über seine Stirn rinnen spürte, humpelte er, ohne einen Laut von sich zu geben, durch die Hintertür zu Marthe in die Küche.

„Bitte, Marthe, verbinden", sagte er kleinlaut.

„Hast du keine Schmerzen? Hast du dir nichts gebrochen? Laß dich angreifen, die Arme – so. Spürst du etwas? Nein? Die Beine – auch nichts?"

Marthe reinigte die Wunde und schüttelte den Kopf.

„Das müssen wir doch wohl der Mutter zeigen", meinte sie besorgt.

„Nein, nein!" widersprach Fridtjof heftig. „Dann muß ich im Haus bleiben, und ich will heute noch einmal gut über die Sprungschanze kommen."

Stumm umwickelte Marthe die verletzte Stirn, schweigend schlüpfte Fridtjof zur Tür hinaus, suchte seine Bretter zusammen und stapfte den Hang hinauf.

„Er ist etwas Besonderes, der Junge", murmelte Marthe hinter dem Fenster.

Als Fridtjof bei seinem nächsten Versuch die Sprungschanze bezwang, war Marthe stolz und begann heimlich ein Törtchen zu bereiten, das sie am Abend zu Fridtjofs Bett bringen wollte.

Fridtjof verzichtete seit diesem Märztag nie mehr auf das Skilaufen. Seine große Sehnsucht und sein geheimer Wunsch war es daher, neue Skier zu bekommen.

Als der Buchdrucker Fabritius an Fridtjofs Übungsplatz vorbeikam und sah, wie sich der Junge mit den ungleichen Brettern abrackerte, da sagte er: „Fridtjof, das verspreche ich dir: du wirst ein paar neue Skier von mir bekommen."

Dieser Satz grub sich in Fridtjof ein, und er konnte ein ganzes

Frühjahr und einen ganzen Sommer lang an nichts anderes mehr denken als an die Worte des Buchdruckers Fabritius.

Als der Herbst kam und der erste Reif die Gräser auf den Wiesen erstarren ließ, hielt es Fridtjof nicht länger aus, er lauerte dem Buchdrucker auf.

Als er Fabritius die Straße herunterkommen sah, rannte Fridtjof ihm entgegen und rief: „He! Was wird aus meinen Skiern?"

Fabritius lachte und antwortete: „Du wirst sie schon bekommen."

Fridtjof ließ aber nicht locker und kam tagtäglich zur Straße, wenn Fabritius vorbeifuhr, und schrie ihm von weitem zu: „He! Du! Was wird aus meinen Skiern?"

Fabritius winkte jedesmal lachend ab und vertröstete den Jungen auf später. Der Buchdrucker hielt aber sein Wort. An dem Tag, an dem der erste Schnee fiel, trat am Abend die Schwester ins Zimmer und reichte Fridtjof ein langes, schweres Paket. Es waren die versprochenen Skier.

„Meine Skier!" schrie Fridtjof und schnallte sie sofort im Zimmer an. Seit diesem Tag war er noch weniger im Hause zu finden als früher.

Von Fröen reichte der Blick weit hinaus auf den Fjord und weit hinunter in die Stadt, aber auch hinauf zu den Bergen, zur berühmten Huseby-Schanze, auf der die Sprungwettkämpfe ausgetragen wurden. Obwohl Vater Nansen großzügig alle Sprunghügel zur Benützung bewilligte, die Huseby-Schanze hatte er seinen Söhnen verboten. Aber gerade sie lockte, und Fridtjof übertrat das Verbot und stapfte klopfenden Herzens den Sprunghügel empor.

Die ersten Sprünge glückten, weil er den Anlauf verkürzte. Als er aber sah, daß die geübteren Springer weit in den Wald hinaufstiegen, um zusätzliche Sprungkraft zu bekommen, da hielt es Fridtjof nicht länger: er keuchte noch höher hinauf als die anderen.

Mit sausender Fahrt kam er auf den Sprungtisch, hob sich in die Luft und schwebte weit hinunter. Doch der Aufsprung mißglückte. Er raste gegen eine Schneewächte, verlor die Skier und wurde weitergeschleudert, fiel kopfüber in einen Schneehaufen, in dem er steckenblieb.

Auf dem Sprunghügel war es totenstill geworden. Allen Zuschauern hatte es die Sprache verschlagen, als sie den gefährlichen Sturz des kleinen Jungen mitangesehen hatten. Doch Fridtjof zappelte mit den Beinen in der Luft und wand sich prustend aus dem

Schnee heraus. Da erscholl ein befreiendes Gelächter den Hügel hinauf und hinunter, und Fridtjof klaubte seine Skier zusammen und schlich sich diesmal geschlagen nach Hause.

Im Sommer zog Fridtjof mit dem Teekessel und der Angelrute in die flußreichen Wälder. Die Nächte waren hell, der Schlaf war kurz; die Ausbeute an Forellen war groß. Tagelang, oft wochenlang führte er ein Robinsonleben, begnügte sich mit einer Brotrinde und briet den Fisch in glühender Asche. Das war ein Leben nach seinem Geschmack: Freiheit und Unabhängigkeit. Gewiß, der Preis dafür war hoch; denn das wußte er schon in seiner frühen Jugend, daß er Freiheit und Unabhängigkeit nur erlangen konnte, wenn er bedürfnislos blieb.

Mit 15 Jahren verlor Fridtjof seine Mutter. Das große Gut Fröen wurde verkauft, und der Rechtsanwalt zog mit seinen Söhnen nach Christiania. Niemand von ihnen brachte es noch nach Jahren über das Herz, an Fröen, das nun nicht mehr ihnen gehörte, vorbeizugehen, ja sie mieden sogar die Umgebung und nahmen große Umwege auf sich, wenn sie in die Nähe ihrer ersten Heimstätte kamen.

In der Schule war Fridtjof nicht der Klassenbeste, gewiß aber der geistig regste. Seine Lieblingsfächer waren Physik und Chemie, Zeichnen und Mathematik. Und da Fridtjof das Glück hatte, an der Schule, die als eine der besten im Lande galt, von hervorragenden Lehrern unterrichtet zu werden, überwand er auch so manche Rückschläge. Er war nie faul, aber seinem Kopf entsprangen tausenderlei Pläne und zahllose Fragen, die er neben der Schule zu bewältigen trachtete. Er versuchte den Dingen auf den Grund zu kommen, und wenn er nicht mehr weiterwußte, dann stahl er sich nachts ins Freie. Beim Anblick der Sterne kam er jedesmal wieder ins Gleichgewicht, denn er fühlte sich als Teilchen des weiten Alls. Diese Empfindung machte ihn bescheiden, und gleichzeitig bewog sie ihn, weiter und tiefer in alle Zusammenhänge des Lebens einzutauchen. Nansen war schon im Gymnasium jene seltsame Mischung zwischen Wissenschaftler und körperhuldigendem Sportler. So trat er zuweilen in der Physikstunde zur Tafel und zerpflückte mitleidlos die Beweisformel, die der Lehrer angeschrieben hatte. Mit flinken Strichen setzte er eine andere Formel darunter und bewies das Gegenteil. Dann sagte der Lehrer: „Ja, richtig. Wisch ab."

Am nächsten Tag wußte die ganze Schule, daß der verteufelte Nansen einen neuen Satz geprägt hatte. Aber der „verflixte" Nansen hatte schon wieder etwas anderes im Sinn, wovon er sich mehr versprach. Der ausgezeichnete Angler, der treffsichere Schütze versuchte sich zur Abwechslung auf dem Eis, brach den Landesrekord und wurde hinter dem späteren Weltmeister Axel Paulsen Zweiter im Eisschnellauf.

Als die Nachricht von diesen Erfolgen in der Stadt kursierte, stand er aber schon längst wieder woanders. Er holte sich auf der großen Huseby-Schanze beim Wettspringen einen Preis. Diesen Preis nahm er jedoch nicht mit nach Hause, denn als er die Burschen aus Telemark Skilaufen gesehen hatte, wie sie die Hänge herabsausten, sprangen und geschmeidig ihre Kurven zogen, kam er sich armselig und stümperhaft vor. Er ruhte nicht eher, bis er die neue Lauftechnik beherrschte; erst dann nahm er wieder an Wettbewerben teil.

Nansen eröffnete dem Skilauf damals noch verschlossene Reiche. Der Langlauf durch die winterlichen Fluren, durch den Wald, hinauf in das Hochgebirge mit den unermeßlichen Weiten war es, was er als Ziel betrachtete.

Er forderte nie das Schicksal bewußt heraus, doch liebte er ein gewisses Maß an Gefahr; nicht, weil er sich mit einem Erfolg brüsten wollte, sondern deshalb, weil er die Bewährung suchte. In Jotunheimen, als er mit seinem Bruder den schwarzen Gipfel des Svartdalberges berannte, stürzte er beinahe ab. Vor den Augen des entsetzten Bruders glitt er über ein Firnfeld in die Tiefe und konnte sich im letzten Augenblick mit aller Kraft seiner Hände und Beine davor bewahren, über die Wand hinausgeschleudert zu werden.

Narr schalten ihn die einen; Held nannten ihn die anderen. Er war weder das eine noch das andere. Daß er einem Heldentum entgegenging, das konnte er nicht ahnen, einem Heldentum, das so ganz anders war, als man gewöhnlich anzunehmen pflegt.

Fridtjof Nansens Jugend unterschied sich nur in wenigen Dingen von der Jugendzeit eines anderen Menschen. Er war ein Suchender, der das rechte Maß zu finden hoffte. Manchen bleibt der Erfolg verwehrt, ihm gelang es, jene Harmonie zwischen Geist und Körper herzustellen, jene glückliche Ergänzung zu schaffen, wo eines dem anderen zu neuen Höhen, zu neuen Erfolgen verhilft. Er, der waghalsige Bergsteiger, dem die Natur das Auge schulte und die Seele öffnete für die Schönheit des nachtblauen Sternenhimmels, er war auch imstande, sich loszureißen von den Abenteuern des Lebens und mit ganzer Kraft einzutauchen in die

Abenteuer des Geistes. Er bestand das Abitur mit „Gut" und bekam auf sein erstes Universitätsexamen die seltene Auszeichnung: prae ceteris = vor allen übrigen.

Und nun? Was sollte nun geschehen? Welches Studium sollte er ergreifen? Welche seiner vielseitigen Anlagen und Fähigkeiten sollten spezialisiert werden? Die Wahl stand zwischen Mathematik, Physik, Chemie – vielleicht aber auch Astronomie, um den Bau des Weltalls zu ergründen. Wo bliebe dann die geliebte Natur? Der Skilauf, das freie Leben in den Wäldern? Das Meer lockte ihn, die Berge, das Abenteuer. Wie wäre es mit Zoologie?

Zoologie! Natürlich, das war sein weiteres Studium. Das bedeutete zugleich wissenschaftliches Forschen und ein Leben in freier Natur. Kurz entschlossen belegte er dieses Fach an der Universität und vergrub sich in die Arbeit.

Vater Nansen hingegen meinte, Fridtjof sei auf „Abwege" geraten und er hätte sich der Zoologie nur zugewendet, weil sie ihm Zerstreuung und ein Leben in Freiheit verhieß. Er bezeichnete seinen Sohn als „Herrn Unverantwortlich", der lieber auf Abenteuer auszog, als sich ans Studium zu halten. Mit dem Vorwurf des Vaters wurde Fridtjof bald fertig. Denn nichts prägte seine Arbeit so sehr wie sein Verantwortungsgefühl.

Als die zwei allgemeinbildenden Semester vorüber waren, gab Professor R. Collett, ein Freund der Familie und bedeutender Zoologe, dem jungen Studenten einen Rat, der begeistert aufgenommen wurde.

„Fahren Sie mit einem Robbenfänger hinauf ins Eismeer", sagte Professor Collett. „Ich weiß, Sie sind ein tüchtiger Sportsmann und ein geübter Schütze."

„Halten Sie das für vertretbar, Herr Professor?" fragte der junge Nansen aufgeregt und von der Aussicht auf ein Abenteuer begeistert.

„Gewiß. Ich betrachte diese Reise als eine erste Schulung des Naturforschers. Machen Sie Beobachtungen und Aufzeichnungen über Wind und Wetter, See und Eis und über das Tierleben."

„Aber wird man mich mitfahren lassen?"

„Überlassen Sie das mir."

So kam es, daß Fridtjof Nansen mit einem der verwegensten Eismeerkapitäne gegen Norden zog. Kapitän Krefting und die Reederei hatten ihm die Erlaubnis erteilt.

Eismeerfahrt

Am 11. März 1882 segelte der „Viking" aus dem Fjord hinaus. Am Heck stand der einundzwanzigjährige Nansen und blickte zur entschwindenden Küste zurück. Seine kräftigen Hände umschlossen das Geländer, seine blauen Augen suchten sich das Land einzuprägen, über das nun bald der Frühling seine Farben breiten würde. Und diesmal würde er nicht dabei sein. Er hatte zum erstenmal Nordmarken verlassen, ließ Wald und Seen und Flüsse hinter sich und begab sich auf eine unbekannte Reise auf einem ihm unbekannten Element.

Der „Viking" war ein gutes Schiff: der Bug war stark, die Rippen standen dicht, das Holz war fest, und es war bereit, eine Eispressung auszuhalten. Kapitän Krefting jagte das Schiff auf Kurs nach Jan Mayen. Alle Segel waren gesetzt, und die Maschine lief mit ganzer Kraft voraus. Die 60 Mann starke Besatzung brannte darauf, zu den Eisfeldern zu kommen, auf denen die Robben lagerten, ehe sie der Sommer weiter nach Norden lockte.

Das Meer empfing Nansen. Es empfing ihn mit einem Sturm aus der Grönland-See, es wälzte ihm Berge entgegen, denen sein Fuß nicht standhalten konnte. Die Berge rollten heran, überschlugen sich, überschäumten das Deck, rissen an den Wanten, zerrten an den Seilen, verebbten hinter dem Heck, wälzten sich aus dunkelgrünen Abgründen zu weißgischtenden Gipfeln – stundenlang, nächtelang, tagelang. Das gleichmäßige Tuckern der Maschine war verklungen. Eine andere Kraft zog sie, schob sie nach Norden. Der „Viking" rollte und stampfte in der schweren See.

Ein neuer Morgen kroch bleigrau durch den Nebel, ein neuer Mittag ging in den jagenden Wolkenfetzen unter und floh nach Norden vor einer neuen Nacht, die das schwarze Meer mit dem schwarzen Himmel vermählte.

Nacht auf dem Meer. Nansen lag in der Kabine, schnallte sich in der Koje fest und versuchte seine Gedanken zu ordnen. Aber die Stimme des Sturms lenkte ihn ab; sie jammerte und klagte, sie kam von weither und raste in weite Fernen davon, vielleicht zu Küsten, an denen Menschen hausten und aus den Fenstern ihrer Häuser in die Nacht starrten nach den Fischern, die nicht heimgekommen waren.

Ein splitternder Knall und ein dröhnendes Krachen riß ihn aus seinen Gedanken. Nansen stürzte an Deck. Die Großrahe war unter der Wucht einer Bö gebrochen.

Kapitän Krefting lehnte am Ruder. Unter seinen buschigen Brauen wurden die Augen schmal, seine Stimme klang laut und besonnen durch den Lärm, und flink gehorchte die Mannschaft seinen Befehlen. Unbesorgt und ruhig klärte sie das Deck, als wären Sturm und Wogen abgeflaut.

Nansen begann das Meer zu verstehen. Er begriff das neue Abenteuer. Wenn er neben Krefting stand und in die schwarze Nacht starrte, dem Brüllen des Meeres lauschte, wenn plötzlich ein weißer Berg gierig heranstürzte und wie eine Faust auf das Deck schlug und den „Viking" hinabdrückte in die Tiefe, aus der er zitternd und in allen Fugen ächzend noch einmal heraufstöhnte, noch einmal – das war bereits eine bange Frage an das Schicksal.

Krefting schrie: „Achtung, Sturzsee!"

Die Hände griffen blitzschnell nach einem Halt, und Mann und Schiff wurden begraben unter der Last der See, und der Atem stockte, und die Kraft wollte schon erlahmen, aber die See spie sie wieder aus der Finsternis des Meeres in die Schwärze der Nacht. Hinter dem Heck verrollte aufbrüllend die Woge.

Nansen verstand das Meer. Er begriff den Mut der Männer, er erfaßte mit einem Mal die Größe ihrer Arbeit, vor der seine Skifahrten und seine Abenteuer verblaßten, aber gleichzeitig wuchs sein Mut, und er fühlte sich verbunden mit den Männern, die um ihn waren. Er spürte die Verlorenheit; denn unter ihnen war nichts als das wütende Auf und Ab des Meeres und über ihnen die Dunkelheit der Nacht.

Plötzlich liebte er das Schiff wie ein lebendiges Wesen.

Der Sturm ließ nach, der Tag kam mit höheren Wolken. Sie sichteten ein Wrack. Die zerfetzten Segel wehten im Wind, die kalten Wellen überspülten das leere Deck, und die zerbrochenen Maste hingen über die Reling.

Vorbei – stumm blickten die Männer zurück und verfolgten den grotesken Tanz des führerlosen Schiffes, bis es am Horizont verschwand.

Dann war der gellende Schrei des Sturmvogels über ihnen, einsamer Bote des Eismeeres. Sie waren Jan Mayen näher gekommen. Nansen kletterte in den Mastkorb, aber das Eis blieb aus. Die Temperatur sank um einige Grade, die Wellen schimmerten smaragdgrün, und ein erster Sonnenstrahl stahl sich durch eine Wolkenlücke und entzündete auf den Wellen ein sprühendes Feuerwerk.

Endlich, in der Nacht ertönte der Ruf: „Eis voraus!"

Nansen stürzte an Deck. Die Nacht war schwarz, er starrte in die Finsternis, spürte einen kühlen Hauch und vernahm ein glucksendes Geräusch, das langsam an der Steuerbordseite näher kam. Und dann gewahrte er einen weißen Schimmer, der langsam an dem „Viking" vorbeitrieb: ein Stückchen Eis.

Enttäuscht wollte er sich abwenden, da bemerkte er, wie eine größere Scholle heranglitt, dann noch eine, eine dritte, dann unzählige, von denen viele gegen den Bug krachten, an den Bordwänden scheuerten, sich übereinanderschoben mit knirschenden, singenden Geräuschen. Und als Nansen jetzt die Augen hob und gegen Norden blickte, sah er ein seltsames Leuchten, das am Horizont stärker war als im Zenit, ein weißes, kaltes Licht: das Eislicht. Und er lauschte. Ein Ton kam aus Norden her, das Dröhnen einer Brandung, obwohl das Meer fast ruhig war. Das Leuchten war das gespenstische Licht des Eises, das sich im Nebel spiegelte, der ferne Donner war das Geräusch der stoßenden, schiebenden und splitternden Schollen, an denen sich die Wellen brachen. Die Stimme des Nordens hielt Nansen gefangen, der Hauch der Arktis hatte ihn verzaubert.

Am nächsten Tag tobte der Sturm. Sie fuhren am Eis entlang auf der Suche nach Robbenplätzen.

Nachmittags tönte ein Ruf vom Auslug: „Schiff in Lee!"

Es war der „Jason". Ein kurzes Gespräch und die Schiffe trennten sich wieder. Wieder kam eine Nacht, aber endlich eine Flaute, Mondlicht auf den Eisfeldern und eine lautlose Fahrt durch ein weißes schweigsames Reich, das nicht von dieser Welt schien.

Suchen, suchen – leer war das Meer, leer das Eis, und die Stimmung der Mannschaft sank. Ein anderes Schiff kreuzte auf, die „Vega". Nansen sah endlich *das* Schiff, auf das die ganze Welt geblickt hatte. Mit ihm hatte Nordenskiöld ein großes Spiel begonnen und Triumph geerntet. Er hatte die Nordost-Passage gefunden. Dort drüben lag sie nun, die „Vega", ihre dunkle Silhouette ragte gegen den Regenhimmel, und als der Mond durch die Wolken brach, setzte er das hohe, schlanke Takelwerk ins Licht.

Nansen saugte das Bild des Schiffes in sich ein. Das war das Abenteuer, so sah es also aus! Vor Monaten noch Heimstatt kühnen Menschengeistes, jetzt Robbenfänger, Schiff handfesten Zwekkes. Das dunkle Boot im Mondlicht war ein Höhepunkt der Fahrt, es blieb ihm unvergeßlich und entzündete in ihm ein Feuer, das nimmermehr zu löschen war.

Sturm und Windstille lösten einander ab. Der „Viking" drang in das Eis ein, befreite sich aus der Umklammerung, lag fest, kreuzte vor Spitzbergen, und die Suche nach den Robbengründen blieb vergeblich. Die Mannschaft wurde mürrisch, stumm und unzufrieden.

Nansen empfand nicht so. Er hatte den Atem der Eiswelt gespürt, den Flammenzauber des Nordhimmels und die zarte Farbenskala der Schollen und Eisberge gesehen, ihre grünen, blauen, schillernden Schatten, die Möwen im lichten, unendlich scheinenden Raum bewundert und ihren langgezogenen wehmütigen Schreien gelauscht. In den Nächten leuchtete ein kaltes Feuer; ein lautloser Farbensturm jagte über den Himmel, ein unhörbarer Wind blies in diese Netze aus Licht und bewegte sie, schleuderte sie von Ost nach West, rollte sie zusammen, entrollte sie wieder zu tanzenden Arabesken in Rot, Gelb und Grün. Nansen stand und sah das Nordlicht* flammen, er sah Bewegung und leuchtende Energie. Er war stumm, sein Herz klopfte, und die Gedanken waren auf der Suche nach Zusammenhängen dieses prachtvollen Lebens.

Fünf Wochen lang jagten sie den verschwundenen Robben nach. Und dann, eines Tages, waren sie da. Nansen verließ Mikroskop, Tagebuch, Schöpfnetze und Aufzeichnungen. Er, der von der Mannschaft heimlich verlacht wurde, sprang in eines der Boote, schoß, ruderte, schoß, feuerte die Leute an und brachte reiche Beute zum Schiff. Das größte Fangboot wurde ihm zur Führung anvertraut, denn niemand lud und schoß rascher und zielsicherer als er.

Von Tag zu Tag machte Nansen reichere Beute, und schließlich war sein Boot das beste. Jetzt gehörte er ganz zu ihnen, zu den schweigsamen, mürrischen Männern. Nicht nur das; sie respektierten ihn als Anführer, und als er eines Tages alle 60 Mann einschließlich des Kapitäns im Rumpfhaken-Spiel auf die Deckplan-

---

* Das Nordlicht ist im Glauben der Eskimos das Spiel der Toten.

ken warf, war er der tollste Bursche, der je das Nordmeer befahren hatte. Wie recht sollten sie haben, die ahnungslosen Propheten!

Kaum daß die Fahrt sich zu lohnen begann, fror das Schiff im Eis ein und trieb unaufhaltsam auf Grönlands Küste zu. Nansen stieg auf das Eis hinaus, wanderte zwischen den Blöcken und Türmen umher, erlegte Möwen und fischte.

Da fand er ein Stück Treibholz. War es mit dem Golfstrom von Amerika gekommen? Während er das Holz sinnend in der Hand hielt und der Reise nachträumte, die es zurückgelegt haben mochte, kam ihm der Gedanke: Gab es vielleicht eine Strömung von Sibiriens Küste zum östlichen Grönland? Gab es einen Eisstrom über den Pol?

Neben ihm krachten einige Eistürme zusammen und schreckten ihn auf. Nansen kehrte zum Schiff zurück. Der Gedanke nach einer möglichen Drift über das Nördliche Eismeer wurde beiseite geschoben.

Der „Viking" trieb näher an die Küste. Kapitän Krefting betrachtete die Bewegung sorgenvoll. Viele Robbenfängerschiffe waren schon im Eis zerbrochen und an den Felsen zerschellt.

24 Tage saugte sie die Strömung der Dänemark-Straße nah und näher an Grönland vorbei: eine Straße des Todes, der Weg des Schreckens aller Robbenfängerschiffe.

Nansen saß im Mastkorb und ließ den Zeichenstift über das Papier fliegen. Dort drüben, jenseits des Treibeisgürtels, ragten Zinnen und Zacken empor, glänzten tiefe Fjorde, gefüllt mit mächtigen Gletschern, die in das Meer kalbten. Und hinter den bizarren Gipfeln lag ein Panzer aus Eis, der sich wie ein Schild wölbte und anstieg bis zu den Wolken und in ihnen verschwand.

„Bär in Lee!" rief Kapitän Krefting zu ihm hinauf.

Zeichenstift, Papier und Farben flogen zur Seite, und er stürzte hinaus auf das Eis, wie er war. Aber zu spät. Der Bär hatte inzwischen Zeit gehabt, davonzutraben und war in der weißen Gleichförmigkeit des Eises untergetaucht.

Krefting schrie von der Brücke lachend zu Nansen: „Ja, das ist das Rechte, oben im Mastkorb einen Jungen zu haben, der den Bären nicht sieht, und wenn er direkt vor dem Bug steht!"

Aber kaum befand sich Nansen wieder an Deck, meldete ein Matrose einen zweiten Bären.

„An Land!" schrie Krefting, und mit gewaltigen Sprüngen setzten sie hinab auf das Eis: der Kapitän, einige Matrosen und Nansen.

23

Nansen war schneller als die anderen in seiner Wollkleidung und in den leichten Schuhen. Aber der Bär war noch flinker und trottete davon. Nansen blieb ihm an den Fersen. Während die anderen eine Wake umgingen, riskierte Nansen einen Sprung. Er landete auf einer zu schwachen Eiskante, durchbrach sie, stürzte in das Wasser, schwamm, warf das Gewehr auf die Eisscholle. Das Gewehr glitt zurück, Nansen tauchte ihm nach, fand es, warf es höher hinauf und kletterte triefend nach.

Wo war der Bär? Dort! Er jagte ihm nach, bog um einen Eishügel und prallte zurück. Der Bär stand drohend vor ihm. Nansen schoß ungezielt, und der Bär stürzte ins Wasser, getroffen von einem Streifschuß. Von einem Eishügel sah Nansen tief im Wasser den wegtauchenden Bären. Er wollte ihn auf der anderen Seite der Wake empfangen, ihm zuvorkommen. Aber die Wake war breit. Doch in der Mitte trieben zwei Eisschollen. Vielleicht hielten sie. Es wurde ein gewagter Sprung, und während er um das Gleichgewicht kämpfte, tauchte plötzlich der Bär aus dem Wasser empor, und seine Tatze hieb wütend gegen die Scholle. Nansen blickte in die zornigen Augen, den aufgerissenen Rachen, und während er stürzte, schoß er. Nansen platschte in das Wasser, der Bär sank unter, doch Nansen erfaßte ihn beim Ohr und klammerte sich mit einer Hand an die Eisscholle, bis die anderen herankamen und ihn herausholten.

„Kein übles Kunststück, was du da geliefert hast", sagte Krefting. „Aber jetzt lauf schleunigst zum Schiff zurück. Du bist bis auf die Haut naß. Ich kann keine Kranken auf meinem Kasten brauchen."

Auf dem Weg zum Schiff begegnete Nansen einer wilden Jagd. Drei Mann der Besatzung waren hinter drei Bären her. Nansen vergaß das Schiff, er vergaß seine nassen Kleider und raste über das Eis. Seine Gefährten schoßen zu früh, verwundeten einen Bären, der brüllend davonstürzte. Nansen jagte ihm nach, stellte ihn und streckte ihn mit einem Kopfschuß nieder.

Wo war der nächste? Vom Schiff aus gaben sie ihm Zeichen. Endlich erblickte er den zweiten, über einen Seehund gebeugt. Ein Schuß verletzte ihn, er trottete hinkend davon, Nansen rannte ihm nach. Die anderen blieben zurück. So jagte Nansen über das Eis, zwei Kilometer, drei Kilometer, fünf. Nansen sprang, schwamm, glitt aus, raffte sich auf, vom Jagdfieber gepackt und von seiner Ehre gehetzt.

Dann erlegte er ihn. Er war mit dem toten Tier allein in der Eiswüste. Das Schiff war fern und nur seine Mastspitzen ragten über die Eishügel. Der gelblichweiße Pelz lag vor ihm, aus der Brust sickerte ein dünner Faden Blut. Stille war um sie, nur das feine Singen des Eises sprang von Scholle zu Scholle. Das Jagdfieber war in Nansen erstorben, und beschämt blickte er auf seine Beute. Eine Wunde brach in ihm auf, und als ihn die Kameraden erreichten, überließ er ihnen wortlos das tote Tier.

Gedankenverloren wanderte er zum Schiff zurück, sperrte sich in seine Kabine ein und griff, wie immer, wenn ihn etwas bedrückte, zum Tagebuch: „Herrgott, wie gemein ist es doch, daß ein Stückchen Blei genügt, um dieses herrliche freie Leben auszulöschen."

Das war seine letzte Jagd auf dem „Viking". Niemand lachte mehr heimlich über ihn nach diesem Wettlauf um die Beute. Und wenn sie über ihn sprachen, schwang immer Hochachtung in ihrer Stimme mit.

„Der Bursche war wie das Donnerwetter hinter dem Bären her", sagte einer der Matrosen.

„Er war ebenso oft unter Wasser wie drüber, sag' ich euch, er wird seine Gesundheit ruinieren, sagte ich zu ihm. Aber er, was sagt er, er zeigte auf sein wollenes Zeug und lacht", erzählte ein anderer.

Der Harpunier schüttelte den Kopf, dann hieb er auf den Tisch: „Das Tollste ist, daß der Mensch den dritten Bären angeht und hat nur noch eine Patrone im Lauf – und keine mehr in der Tasche!"

Immer noch hielt sie das Eis gefangen, immer noch zogen sie an den Bergen und Gletschern Grönlands gefährlich nahe vorbei. Nansen hockte wieder vor dem Mikroskop und betrachtete Kieselalgen und einen sonderbaren Schlamm, den er von den Eisschollen gekratzt hatte. Waren es organische Stoffe? Wie kamen sie in diese Einöde? Das Treibholz – und jetzt der Schlamm? Und wieder tauchte der Gedanke auf: Kamen die Zeichen des Lebens aus Sibirien? War nicht auch dieser Eisstrom, der sie seit Wochen fesselte, von dort drüben gekommen?

Dann kroch er in den Mastkorb und blickte stundenlang hinüber in das unbetretene Grönland. Stille war dort und Schweigen. Konnte er nicht hinüber? Zwischen ihm und dem Land trieb nur der Strom des Eises. Es müßte möglich sein.

Die Bitte um ein Boot schlug Krefting glattweg ab. So blieb ihm nur das Fernglas, mit dem er sich das Land heranholte. Felsen sah er, Erde, Bäche. Die Wolken warfen ihre Schatten auf das Festland, das unverändert dalag seit Jahrtausenden und unverändert liegen wird – wie lange noch? Wird er es sein, der die ersten Spuren durch den Schnee zieht?

Ein heftiger Stoß erschütterte das Schiff. Der Griff des Eises hatte sich gelöst. Der „Viking" fand eine Rinne ins offene Meer.

Als Norwegens Küste auftauchte und der Geruch von Land und Regen wieder zu Nansen kam, empfand er das doppelt schön. Er würde wieder in den Wäldern sein, er würde wieder auf den Bergen stehen. Es war Juli, als sie in den Hafen von Arendal hineinglitten, und die grünen Inseln und die roten Holzhäuser grüßten die Heimkehrenden. Aber so sehr Nansen die Bilder der freundlichen Küste einsog, immer wieder schoben sich andere dazwischen. Das waren Zinnen und Zacken einer Küste, deren Hinterland noch niemand bezwungen hatte.

Der Atem der Arktis hatte Nansen gestreift, und er war ihm verfallen.

Diener der Wissenschaft

Nansen segelte den Christianiafjord hinauf. Er wußte noch nicht, daß ein weiterer Markstein in seinem Leben gesetzt worden war. Ein Doktor Daniellsen, weltbekannter Arzt und Leiter des Museums in der Stadt Bergen, hatte sich an Prof. Collett um Hilfe gewandt. Er suchte einen neuen Assistenten oder einen Kurator für die zoologische Abteilung des Museums. Collett empfahl Nansen. Das war geschehen, während Nansen vor der grönländischen Küste mit dem „Viking" festgefroren war, als er in Turnschuhen Bären jagte, Möwen schoß und Robben fing.

Dieses Angebot kam wie ein Geschenk. Nansen sagte sofort zu und reiste nach einem kurzen Besuch bei seinem Vater nach Bergen weiter. Ihm, dem Einundzwanzigjährigen, wurde ein Vertrauensvorschuß gewährt, dessen er sich würdig erweisen mußte. Collett vertraute ihm. Er schätzte den Robbenfänger, Eisbärjäger, Skiläufer und Wahrheitssucher, der wie ein Hüne aus Peer Gynt aussah und mit seiner Meinung nicht hinter dem Berg hielt und dessen Beharrlichkeit fast an Starrsinn grenzte. Collett hatte das Gefühl, daß Nansen einen vorzüglichen Wissenschaftler abgeben müßte.

Nansen traf in Bergen ein und wurde in eine strenge Schule genommen. Daniellsen, der unerbittliche Lehrer, maßlos in der Selbstaufgabe für die Wissenschaft, verlangte auch von seinem Schüler völlige Hingabe an den Beruf. Nansen beugte sich über sein neues Mikroskop und vergaß den Schneeschuh, die Angelrute – er vergaß vorübergehend Grönland.

Ihn fesselte die neue Arbeit. Hier brauchte er nicht mehr zu lauschen, was aus dem Munde eines Professors an Wissen kam. Hier mußte er selbst forschen, selbst die Wahrheit suchen und zu finden trachten, hier mußte er eigene Wege und Methoden entwickeln, die ihn zum Kern der Dinge bringen sollten. Was hatte neben solchen Aufgaben noch Platz?

Nansens Wesen war durch seine ostnorwegische Heimat geprägt.

Er konnte daher mit dem Klima des Westens und den schneelosen aber regenreichen Wintern Bergens nie ganz vertraut werden. Trotzdem schenkte ihm diese Stadt ein beglückendes Zugehörigkeitsgefühl. Bergen erlebte damals eine zweite kulturelle Blüte und vermittelte Nansen ein solides geistiges Fundament. Ein neues Theater war entstanden. Ibsens Stimme drang von hier in die Welt. Edvard Griegs Melodien klangen zuerst in Bergen, ehe sie die Menschen anderswo aufhorchen ließen; Björnson war in der Stadt, und Schiffe kamen und gingen von überall her nach überall hin.

Es war eine gute Stadt, eine lebendige Stadt in einer sanften Bucht, geschützt vor schweren Stürmen durch Inseln und Schären. Viele nannten sie „die Stadt der Regenschirme". Nur manchmal, wenn Nansen der Rücken schmerzte vor dem Mikroskop und der Körper aufbegehrte und hinausstürmen wollte in die Natur, wenn die Sehnsucht nach dem Eis, den Fernen und schneestiebenden Abfahrten unerträglich wurde, dann konnte auch der dichteste Regen Nansen nicht mehr zurückhalten. Er rannte in die Berge, er sprang über Sturzbäche, raste über Schutthalden, bis ihn die Muskeln schmerzten. Dann war er zufrieden, und ruhig geworden kehrte er zum Mikroskop und zu seinem Lehrmeister zurück. Seine Abenteuerlust lenkte er auf eine andere Welt, auf eine Welt, die voll von Geheimnissen war und Überrraschungen bot, wie er sie nie erwartet hatte. Der Mikrokosmos sprang ihm riesengroß entgegen, wurde eine Welt, weit und bewegt wie der Nachthimmel mit seinen ewigen Gesetzen und versetzte ihn in Staunen und Ehrfurcht. Und Daniellsen, der Chefarzt des Krankenhauses und Leiter des Museums, der geistige Motor der Stadt Bergen, spornte ihn an, beflügelte ihn – schätzte ihn bereits nach wenigen Wochen.

Nansens Vater, der noch immer vor der Unbeständigkeit seines Sohnes Angst hatte, erschrak über eine Photographie, die ihm Fridtjof sandte. Briefe kamen aus Christiania zu Fridtjof.

„Du mußt Umgang mit Gleichaltrigen suchen. Du darfst nicht vorzeitig alt werden."

Fridtjof tröstete seinen Vater und berichtete ihm, daß er Mitglied von zwei Turnvereinen sei und oft genug mit seinem Hund die Berge der Umgebung unsicher mache. Trotzdem schwang ein sehnsüchtiger Ton in seinen Berichten mit, die er seinem Vater schickte. Er selbst hatte jedoch erkannt, daß die beste Medizin gegen seine Ratlosigkeit die Arbeit war. Stolz berichtete er seinen ersten Erfolg nach Hause.

„Ich kann, glaube ich, sagen, daß meine Arbeit erfolgreich ist",

28

schrieb er, und er wurde darin von einem englischen Professor bestätigt, der ihn von Bergen weg sofort an die Yale-Universität nach Amerika holen wollte.

Aber sein Land verlassen? Nein, das konnte er nicht. War es nur das, oder brannte in ihm schon das Feuer eines neuen Abenteuers, für das er sich unabhängig wissen wollte?

Noch war der Ruf nicht gekommen. Noch lebte er im Hause des Pastors Holdt wie bei gleichaltrigen Freunden. Holdt war ein Mann der christlichen Tat, und er ließ es nicht nur bei Worten bewenden. Er widmete sein Leben den Leprakranken, den Armen und Verstoßenen. Er war ein Beispiel glühender Opferbereitschaft und uneingeschränkter Nächstenliebe. Pastor Holdt und seine Frau waren für Nansen mehr als Freunde. Sie waren ihm auch Pflegeeltern. Sie waren tief religiöse Menschen, und es gelang ihnen wie niemandem später, den freisinnigen Nansen zu beeinflussen und zu formen. Bei ihnen begann er seinen Blick auch für innere Werte zu schärfen. Wie bei allen Dingen, begann er auch hier zuerst bei sich selbst. Die älteren Leute gaben ihm in seinem ehrgeizigen Streben ein heilsames Gegengewicht – sie gaben ihm Liebe. Unter ihrem Einfluß wandelte sich der ungestüme, rauhe Nansen zu einem milderen Menschen.

Dann kam der Ruf. Es war im Herbst. Das Feuer prasselte im Kamin, irgend jemand las aus der Zeitung vor. Gleichmütig lauschte er der eintönigen Stimme, bis ihm ein Name wie ein Peitschenhieb traf: Nordenskiöld! Nordenskiöld war von einer Expedition aus Grönland zurückgekommen. Hörte er recht? Die Stimme las weiter. Die Expedition wurde abgebrochen, und Nordenskiöld kehrte zur Westküste zurück, von der er aufgebrochen war. Seine Begleiter, Lappen, hatten auf Skiern in kurzer Zeit große Strecken zurücklegen können, da die Schneeverhältnisse erstaunlich gut waren.

Die Stimme las weiter, weiter, weiter. Er hörte nicht mehr, stürzte hinaus in die regenschwarze Nacht. Der Ruf war gekommen!

Er hatte es gewußt, gefühlt, erwartet. Die Schneeschuhe! Sie waren die Lösung. Nordenskiöld mußte umkehren. Er würde nie umkehren, niemals! Was falsch war, war die Richtung. Nicht von West nach Ost war Grönland zu durchqueren, sondern von Ost nach West. Das hieß alle Brücken abbrechen, keine Umkehr, ausgeliefert sein dem Wagnis. Aber es war der einzige Weg. Denn an der Westküste waren Siedlungen, war Proviant, im Osten war nichts, war der mahlende Eisstrom, das Verderben, das Gespenst des Hungers, die Einsamkeit, der Tod.

Der Regen durchnäßte ihn, er spürte es nicht. Der Plan war fertig. Sollte er sprechen, zu seinen Freunden ein Wort sagen? Er mußte schweigen. Seine Arbeit mußte vollendet werden. Sein Vater war krank. Das Museum brauchte ihn. Also schweigen – schweigen.

Die Tage vergingen. Nichts änderte sich in seinem Leben. Er saß über dem Mikroskop, arbeitete, schlief kaum, arbeitete. Alles andere wurde überflüssig. Er mußte fertig werden. Der Winter kam, der Regen wurde stärker. Und wieder war es eine Nachricht in der Zeitung, die ihn aus dem Gleichmaß der Arbeit riß: Preis-Skispringen auf der Huseby-Schanze am 4. Februar.

Er arbeitete weiter, aber die Huseby-Schanze stand vor ihm, wohin er blickte. Das war ein Zeichen zu einem Ausbruch aus der Studierstube. Er verstaute das Mikroskop, ordnete seine Aufzeichnungen und ging zu Daniellsen.

„Ich wollte um Urlaub bitten – das heißt, wenn es Ihnen nicht zu ungelegen kommt. Am Husebybakke ist doch das Skirennen – und es brauchen nur einige Tage zu sein", stammelte Nansen außer Atem.

„So, so – und das ist unserem jungen Mann in die Glieder gefahren", sagte der alte Mann lächelnd. „Ja, da wird es nichts nützen, ihn halten zu wollen. Und wann geht das Schiff?"

„Ich habe vor, über die Berge zu laufen. Das geht schneller."

„Na ja – ich finde das nicht ratsam. Aber – kommen Sie gut und gesund zurück, Nansen."

Daniellsen verstand und ließ den jungen Abenteurer ziehen.

Zwischen Bergen und Christiania gab es keine Bahnverbindung. Nansen entschloß sich, den 500 Kilometer langen Übergang über das Gebirge zu riskieren. Ein geheimer Zweck war dabei, den er niemand verriet. Eine Probe für das „große unbekannte Abenteuer" sollte es werden. Seine Freunde warnten, schalten ihn einen Narren, einen Selbstmörder, denn kein Mensch hatte vor ihm gewagt, das Hochgebirge auf Skiern zu durchqueren. Man riet ihm, ein Schiff zu nehmen. Er schlug alle Warnungen in den Wind und berief sich auf eine Sage, nach der König Sverre vor 800 Jahren das Hochgebirge bezwungen haben soll.

„Ich bin schon einmal Ski gelaufen", erwiderte Fridtjof kurz auf alle Einwände.

Am Montag saß er im Zug, der ihn und seinen Hund nach Voss

brachte. Der Regen strömte vom Himmel. Mit geschulterten Skiern schritt er das Tal hinein, schlief in Vinje, marschierte weiter nach Gudvangen, wo der erste Schnee lag. Fieberhaft legte er die Bretter an, fegte über die Hänge, suchte einen Felsblock als Sprungtisch, übte, sprang, flog selig durch die Luft und zog zufrieden die Steilhänge nach Gudvangen hinab, während sein Hund kläffend hinter ihm her japste.

Aus den Bergtälern grollte der Donner der Lawinen. Ihn hielt nichts zurück. Weiter spurte er das Laerdal hinein, höher zog er, dem Licht entgegen, der Einsamkeit näher, hinein in das winterliche Schweigen. Er stieg, die Sonne sank. In völliger Dunkelheit erreichte er die Höhe. Sein Rücken war feucht, die Arme zitterten, aber es war noch viel Kraft und Mut in ihm, und er liebte es, sich selbst zu spüren.

Das war die Welt, wie er sie liebte! Im Schimmer des kalten Lichts fuhr er hinaus nach Breistölen. Wieder Menschen. Sie starrten ihn an, sie reichten zögernd ein Glas Milch, sie gewährten ihm ein Lager, dem fremden unheimlichen Gast, der mit einem Hund von den Höhen kam.

Nach tiefem Schlaf wanderte er weiter und stieg in Olsberg in den Zug nach Christiania. Ein Tag blieb ihm bis zum Springen. Dann trat er zum Wettkampf an, errang einen Preis und kehrte auf Skiern nach Bergen zurück. Er entschied sich für einen anderen Weg. Dort stellte er sich um halb drei Uhr morgens auf die Skier, besprach sich mit dem Bauern, der ihn ungern ziehen ließ, und begann den Aufstieg nach Hallingskeid. Er zog eine tiefe Spur durch den frischen Schnee, er stieg Stunde um Stunde. Jede Krümmung des Tales gab neue Hoffnung; tat er endlich einen Blick hinter die nächste Bergflanke, wurde er enttäuscht. Die Almhütten von Hallingskeid, von wo er die Höhen der Berge erreichen wollte, blieben verborgen. Die Hänge wurden steiler, aus ihren Falten krochen violette Schatten. Der Abend kam, die Nacht war nahe. Das Steigen auf steileren Hängen in schwindelnden Höhen begann. Tief unter ihm tosten wilde Wasser; er kroch an senkrechten Wänden vorbei, tastete sich hinein in die Nacht, bis ihn das Mondlicht überflutete.

Verirrt. Er kannte die Gegend nicht, die Landschaft war ihm fremd. Aber vertraut war ihm der Kampf ums Überleben. Er schaufelte eine Biwakgrube in den Schnee und schlief nach 18 Stunden Marsch erschöpft ein. Nach wenigen Stunden kroch er wieder ins Freie. Der Mond leuchtete im Zenit, die weiße Welt lag erstarrt vor ihm, als wäre das Ende der Zeit angebrochen. Selbst die Geräusche schienen erfroren. Nur tief im Tal sang das Wasser sein gleichförmiges Lied. Sollte er es wagen, schon jetzt in die Tiefe zu gleiten? Das trügerische Licht des Mondes hätte ihn fast ins Verderben geführt. Nur ein gewollter Sturz rettete ihn vor einem Flug ins Bodenlose. So stand er schwer atmend, betrachtete die Welt, wie sie nur wenige kannten, erschauerte vor ihrer Größe und Macht und fühlte sich trotzdem nicht ohnmächtig in ihr. Was sie von ihm verlangte, war Furchtlosigkeit und Geduld. Er stand, bis die Sonne den Himmel färbte, die Schatten wichen, sein Auge den Weiterweg erfassen konnte.

Er raste über vereiste Hänge in die Tiefe, er erkannte fern im Frühdunst den Weg nach Vossevangen, stob hinunter zu den ersten Häusern in einer Wolke von Schnee, hinunter zu den Menschen.

Er betrat einen Vorraum – kein Mensch, er betrat das Zimmer – kein Mensch. Er fand die Milchkammer, und er und sein Hund Flink tranken, bis sie erschöpft einhalten mußten. Nach einer geraumen Weile hörte er endlich zögernde Schritte, blickte dann in verschreckte Gesichter und entschuldigte sich.

„Guten Tag und entschuldigen Sie vielmals", begann er, „ich hatte so unbändigen Durst ..."

„Gott sei Dank!" unterbrach ihn die Frau, „er ist ein Christenmensch!"

„Ja, ich bin ein Mensch – was sonst?" fragte Nansen verblüfft.

„Ich habe geglaubt du bist ein Troll mit einem Wolf, darum haben wir uns zum Nachbarn geflüchtet. Der hat aber schön gelacht und uns wieder herübergeschickt."

„Mein Hund ein Wolf? Ich ein Troll?" Nansen fand es höchst vergnüglich, so viel Schrecken verbreitet zu haben.

„Von wo seid ihr denn hergekommen?" fragte die Frau.

„Vom Hallingdal über den Vosseskavl", antwortete Nansen.

Da fuhr die Frau zurück und starrte ihn wieder entsetzt an.

„Nein, so etwas habe ich noch nie gehört", brachte sie völlig verstört hervor.

Von den ersten Häusern von Vossevangen bis nach Bergen war es für Nansen nur mehr ein Kinderspiel.

Er saß wieder ruhig hinter dem Mikroskop. Er hatte sich gespürt, er hatte die Welt gespürt, er konnte unbesorgt seine Pläne reifen lassen, er war noch der alte. Er begann seine erste größere wissenschaftliche Arbeit abzuschließen, die bald erscheinen sollte: „Beiträge zur Anatomie und Histologie der Myzostome."

Nansens Vater erlebte nicht mehr die gedruckte Ausgabe der Arbeit. Er starb, als Fridtjof im März 1885 auf dem Weg zu ihm war. Fridtjof Nansen trug den Verlust schwer, denn er hatte seinen Vater aufrichtig geliebt. Die Genesung von dem Schmerz, der ihn lange überschattete, fand er in neuer, schwieriger Arbeit. Er wendete sich von der Untersuchung einer Gruppe von Schmarotzerwürmern auf Strahlentieren ab und befaßte sich mit der Struktur des zentralen Nervensystems. Eine ganze Kolonie von Würmern, Schalentieren, Weichtieren, niederen Wirbeltieren, der Lanzettfisch und der Schleimaal dienten ihm als Untersuchungsmaterial.

Er beschritt neue Wege; das Anhäufen von Material war ihm unwesentlich. Er blieb auf der Suche nach dem Kern, nach dem, „was die Welt im Innersten zusammenhält". So gelang ihm durch seinen Blick für das Wesentliche, tiefer als seine Vorgänger in die Geheimnisse des zentralen Nervensystems einzudringen. Fünfundzwanzigjährig veröffentlichte er „Vorläufige Mitteilungen über die Untersuchungen der Struktur des Zentralnervensystems bei Ascidien und Myxine glutinosa" und im gleichen Jahr in englischer Sprache die große Abhandlung: „The Structure and Combination of the Histological Elements of the Nervous System."

Die Fachwelt, die ersten Autoritäten wurden auf ihn aufmerksam und versprachen sich von dem weiteren Wirken des jungen Mannes große Überraschungen.

Nansen selbst aber wußte, daß er bis an die Grenze der damaligen mikroskopischen Technik gegangen war, daß es anderer, neuerer Hilfsmittel bedürfe, um tiefer in die Geheimnisse des Lebens einzudringen. Was nun? Ein Angebot aus Amerika annehmen? Die Arbeit im Museum füllte ihn nicht mehr aus, er bedurfte größerer, verantwortungsvollerer Aufgaben.

Gerade als er sich wieder einmal mit diesen Gedanken quälte, kam Daniellsen ins Zimmer.

„Nun, Nansen, wie steht es mit dem Nervensystem Ihrer Kleinen?"

„Danke, es geht vorwärts."

„Und mit Ihrem eigenen Nervensystem?"

„Auch nicht schlecht, danke bestens."

„Nansen, ich habe ein Gerücht gehört, Sie wollen das Museum verlassen. Stimmt das?"

Nansen errötete.

„Ich finde, mein lieber Nansen, Sie sollten das nicht tun."

Dann entwickelte Daniellsen einen Plan, für den sich Nansen

sofort begeisterte. Urlaub sollte er bekommen – ein ganzes Jahr! Jetzt wußte er wieder, was er wollte. Während seines Studiums über das Nervensystem hatte er von der neuen Methode Prof. Golgis gehört, die Nervenstränge zu färben, sichtbar zu machen.

Nansen reiste nach Pavia, studierte bei Prof. Golgi und Dr. Fusari so lange, bis er die Färbemethode beherrschte. Dann reiste er nach Neapel weiter. Er war nicht als Vergnügungsreisender gekommen, sondern suchte den deutschen Biologen Anton Dohrn auf, dem es nach fast lebenslangem Kampf gelungen war, in Neapel eine biologische Station, ein Aquarium zu errichten. Er hatte das Meer ans Land gebracht. Wie anders ließ sich hier beobachten, ließen sich Erfahrungen sammeln, als an Spirituspräparaten, an toten Stücken, zerschnittenen Teilchen. Unermüdlich arbeitete Nansen, und seine Untersuchungen gingen in einer Art von Ekstase vor sich, hervorgerufen durch die Möglichkeit, zwischen Fischen, Schnecken, Seeanemonen, Krabben, Hummern und Korallenriffen spazierenzugehen. Nansen war es zu verdanken, daß Jahre später eine ähnliche biologische Station im Christianiafjord gebaut wurde, und seine begeisterten und leidenschaftlichen Briefe an Daniellsen hatten dazu den ersten Anstoß gegeben. Aber noch war die Zeit nicht reif für das Neue. Immer wieder erlebte es Nansen, daß neue Ideen auf Ablehnung stießen, als unsachgemäß abgetan wurden. Golgis Färbemethode, Dohrns Aquarium und später auch Nansens Doktorarbeit fanden nur mitleidiges Achselzucken.

Jetzt aber war er in Neapel und genoß es, mit Männern zu sein, die auf unbekannten Pfaden in der Wissenschaft vorwärtsschritten, Abenteurer waren wie er. Er genoß daneben auch anderes. Der blonde Hüne aus dem Norden, der Sohn der Fjorde und Fjelle, des grünen Meeres, der blanken Schneefelder, der romantische Schwärmer öffnete seine Sinne für die fremde Schönheit, vor der er fassungslos staunte; der Duft der Früchte, das Geräusch der turbulenten Stadt, die Rufe der Schiffe, der Klang der Gitarren, die lachende und unbesorgte Lebensfreude der sonnengebräunten Menschen – und die Farben ringsumher. Manchmal schloß er die Augen und öffnete sie wieder, um sich zu vergewissern, daß er nicht träumte. Es war Wirklichkeit: dunkelblau lag die Bucht vor ihm, in verwirrender Buntheit die Häuser, grün die Gärten, weiß die Felsen von Capri, und vom goldbraunen Kegel des Vesuvs zog eine graue Rauchfahne über den seidigen Himmel.

Die Zusammenkünfte an den lauen Abenden wurden Feste, die Arbeit eine explosive Demonstration. Dieses Leben war angefüllt mit Bewegung, Veränderung, Lautheit und Berauschung der Sinne. War das Nansens Leben? Der Ruf konnte nicht ausbleiben, der Ruf mußte wieder kommen.

Er kam inmitten der heiteren Freunde, als sie hinausgezogen waren zu den erstarrten Lavafeldern von San Sebastian. Die trostlose Vernichtung, die Ruinen waren um ihn. Dort blieb er auf einem Lavablock sitzen und starrte vor sich hin, die Augen in die Ferne gerichtet, in eine Ferne, die weit hinter dem Horizont lag. Hörte er Stimmen? Riefen ihn die Freunde? Ja, die Freunde riefen, aber wie fern klangen ihre Stimmen, wie quälend waren ihre Fragen. Sie zerrten ihn weg, sie versuchten ihn aufzuheitern – aber seine Augen folgten sehnsuchtsvoll dem Flug einer Möwe. Das weite, weite Meer war um die Möwe – das Eismeer.

Nansen kehrte nach Bergen zurück. Voll neuer Pläne und mit Feuereifer ging er an die Arbeit: die Entwicklung des Schleimaals und seine Geschlechtsumwandlung. Das nächste Problem war: die Entwicklung des Wals. Mit Beharrlichkeit trug er Material zusammen und vergrößerte die Sammlung von Walembryos. Niemand zweifelte mehr ernsthaft an seiner wissenschaftlichen Qualität. Er hatte die Grenzen des Wissens wesentlich erweitert und Lücken mit neuen Erfahrungen ausgefüllt.

Jetzt endlich war die Zeit gekommen, den Plan, den geheimgehaltenen, sorgsam gehüteten, vorzulegen. Gleichzeitig galt es aber, die Doktordissertation abzuschließen. Eine Fülle von Dingen beschäftigte ihn so, daß er davon reden mußte. Seine Pläne waren so übermächtig in ihm gewachsen, daß es nicht genügte, mit ihnen allein in den Winternächten umherzustapfen und dem treuen Hund davon zu erzählen. Grönland rückte näher, Grönland schob sich in sein Denken, Grönland beschäftigte ihn tagtäglich.

Als er bei seinem Freund Grieg noch Licht sah, ging er zu ihm in die Stube, nahm ihm gegenüber Platz und sagte: „Ich will nach Stockholm."

„Was willst du denn da?"

„Nordenskiöld aufsuchen und ihn bitten, meinen Plan zu prüfen."

„Was für einen Plan?"

„Ich werde versuchen, Grönland zu durchqueren."

„Das wird hart, Junge."

Nansen ließ Grieg nicht weiter zu Wort kommen. Er holte Atlas, Papier und Bleistift, erzählte, erklärte, berechnete und demonstrierte. Es war kein Zweifel, daß er alles über Grönland wußte, was man wissen konnte. Fünf lange Jahre hatte er gegrübelt, geplant und geträumt; jetzt war er am Ende des Traums. Die Tat konnte beginnen, eine revolutionäre Tat entgegen den bisherigen Gesetzen der Polarforschung: Es wird keinen Rückweg geben.

Nansen fuhr nach Stockholm. Am 3. November 1887 betrat er die Universität. Dieser Donnerstag sollte allen Beteiligten nie mehr aus dem Gedächtnis schwinden. Da war der Pedell, der dem norwegischen Professor Brögger mitteilte, daß ein junger Norweger nach ihm gefragt habe, ohne seinen Namen genannt zu haben.

„Wie sah er aus?" fragte Prof. Brögger.

„Lang und blond, ein norwegischer Seemann oder so was", sagte der Pedell und fügte mit einem verschmitzten Lächeln hinzu, „ohne Wintermantel. – Wahrscheinlich wieder einer, der eine Unterstützung braucht."

In diesem Augenblick trat Prof. Wille ins Zimmer und fragte: „Hast du Nansen gesehen?"

„Nansen?" fragte Brögger. „Heißt er Nansen, der Seemann ohne Wintermantel?"

„Was? Er hat keinen Mantel!" rief Wille. „Und da will er übers Grönlandeis?"

Jetzt stürmte der Zoologe Prof. Lecke herein: „Hast du Nansen gesehen? Ist er nicht großartig? Er hat mir äußerst interessante Dinge über die Geschlechtswandlung bei den Schleimaalen berichtet. Und dann seine Untersuchung über das Nervensystem – einfach großartig!"

„Moment, einen Augenblick. Was will dieser Nansen eigentlich? Einen Wintermantel, eine Anstellung als Zoologe oder sich in Grönland aufs Eis legen?"

Da stand er aber selbst im Zimmer: schlank, ein junger Athlet, mit breiten Schultern, einem guten Lächeln im grobgeschnittenen Gesicht.

„Sie wollen nach Grönland gehen?" begann Prof. Brögger sofort.

„Ja. Ich habe die Absicht", antwortete er ruhig, und er erklärte seinen Plan in groben Zügen, wobei er bei jenen Stellen, die vermutlich Schwierigkeiten bringen konnten, nichts beschönigte, sondern mit einem seltsamen Lächeln über die Gefahren sprach.

Brögger ahnte sofort, daß Nansen durchkommen würde, obwohl er eben noch geglaubt hatte, daß das ganze Unternehmen ein Hirngespinst und Wahnsinn sei.

„Gehen wir zu Nordenskiöld", sagte er.

Und sie gingen, sie traten ein, und Brögger stellte Nansen vor.

Zuerst ein freundliches Kopfnicken, verbindliche Worte ohne Kontakt, und dann sagte Brögger: „Nansen will Grönland durchqueren."

Nordenskiöld blickte scharf: „Donnerwetter!"

Er stand auf, setzte sich näher und rückte dem jungen Mann kritisch an den Leib. Nansen antwortete; er wußte, was er diesem Mann zu sagen hatte, und Nordenskiöld beobachtete ihn, schwieg, unterbrach, fragte, ergänzte – sie sprachen bis zum Abend, sie redeten die Nacht hindurch bis zum Morgen und den ganzen nächsten Tag.

Nordenskiöld hatte Feuer gefangen, Nansen hatte mehr erhalten, als er erhofft hatte. Man hielt seinen Plan für tollkühn, für undurchführbar hielt man ihn nicht.

Nun galt es die Öffentlichkeit zu gewinnen, um die Expedition zu finanzieren. Mit gestärktem Selbstvertrauen schrieb Nansen am 11. November 1887 ein Gesuch an das akademische Kollegium. Er bat um einen Betrag von 5 000 Kronen für die Expedition: „Ich habe die Absicht, im Sommer eine Reise über das Inlandeis Grönlands von der Ostküste zur Westküste zu unternehmen." Er schloß mit den Worten Nordenskiölds: Die Erkundung der wirklichen Beschaffenheit Grönlands hat für wissenschaftliche Zecke eine so große und durchgreifende Bedeutung, daß man für eine Polarexpedition zur Zeit kaum ein wichtigeres Ziel aufstellen könnte als eben die Erforschung der Naturverhältnisse im Inneren dieses Landes.

Die Regierung lehnte ab. Eine offizielle Zeitung schrieb dazu: es gebe nicht den geringsten Grund, daß das norwegische Volk für das Vergnügen eines Privatmannes zahlen solle.

Das war das Signal für die anderen „öffentlichen" Stimmen. Alle fielen über ihn her, machten sich über ihn lustig oder entrüsteten sich moralisch über seinen Versuch, auf diese Weise Selbstmord zu begehen. Ein Witzblatt schrieb: „Schaustellung! Im nächsten Juni wird Konservator Nansen auf dem inneren Grönlandeis eine Vorstellung im Skilauf und Weitsprung geben. Numerierte Plätze in den Gletscherspalten. Rückfahrtkarte erübrigt sich."

Niemand ließ ein gutes Haar an ihm. Freunde und Bekannte zogen sich von ihm zurück, bezeichneten ihn als Narren und Sonderling, der im tiefsten Winter ohne Mantel umherlief und in seiner enganliegenden Wollkleidung wie ein Trapezkünstler aussah. Dieser Mensch sollte ein ernstzunehmender Wissenschaftler sein? Dieser Narr, der in den Bergen herumrannte, angelte, jagte, schwamm und auf der Husebybakke wie ein Floh hüpfte? Lächerlich! Umkommen wird er, ganz gewiß!

„Unmöglich!" erklärten auch Sachverständige. „Alle anderen haben umkehren müssen oder sind umgekommen."

„Ja, aber sie sind von Westen nach Osten gegangen", entgegnete Nansen. „Und wir wollen von der unbesiedelten Ostküste zu den Eskimos der Westküste."

„Selbst wenn Sie das Treibeis überwinden, wo haben Sie eine Rückzugslinie? Um Gottes willen, Nansen, Sie brechen ja alle Brücken hinter sich ab."

„Ganz richtig – es wird keine Möglichkeit zum Rückzug geben."

Die Sachverständigen waren entsetzt: „Das ist ja gegen alle Grundsätze der Polarforschung!"

„Gut, dann breche ich mit ihnen", antwortete Nansen.

Alle Argumente prallten an ihm ab. Sein Entschluß stand fest, unverrückbar. Und als man ihm vorhielt, er würde niemanden finden, der sein Los teilen wollte, zeigte er eine Liste von vierzig Männern vor, die ihn begleiten wollten.

Es wurde ein harter Frühling. Nansen opferte sein ganzes Kapital, denn die Vorbereitungen und die Anfertigung der Ausrüstung kosteten viel Kraft und Geld. Er stieg auf die Fjelle, zog ins Hochgebirge, prüfte Schlitten, Schlafsäcke, Kochapparate. Unzählige Überlegungen hielten ihn gefangen, und die Waage regierte wie ein Tyrann. Höchste Qualität, geringstes Gewicht, kleinster Raum war die Parole.

Endlich ein Lichtblick, der ihm neuen Mut, neuen Auftrieb und zusätzliche Energien verlieh: Im Jänner 1888 erhielt das Kollegium die Mitteilung, daß der dänische Staatsrat Gamél die fehlenden 5 000 Kronen gespendet habe!

Nansen brauchte diese Aufmunterung dringend. Noch eilte er von Vortrag zu Vortrag, sprach über Grönland, regelte die Finanzierung seiner Reise, doch das Schlimmste stand ihm noch bevor: seine Doktordisputation.

Im März hielt er seine Probevorlesung in Christiania: über die Generationsorgane des Schleimaals. Dazwischen: Fleisch, Schokolade, Knäckebrot, Pemmikan, Fleischpulver, Erbswurst, wissenschaftliche Instrumente, Molkekäse . . .

Am 28. April verteidigte er vor den Wissenschaftlern seine Dissertation „Die Nervenelemente, deren Struktur und Zusammenhang im zentralen Nervensystem". Die bestellten Widersacher setzten ihm hart zu, und seine Arbeit, die nach den Worten des ersten

Biologen Amerikas eine „epochemachende Entdeckung" war, wäre vom Beurteilungsausschuß fast abgewiesen worden. Einer der Opponenten entschied schließlich mit den Worten: Dieser junge Mann plant doch eine Expedition über das Inlandeis von Grönland. Es besteht, praktisch gesprochen, keine Aussicht, daß er von dieser Reise zurückkehrt. Wenn es ihn glücklich macht, den Doktorgrad zu kriegen, ehe er ausreist, weshalb soll man ihm die Freude nicht machen?

Trotz seiner Beschränktheit, seiner Kurzsichtigkeit tat der Beurteilungsausschuß darauf das einzig Richtige: Nansen erhielt den Doktorgrad.

Grönland

Vier Tage nach der Doktordisputation – am 2. Mai 1888 – brach die kleine Expedition auf. Es war ein bescheidener Aufbruch.

Nansen hatte alles überdacht. Mehr zu tun war nicht möglich. Jetzt konnte er nur noch hoffen, daß sich kein Fehler eingeschlichen hatte. Nansen schickte seine fünf Begleiter voraus: Otto Sverdrup, 35, Schiffskapitän, ein Mann mit eisernen Nerven; O. Chr. Dietrichson, 33, Leutnant, Meteorologe und Topograph, ein hervorragender Skiläufer und ungewöhnlich abgehärtet; K. Kristiansen, 24, Bauer und Seemann, ein handfester und zuverlässiger Bursche; Balto, 27, ein Flußlappe von Karaschok, kräftig, aufgeweckt, standhaft; Ravna, 45, ein Berglappe, sehr klein, aber unglaublich stark und zäh.

In Leith, in Schottland, sollten sie auf ihn warten. Von dort wollten sie nach Island übersetzen, um sich auf dem Robbenfänger „Jason" einzuschiffen. Der „Jason" hatte dann die Aufgabe, sie vor der Küste Grönlands auf dem Treibeis abzusetzen. Das Schiff würde sodann umkehren. Die sechs Mann würden allein sein – allein! So war es geplant.

Nansen holte sich die letzten Instruktionen in Kopenhagen und traf seine Gefährten in Leith. Mit der „Thyra" erreichten sie Island, wo der „Jason" auf sie wartete.

Endlich, nach Wochen anstrengender, zermürbender Arbeit war ihm etwas Ruhe gegönnt. Am 4. Juni 1888 verließ das Schiff den Dyrafjord; Ziel des „Jason" waren die Robbengründe im Norden.

Als die Planken zu vibrieren begannen und das schwere Stampfen der Maschine bis in die Mastspitze zitterte, kam alles wieder zu Nansen zurück, alles, was vor Jahren gewesen war. Kurs westwärts! Die Möwen waren hinter ihnen her. Westwärts – die Nacht war ihnen auf den Fersen. Blau stieg sie auf, gelb versank der Tag, dem der „Jason" mit ächzender Maschine nachfuhr. Die Sterne traten hervor. Alles war gut, und die Gedanken wendeten sich dem Kommenden zu. Alles war gut, denn nichts hatte sich verändert: Nebel, Eis, Möwenschreie. Hatte er denn gelebt all die Jahre?

11. Juni. Die Zinnen und Zacken der Ostküste Grönlands tauchten auf. Würde es jetzt schon gelingen, auf den ersten Anhieb? Kapitän Jacobsen zwängte den „Jason" in eine Eisrinne. Da kam Sturm und Nebel auf. Die Schollen schlossen sich, knirschten gegen die Bordwand, türmten sich auf, schoben sich übereinander. Zurück! Nur hier nicht einfrieren. In der offenen See wogten die Wellen, knallten die Brecher auf das Deck, aber unverdrossen hielt der „Jason" seinen Kurs: küstenauf, küstenab, vier lange Wochen. Das Land blieb fern. Zwischen dem „Jason" und dem großen Abenteuer floß vierzig Meilen breit der alles zermalmende Eisstrom. Stundenlang saß Nansen im Mastkorb. Sein Herz klopfte aufgeregt, seine Ungeduld wuchs, aber ungestüm blies der Sturm das Treibeis an ihm vorbei. Die Natur blickte ihn unbarmherzig an. Nansen hatte gewußt, daß es so sein würde.

Am Abend des 17. Juni standen alle bereit zum Aufbruch wie seit Wochen. Diesmal ertönte jedoch der Befehl: „Alle Mann an Platz." Schnell wurde noch ein Brief geschrieben und Kapitän Jacobsen überreicht. Er endete mit den Worten: „Ich hoffe, Kristianshaab zu erreichen, ehe das letzte dänische Schiff im September abfährt. Dann werden wir im Herbst zu Hause sein. Wenn nicht, werden wir im nächsten Sommer kommen. Auf Wiedersehen. Nansen."

Die Boote wurden auf das Eis gesetzt. Händeschütteln, Dank, Worte des Abschieds und der Befehl: „Stoß ab!"

Die Kanonen des „Jason" feuerten den Abschiedssalut. Die Boote tanzten zwischen Eisschollen auf dem Wasser, die Männer begannen zu rudern. Das große Abenteuer nahm sie auf.

Schwere Wolken hingen über der Küste, aber die Männer waren frohen Muts und sahen den Semelikfjord so nahe vor sich, daß sie Steine und Einzelheiten auszunehmen vermochten. Sie zwangen sich durch Eisrinnen – Wind und Regen im Gesicht –, schleppten die Boote über das Eis, fuhren weiter, suchten neuerlich einen Durchbruch zu erzwingen, zogen wieder über Schollen hinweg, ruderten und kämpften gegen Strömung und Wind. Dann schloß sich das Eis. Sie flüchteten hastig auf eine Eisscholle, beschädigten dabei Sverdrups Boot schwer, mußten es entladen und schlugen die Zelte auf.

Am nächsten Morgen konnten sie das Schiff noch sehen, wie es qualmend davonfuhr. Bei ihnen war die Lage trist. Das Eis war dicht, ein Rudern unmöglich. Der Plan, von Scholle zu Scholle zu springen, wurde aufgegeben. Die Geschwindigkeit des treibenden Eises war unheimlich. Sie konnten es nicht riskieren, auch nur ein einziges Stück der Ausrüstung zu verlieren oder einen Gefährten zu verletzen. Sie waren ausgesetzt, sie waren dem Verderben preisgegeben. Die Drift führte sie nach Süden.

Als Ravna die „Jason" davondampfen sah, sagte er zu Balto: „Ach, wie dumm waren wir doch, wir Lappen, daß wir das Schiff verlassen haben, um hier zu sterben."

Am 19. Juli waren sie von der Küste so weit entfernt, daß deren Buchten im Nebel fast entschwanden. Hinter dem Rücken der Treibenden donnerte die Brandung der See am Ostrand des Eises näher und näher. Sie machten einen verzweifelten Versuch, nach Westen über das tanzende Eis zu entkommen. Der Versuch mißlang. Alle stürzten ins Meer, niemand hatte einen trockenen Faden am Leib. Sie wählten eine große widerstandsfähige Eisscholle und richteten sich auf ihr ein. In der Nacht brach das Eis in Stücke; mühsam retteten sie sich auf eine größere Scholle und versuchten dort, sich „wohnlich" einzurichten.

Die Tage vergingen, die Nächte waren unruhig. Sie trieben nach Süden, sie wachten, sie warteten auf eine Gelegenheit, in die Boote zu gehen, den Durchbruch zur Küste zu erzwingen.

Der zwölfte Abend im Treibeis kam. Näher donnerte die Brandung, die Dünung wurde stärker, spülte über das Eis; mit rasender Geschwindigkeit trieben sie dem schäumenden Rachen des offenen Meeres zu, hinein in die Brandung, hinaus ins Verderben. Proviant und Munition wurden auf die Boote verteilt. Dann warteten sie.

Nansen gab jedem seiner Begleiter genaue Instruktionen, was zu geschehen habe, wenn sie getrennt werden würden: „Wenn es zum allerschlimmsten kommt, müssen wir als letzten Ausweg versuchen, die Boote durch die Brandung hinauszubringen. Das Leben ist kostbar, und wir werden es teuer verkaufen."

Sverdrup antwortete: „Wir werden an Land kommen."

„Sprich nicht von so was", sagte Balto, „wir werden nie an Land kommen, wir treiben in den Atlantischen Ozean. Ich bete nur zu meinem Gott, daß er mich als reuigen Sünder sterben läßt."

„Sag, Balto, hältst du es nicht für notwendig, die Sünden zu bereuen, wenn du nicht so bald sterben mußt?" fragte Nansen.

„Vielleicht", sagte Balto zögernd, „aber da hat es keine solche Eile."

Nacht. Donner und Gischt, knietief das Wasser auf der Scholle, der schmatzende Sog, die gleichmäßigen Schritte des wachhabenden Sverdrup – wann kam sein Alarmruf?

Er kam nicht. Als Nansen die Augen aufschlug, war es Morgen. War er taub? Die Brandung schwieg. Da steckte Ravna sein bärtiges Gesicht durch den Zeltschlitz und grinste.

„Na, siehst du Land?" fragte Nansen scherzhaft, und die Antwort, die er bekam, trieb ihn blitzschnell aus dem Schlafsack.

„Ja, Land allzunahe", sagte Ravna aufgeregt nickend. Immer sagte Ravna „allzu", wenn er „sehr" meinte.

Die Scholle trieb, von einer neuen Strömung gnädig erfaßt, landwärts! Der Sturm war tot, sie aber lebten! Schnell brachten sie die Boote zu Wasser und hofften noch einmal.

Am 29. Juli liefen sie mit ihren Booten ans Ufer. Sie sprangen an Land, tanzten wild vor Freude, sangen und lachten, bestaunten die Erde und die spärlichen Gräser. Sie hielten ein Festmahl mit Schokolade, Käse und Marmelade. Es sollte ihr letztes sein für viele Wochen, denn die Zeit war gegen sie. Hier, auf Kerkertarsuak, waren sie 500 Kilometer südlicher als sie hatten an Land gehen wollen. Was war zu tun? Nur die Südspitze Grönlands zu durchqueren? Nach Frederikshaab zu gehen und zu überwintern?

Nansen entschied, nach Norden zu rudern, solange es die Zeit zuließ. Sie wollten rudern, rudern – Tag und Nacht.

Nachmittags bestiegen sie wieder ihre Boote und ruderten knapp an der Küste entlang nach Norden, von wo das Treibeis sie abgetrieben hatte.

Eis sperrte den Weg; mit Äxten und Bootshaken schlugen und stemmten sie sich eine Fahrtrinne, die sich knapp hinter ihnen wieder schloß. Die Gletscher kalbten und schickten ihnen Eisberge in den Weg, die sie umfahren mußten, Lawinen stürzten in das Meer, wühlten die See auf, daß die Boote zu kentern drohten wie die riesigen schwimmenden Eistürme, die vor und hinter ihnen klirrend in sich zusammenbrachen und alles zerschlugen, was in ihrer Nähe war.

Sie trafen Eskimos, die unterwegs waren, genossen die freigiebige Gastfreundschaft des friedlichen, ewig heiteren Volkes der Jäger und Fischer, aßen mit ihnen und verließen sie, gehetzt von der Zeit, die knapp wurde; es drohte der Herbst, der alles erstarren lassen würde.

Zwölf Tage ruderten sie, dann liefen sie in den Umivikfjord ein und begannen am nächsten Morgen bei strömenden Regen den

Aufstieg. Noch begann nicht die Fahrt durch die Eiszeit, noch schleppten sie Proviant, Schneeschuhe, Schlitten auf die Hochfläche, überwanden Spalten, zogen über schwindelnde Schneebrükken empor, bekletterten nackte Felsen, suchten Auf- und Abstieg und bereiteten den großen Aufbruch vor. Noch waren sie an der Küste, nahe den Moosen und kargen Pflanzen, dem Geschrei der Vögel und den munteren Robben. Das Leben war noch in ihrer Nähe.

Am Abend des 16. August 1888 brachen sie auf: sechs Männer, fünf Schlitten, ein Schlitten zwei Zentner schwer. Sie befanden sich 900 Meter über dem Meer und hatten vor, Kristianshaab zu erreichen. Ihre Position: 64° 20' nördlicher Breite. Kristianshaab lag zirka auf dem 69° nördlicher Breite und ungefähr 600 Kilometer Luftlinie von ihnen entfernt. Die Boote blieben in einer Höhle am Strand zurück, ebenso ein Bericht über den bisherigen Verlauf der Expedition.

Ein anderes Leben begann. Sie wurden Träger, Zugtiere; hinter ihnen sanken die schweren Schlitten im Schneesumpf ein, von vorne strömte der Regen in ihre Gesichter, durchnäßte sie, machte die Kleider schwer. Eisrisse brachen auf, Schneebrücken stürzten in die tiefen, breiten Spalten, zwangen sie zu Umwegen, zu früheren Rasten im Zelt. Drei Tage und drei Nächte trommelte der Regen vom Himmel und zwang sie, still zu liegen. Drei kostbare Tage – drei Tage, an denen sie fast nichts aßen, weil sie keinen Schritt vorwärts gekommen waren. So war es ausgemacht und errechnet worden: Proviant für die Marschtage, Hunger für die Rasttage, auch wenn sie unfreiwillig waren. Drei Tage näher dem Herbst, näher der Abfahrt des Schiffes, und sie saßen noch an der Ostküste fest; noch immer war das schwierigste Stück unbezwungen: der lange, stetige Aufstieg auf das Inlandeis.

Dann kam die Sonne. Und sie bewältigten den Aufstieg: drei Mann vor einem Schlitten. Und wieder stapften sie zurück, den nächsten Schlitten hinaufzuzerren, über Eisbarrieren zu heben; sie keuchten, rieben sich die Gelenke wund, versanken tief im aufgeweichten Schnee und – dürsteten! Als sie die Strecke maßen, waren sie enttäuscht: 5 Kilometer eine Tagesleistung. Sie stiegen unverdrossen: 1 200, 1 500 Meter Höhe. Der Eisschild legte sich zurück, die schwarzen Gipfel sanken ab im Osten.

Der Plan, täglich 20 bis 30 Kilometer zurückzulegen, war gescheitert. Es war zu spät im Jahr, der Schnee zu tief, zu weich. Darum schliefen sie bei Tag und glitten nachts dahin, zögernd und tastend im trügerischen Licht des Mondes, bis der Frost und die Stürme kamen. Sie lauschten verwundert einer neuen Melodie, dem Singen der Eisnadeln in der glitzernden Luft, das in den Ohren schmerzte wie Nadelstiche auf der Haut.

2 000 Meter Höhe. Die Luft wurde dünner, der Atem ging schwer. Steigen, stapfen, schweigen. Neue Stürme setzten ein, begruben Zelt und Schlitten, hefteten sie fest, ließ sie für Tage starr, erschöpft im Schlafsack liegen. Die Temperatur sank rasch auf minus 45 Grad, die Bärte, Strümpfe, Schuhe wurden hart und tauten nicht mehr auf, die Haare froren am Schlafsack fest. Und trotzdem quälte sie nichts so sehr wie Durst. Sie träumten, sprachen nur von Wasser, sie dachten nur an Quellen, Flüsse, Seen. Jeder trug an seiner Brust eine flache Blechflasche, in der ein Brocken Schnee tauen sollte. Ein Mundvoll täglich, es wurde niemals mehr. Schnee oder Eis auf dem Feuer aufzutauen war unmöglich, der Brennstoff reichte kaum für eine warme Mahlzeit pro Tag.

Dann der Entschluß, bittere Entschluß: Kristianshaab muß aufgegeben werden. Ein neuer Kurs wurde festgesetzt, blitzschnell errechnet: nach Godthaab, den kürzeren Weg zu nehmen.

Es galt, nicht ehrgeizig zu sein; die Verantwortung erforderte Verzicht auf Träume, die Tatsache wog schwer genug, daß immer noch das Inlandeis anstieg.

Tag für Tag erlitten sie die gleichen Qualen. Der Morgen drängte sie hinaus ins Eis; es forderte übermenschliche Kräfte, aus dem Schlafsack zu kriechen, die klammen Finger zu gebrauchen, die Schlittenkufen vom Eis zu befreien; die kalte Mahlzeit riß sie einmal am Tag aus ihrer monotonen Verbissenheit; dann weiter – bis am Abend die weißgefrorenen Finger ihre Zelte bauten. Dann Schlaf – dann aufstehen, dann mit gekrümmten Rücken Schlitten ziehen –, dann Zelte bauen. Die Zeit war an der Küste geblieben.

Was war ein Tag? Was waren 10 Kilometer Tagesleistung? Waren es tausend Traumstunden an prasselnden Kaminen? Hundert Selbstgespräche? Ich bin – ich schreite –, ich laufe über den Eisschild Grönlands.

Drei Dinge gab es noch: das Eis, den Himmel – und sie. Sie: verlorene schwarze Punkte im Weltmeer des Schweigens. Nichts blieb von ihnen, hatte Bestand. Die lächerlichen Spuren löschte ein Windstoß aus.

Ein neuer Sturm brachte neuen Schnee. Fein wie Mehl fiel er vom Himmel, stumpf wie Sand war er unter den Kufen und bremste sie. Sie aber hielten nicht mehr unterwegs, sie stopften schlittenschleppend Nahrung in ihre Münder; sie hatten keine Zeit in der Landschaft der Ewigkeit, denn irgendwo wartete ein Schiff, wartete etwas, was nicht Eis noch Himmel war.

Dietrichson arbeitete verbissen. Seine meteorologischen Beobachtungen sagten ihnen, wo sie waren – wo sie sein sollten. Und sie schämten sich, wenn sie dabeistanden und zusahen, wie er die Handschuhe von den Fingern riß, um an den feinen Instrumenten zu drehen und zu messen. Der Sturm blies, das Thermometer zeigte minus 45 Grad. Die Hände Dietrichsons waren nach einer Minute tot. Dann stürzten sie auf ihn zu, rieben seine Hände, bis sein schmerzverzerrtes Gesicht auch wieder Farbe bekam – und stapften weiter.

Balto schimpfte hinter ihnen her: „Ach zum Teufel! Wie weit es von Küste zu Küste ist, kann niemand wissen; denn hier ist vorher noch nie kein Mensch gegangen."

Nansen drehte sich um: „Recht so Balto. – Dafür bekommst du heute abend keinen Schluck Kaffee nicht."

Höhe 2 716 Meter. War das der Scheitelpunkt? Seit Wochen stiegen und stolperten sie bergan, kletterten über Wächten, hoben die Schlitten darüber hinweg, fielen in Spalten, sprangen über Schründe, zogen und zerrten das Gerät und sich selber mühsam weiter.

Es war der 14. September. Es war der Scheitelpunkt! Noch glaubten sie es nicht, noch stapften sie hinein in die Ebene mit wachen Sinnen und aufgerissenen Augen, dann spürten sie das Gleiten, leicht und leichter werdend, dann stellte Dietrichson fest: Höhe 2 600 Meter.

Das gab ihnen neuen Mut; ungestüm drangen sie jetzt vor, beseelt von der Gewißheit, daß die Küste doch kommen müsse.

Der Wind frischte auf, ein guter Südost. Sie banden die Schlitten zusammen, setzten ein Segel und glitten dahin. Wieder ging ein Tag vorbei. Die Temperatur stieg auf minus 16 Grad. Wunderbar schmeckte der Tee, wunderbar schmeckte die Arbeit; die Handgriffe saßen und waren beflügelt von der Vorstellung an die Nunataks, die schwarzen Gipfel der steilen Grönlandküste, die nun kommen mußten.

Am Abend platzte Ravna heraus, als sie im Zelt saßen und Suppe schlürften: „Ich alt Fell-Lappe, ich dumm Esel, ich glauben, wir nicht niemals kommen zu die Westküste."

Nansen schluckte. Dann sagte er: „Ja, das ist wahr, Ravna; du dumm Esel."

46

Die Stimmung hob sich. Sie spürten das Ereignis voraus, sie ahnten das Ende ihrer qualvollen Reise.

Am Morgen drang die Botschaft in das Zelt, als sie vor dem Kocher hockten: ein Vogellaut! Sie rannten zu den Schlitten, sie sahen das Leben, sie hörten das Leben – es war wieder zu ihnen gekommen.

Das Land des Schweigens lag hinter ihnen. Sie brachen die Zelte ab und stürmten davon, dem Flug der Schneeammer nach. Der Wind frischte wieder auf. Sie setzten abermals die Segel und flogen dahin – Meile um Meile –, dem Ameralikfjord entgegen, nach Westen zu.

Sverdrup steuerte das erste Fahrzeug mit Nansen und Kristiansen hinter sich, Dietrichson das zweite mit den beiden Lappen, die sich verzweifelt festklammerten.

Die Hänge wurden steil, die Geschwindigkeit nahm zu. Ein Eispickel flog vom Schlitten, dann Nansen, sodann eine Blechkiste mit dem gesamten Fleischvorrat, Kristiansen folgte, kullerte über einen Hang und keuchte zu Nansen heran. Beide setzten sich in den Schnee und blickten schweigend dem davonbrausenden, nichtsahnenden Sverdrup nach.

„Das geht fein!" rief Sverdrup, begeistert von dem Tempo, mit dem der Schlitten durch den Schnee sauste.

Da er keine Antwort bekam, schrie er noch einmal: „Das geht aber wirklich famos!"

Er erhielt abermals keine Antwort.

„Wirklich, geht das nicht toll?" brüllte er noch einmal.

Da es hinter ihm wieder still blieb, kurvte er gegen den Wind an, blieb stehen und erschrak, als er hinter das Segel blickte und die Plätze leer fand. Er atmete erleichtert auf, als er in der Ferne zwei Menschen winken sah. Sie fanden schließlich alle verlorenen Gepäckstücke, verschnürten sie sorgfältiger als zuvor und setzten die Reise mit Nansen als Steuermann fort.

Am 16. September gellte ein Schrei aus Baltos Mund: „Nunataks! – Felsen!"

Sie luvten gegen den Wind auf und verharrten regungslos im Schweigen. Sie standen im Sturm und starrten in den fernen Dunst, der Gipfel und Schluchten, Fjorde und steile Gletscher zart verhüllte. Küstenland! Das war der Augenblick, den Nansen seit Jahren ersehnt hatte. Das war der Sieg, der Sieg über Grönland, der Sieg über sich selbst. Der Jubel in ihrer Brust machte sie stumm. Stumm reichten sie einander die Hände, und diese Männer, Bündel aus stählernen Nerven und beinharten Muskeln, schämten sich nicht ihrer Ergriffenheit.

Vorwärts! Jetzt gab es kein Halten mehr. Wie die wilde Jagd fuhren sie dahin. Schneebrücken donnerten hinter ihnen in verschneite Spalten. Weiter! Sie kurvten tiefer, hinab bis zu den Rändern der Schluchten, die ihnen Halt geboten. Nansen warf seinen Schlitten herum und rettete sich und die anderen vor einem Sturz in eine tiefe Eiskluft.

Als das letzte Lager auf dem Inlandeis errichtet wurde, entdeckte Nansen in einer Senke Wasser. Niemand vergaß den 21. September. Wasser! Sie ließen Kocher, Zelt, Schlitten, Feuer, alles ließen sie stehen, warfen sich zu Boden und schlürften auf dem Bauch liegend, schlürften, schlürften, als hätten sie die Wüste hinter sich.

Am 24. September 1888 betraten sie feste Erde, verließen sie das mächtige Inlandeis. Sie entdeckten Heidekraut und Gras, tiefer im Tal die Spuren eines Menschen. Sie entdeckten alles mit weitaufgerissenen Augen, als sähen sie Wunder.

Einen Tag später wanderten sie durch das Austmannatal zum Ameralikfjord hinaus. Die Schlitten blieben zurück, sie marschierten wie Touristen mit hochgepackten Rucksäcken. Ihr Marsch glich einer Jagd über Moränen, über Lehmböden, zwischen den ersten Erlen und Weiden hinunter zum Meer. Der Ameralikfjord war erreicht. Es war der 26. September.

Aus Weidenästen und dem Zeltboden bauten Nansen und Sverdrup ein Boot, während die anderen wieder bergwärts stiegen, um den Rest des Gepäcks zu holen. Sie sollten später abgeholt werden.

Das Wetter war ihnen günstig, als Nansen und Sverdrup das Behelfsboot bestiegen und nach Godthaab ruderten. Sechs Tage dauerte die Fahrt.

Das Boot war leck und mußte von Zeit zu Zeit entleert werden. Sie gingen an Land, pflückten Beeren, schossen Vögel und brieten sie über dem Feuer.

Nun, da sie dem Ziel so nahe gekommen waren, ließ ihre Spannung nach. Die Rückkehr in die Welt der Menschen empfand Nansen mit einem seltsamen Gefühl. Es war keine wilde Freude in ihm, sein Herz schlug nicht schneller bei dem Gedanken an den kommenden Triumph. Ein wunderliches Erstaunen befiel ihn, daß er sein Ziel erreicht hatte; Demut vor der Größe des Lebens, vor dem Opfermut seiner Kameraden empfand er, und er wußte, daß jeder Ruderschlag näher zu den Menschen von dem tiefen Erleben fortführte und ihn wieder den lächerlichen Nebensächlichkeiten der Zivilisation auslieferte.

Die ersten Hütten tauchten auf, die Hütten von Neu-Herrnhut. Eskimos, Männer, Frauen und Kinder liefen in Scharen herbei, umstanden sie lachend und schreiend, begleiteten sie den Fußweg nach Godthaab. Nansens erste Frage galt dem Schiff. Das Schiff? Das Schiff war abgefahren, lange schon. Die Nachricht traf ihn schwer. Noch gab es eine Möglichkeit, der Welt eine Nachricht zu senden. 70 Meilen südlicher lag noch ein kleines Schiff in Ivigtut. Während Godthaab Nansen stürmisch empfing, die Salutschüsse aus einer Kanone in den Bergwänden widerhallten, überlegte der Gefeierte, wie er das unmöglich Scheinende möglich machen könnte. Die Hoffnung heimzufahren, war zerronnen, die Hetzjagd über das Eis umsonst gewesen. Was würden seine Freunde sagen?

Zwei Eskimos in Kajaks wagten die schwierige Fahrt nach Ivigtut. Mit Botschaften und Briefen versehen, erreichten sie das Schiff, bevor es auslief. Am 12. Oktober trafen Dietrichson, Kristiansen und die beiden Lappen in Godthaab ein. Wie Sieger wurden sie empfangen, und die Freundlichkeit der heiteren Menschen und die Großzügigkeit der dänischen Kolonie ließen sie vergessen, daß ihnen noch ein langer Winter bevorstand. Während sich die sechs Männer in einem Haus für den Winter einrichteten, liefen die Nachrichten von Nansens Grönland-Durchquerung in großen Schlagzeilen um die ganze Welt und zerstörten einen weitverbreiteten Irrglauben über die Beschaffenheit des Landesinneren, nämlich den Glauben an eisfreies Gebiet.

„Im Inneren Grönlands gibt es kein eisfreies Land", schrieb Nansen. „Alles ist Schnee, Gletscher und Eis!"

Eskimos

Der Winter kam mit seiner langen Nacht. In Godthaab wurde es still. Die Menschen saßen in den Hütten, lauschten den Erzählungen Dietrichsons, tanzten und sangen – oder schliefen. Nansen jedoch fand neue Arbeit. Er kannte Grönland, jetzt wollte er die Menschen kennenlernen. Er ging in ihre Hütten, er überwand die Übelkeit vor dem Geruch, die ihn beim ersten Besuch überfiel, er versuchte ihre Sitten, ihre Bräuche, ihre Handlungen zu verstehen. Nansen erlernte ihre Sprache. Die Eskimos nannten sich Inuit, das hieß: Mensch. Ein Wort für Krieg war ihnen unbekannt, denn sie kannten keinen Krieg. Nansen ruderte den Kajak wie sie, fuhr mit ihnen zur Jagd aus, studierte ihre Kultur und ihre religiösen Vorstellungen. Er wohnte in ihren Iglus, er ernährte sich wie sie, er war nicht als Gast gekommen, sondern als einer, der aufgenommen werden wollte in ihre Gemeinschaft. Die Eskimos betrachteten Nansen bald als einen der ihren. Es war der erste „Weiße", der so lebte wie sie, der hielt, was er versprach, der tat, was er redete. Es waren einfache Gesetze, nach denen sie lebten, es waren gute Gesetze. Je unbarmherziger die Umwelt mit den Menschen spielte, desto gütiger und weiser, der Kunst des Überlebens angepaßt, war das Gesetz. Nächstenliebe, Freundschaft, Gastlichkeit und Hilfsbereitschaft waren erste Pflichten. Nansen staunte und verglich das gesunde, kräftige und unkomplizierte Leben dieser „Wilden" mit dem der „kultivierten" Europäer. Er kam zu dem Schluß, daß die Eskimos vernünftiger lebten und den wesentlichen Dingen der Welt näher waren, als der von der Zivilisation erfaßte Mensch Europas.

Eben begann die Zivilisation dem kleinen, gesunden und offenherzigen Volk viel von seiner Ursprünglichkeit zu nehmen. Nansen erkannte hier den Fluch der Kolonisation und sprach ihn offen aus: „Wir haben den Grönländern nichts gegeben, was ihnen den Kampf ums Dasein erleichtert hat. In welches Unglück haben wir sie mit unserem Geld gestürzt! Mit ihm haben wir die Nächstenliebe zerstört, statt sie zu fördern. Und dann die schamlose Ausbeutung im Namen der Zivilisation! Fiel den Missionaren nicht auf, daß dieses wilde, freilebende Volk der Jäger und Fischer im Herzen christlicher war als sie selbst? Daß es die christliche Liebeslehre tiefer und aufrichtiger durchgeführt hatte als irgendeine ‚christliche' Nation? Ich mußte mein Gewissen erleichtern. Die europäischen Nationen könnten von den Eskimos viel lernen. Aber was haben wir getan? Wir haben die Naturvölker demoralisiert, ihre Gesundheit untergraben und ihre Freiheit und Selbständigkeit vernichtet –."

So schrieb der, dessen Land sich einer eifrigen Missionstätigkeit rühmte, er, der Gast war der dänischen Kolonie. Das war Nansen; ohne Rücksicht sprach er aus, was er dachte, denn das Verschweigen der Wahrheit bedeutete für ihn Verrat an der Menschheit. Er war wahrhaftig ein Eskimo geworden, er war wie sie, denn er liebte sie.

Am 15. April liefen die Eskimos von Godthaab zum Strand und schrien: „Umiarsuit! Umiarsuit! – Das Schiff! Das Schiff!"

Langsam schaukelte die „Hjeidbjören" in den Hafen, die norwegische Flagge blähte sich im Wind, Salutschüsse donnerten von Bord. Norwegen war gekommen, um die Sieger heimzufahren. Die Männer, reich beladen mit wissenschaftlicher Beute, wurden nun selbst Beute der Nation, kostbare Steine in der Krone ihres Landes, Schmuckstücke im Wappenschild Norwegens. Sie wurden heimgeholt, um zur Schau gestellt zu werden.

Als der Abschied kam, standen sie vor ihm, die Freunde.

„Du reist zurück in die große Welt, aus der du zu uns gekommen bist. Dort begegnest du vielen Menschen und vielem Neuen und wirst uns wohl bald vergessen haben. Wir werden dich nie vergessen!" sagte einer von ihnen.

Die Trauer war auf beiden Seiten groß. Das Schiff verließ den Hafen, aber noch immer tönten die Worte des alten Eskimos in Nansens Ohren fort und fort. Am Ufer standen die Eskimofreunde und schauten hinaus auf das Wasser, wo einer von ihnen davonfuhr – der größte ihres Stammes. Nansen stand an der Reeling und blickte zum Land. Das Meer schob sich zwischen das Ufer und die „Hjeidbjören". Die Rauchfahne spannte einen Bogen vom Schiff nach Godthaab; dann zerriß eine Bö den dunklen Schwaden, der Fjord schloß sich, die „Hjeidbjören" war auf hoher See.

Am 21. März 1889 trafen sie in Kopenhagen ein. Die Begeisterung war groß, die Ehrungen zahlreich: Nansen, der Held, war da!

Er war nicht mehr der „Selbstmörder", der Narr, der arme Irre, vergessen waren Spott und Hohn, die moralische Entrüstung. Der Mann, dem man 5 000 Kronen verwehrt hatte, wurde überschüttet mit Urkunden, Medaillen und Titeln. Nansen, der Held!

Am 30. Mai liefen sie in Christiania ein. Hunderte von Schiffen und Seglern empfingen sie. Die Ufer waren von Menschen besetzt; Salutschüsse auch hier, Fahnen grüßten, Sirenen heulten.

„Ist es nicht hübsch mit all den Menschen?" fragte Dietrichson den Lappen Ravna.

„Ja, sehr hübsch", antwortete Ravna mit tödlichem Ernst, „wenn es nur alles Rentiere wären!"

Und Nansen selbst? Er, der mit einem Schlag weltberühmt geworden war? Er wurde mit dem Ruhm bald fertig. Er erkannte mit sicherem Blick, warum ihn viele feierten. Die Leistung, der Rekord, das Spiel mit dem Untergang machten ihn interessant in den Augen der sensationslüsternen Menge. Gewiß, die Kühnheit war groß, Mut und Kraft erstaunlich und der abenteuerliche Glanz lag wie eine Glorie um seine Expedition. Was ihm aber vorschwebte, war, der Wissenschaft neue Erkenntnisse zu bringen. War das denn Heldentum? Er hielt es nur für einen Teil des reifen Menschentums, das sich mit aller Kraft dem Ziel verschrieb, dem Fortschritt und dem Wohl der Menschheit zu dienen.

Allerdings las er mit Freude, was die Königliche Geographische Gesellschaft in London schrieb: „Nansen hat unter Einsatz des Lebens eine der kühnsten Expeditionen geleitet . . . und allen riesigen Hindernissen zum Trotz entscheidende Entdeckungen gemacht." Gewiß hörte er es gerne, wenn ein Fachmann wie der Polarforscher Markham sagte: „Ich halte die Durchquerung Grönlands für eine der größten Heldentaten unserer Zeit."

Dann erhielt er die VEGA-Medaille aus der Hand König Oskars II. in Stockholm. Mit ihr waren bisher nur vier Geographen ausgezeichnet worden. Einer davon war Henry Morton Stanley, der Livingstone in Afrika gefunden hatte. Als Nansen die Auszeichnung überreicht wurde, endete die Festrede des berühmten Biologen, Prof. Retzius, mit den Worten: „Nansens Tat ist nicht nur eine Ehre für ihn selbst, sondern auch für sein Vaterland. Nicht auf dem Felde des Krieges können die kleinen Nationen ihren Rang behaupten und ihre Freiheit gewinnen. Auf dem Felde der Kultur, der Wissenschaft und der Kunst, das allen offensteht, können sie an der Spitze sein, können sie sich auszeichnen und die Achtung der großen Völker erringen. Das ist Nansens Tat und Sinn!"

Und als Nansen immer wieder seinen Namen nennen hörte, da stand er auf und holte seine fünf Gefährten aus den Sesseln und stellte sie neben sich und antwortete: „Mißlingt eine Expedition, so wollen die Menschen gerne alle Schuld auf den Leiter abwälzen. Glückt sie, so wollen sie ihm allein die Ehre geben. Das ist besonders ungerecht bei einer Expedition wie dieser, bei der der Erfolg davon abhing, daß auch nicht ein einziger versagte, daß jeder Mann seine Aufgabe an jedem Platz erfüllte."

Sie, die Gefährtenschaft, hatte Grönland bezwungen. Nicht Nansen, nicht Sverdrup, nicht Ravna oder ein anderer von ihnen – sie alle zusammen.

Die Gefährten kehrten wieder in den Alltag zurück, jeder war wieder für sich. Doch eines verband sie und hielt sie umschlungen als Gemeinschaft bis zum Ende ihrer Tage: die Erinnerung an die herrlichen und doch so grausamen Schneefelder Grönlands, an den Durst, an die Gletscher, an das Heidekraut und die Eisdrift, an die Tänze der Eskimos, an das flammende Nordlicht – an die Grenzen des menschlichen Seins.

Nansens Grönlandfahrt war der Anlaß zur Gründung der Norwegischen Geographischen Gesellschaft. Mit seiner Fahrt begann die wissenschaftliche Polarforschung, und seine Ausrüstung und Technik wurden Vorbild für alle kommenden Expeditionen in den Polgebieten der Arktis und Antarktis.

Zwischenspiel

Nansen traf Eva Sars. Er kannte sie von früher. Zum ersten Mal traf er sie beim Skilauf in den Wäldern von Frogner Saeter. Er lief auf zwei aus dem Schnee ragende, zappelnde Beine zu, um zu helfen. Da kam ein lachendes Gesicht hervor, strahlte ihn vor Lebensfreude an und nahm ihn gefangen durch seine harmonische Schönheit. Kurz darauf war er nach Grönland gegangen. Aber jetzt war er wieder da. Er traf Eva Sars – immer wieder.

Heute war es spät geworden. Es war zwei Uhr nachts. Nansen marschierte durch Christiania und fand keinen Schlaf. Er versuchte seine Schwester zu wecken, die in einer stillen Gasse wohnte, aber an ihrer Stelle kam der zu Recht verdrossene Schwager ans Fenster.

„Wer zum Teufel ist denn da?"

„Ich bin es, Fridtjof. Ich muß hineinkommen."

„Bei Gott, du könntest dich an eine bessere Zeit halten mit deinen Besuchen."

„Es ist wichtig."

Man ließ ihn ein. Vorbei am Schwager schritt er bis zu seiner Schwester, die im Bett lag.

„Um Gottes willen, was ist passiert?" fragte sie, als sie in das erregte und bleiche Gesicht Fridtjofs blickte.

„Ich habe mich verlobt."

„Verlobt? Mit wem?"

„Natürlich mit Eva."

Da waren sie beruhigt und begannen zu fragen und zu besprechen und ihm Ratschläge zu geben. Aber Nansen unterbrach sie: „Jetzt hab' ich Hunger."

Der Schwager brachte kalten Rindsbraten und Champagner aus dem Keller, und sie feierten um zwei Uhr früh im Schlafzimmer seine Verlobung. Als er satt war, ging er heim und schlief glückselig ein. Er träumte. Er träumte von Eva, wie er sie um ihr Jawort

54

gebeten hatte, und er erlebte die bangen Minuten noch einmal, denn er hatte sofort hinzugefügt: Aber zum Nordpol muß ich! Und ehe die Antwort von Eva kam, schalt er sich einen Narren, der dieses Glück für den Nordpol aufs Spiel setzte. Sie aber hatte trotzdem ja gesagt.

Bald darauf heirateten sie. Eva Sars, Tochter des Zoologen Sars, Nichte des Dichters Welhaven, die stolze Schönheit und gefeierte Sängerin heiratete den Schneeschuhläufer, den Grönlandforscher, Skispringer, Hitzkopf, den Naturapostel Nansen. Sie wußte, daß ihr kein ruhiges, konventionelles Leben bevorstand, sie ahnte, daß sie Jahre des Wartens, Bangens und Hoffens vor sich hatte, aber sie hatte die Kraft in ihrer ausgewogenen und empfindsamen Seele, ein Leben mit Nansen zu führen.

Schon einen Tag nach der Trauung, 1889, brachen sie zu einer Vortragsreise auf; Schweden, Deutschland, England, Frankreich, überall sprach Nansen zu einer begeisterten Jugend von seiner Grönlandfahrt und schenkte ihr ein neues Ideal, nämlich das eines tiefen Lebensgefühls. Er erhielt Ehrungen und Auszeichnungen, die er, wieder zu Hause, zu den anderen in die Schublade legte. Ihm kam es nicht darauf an, Ruhm zu ernten, er wollte den Menschen einen Weg zeigen, mit den Nebensächlichkeiten der Zivilisation fertig zu werden.

Im Oktober war er wieder in Christiania, entwarf das künftige Haus, in dem sie beide leben sollten. Bei Lysaker sollte es stehen, wo Himmel, Wasser und Wald ihre Nachbarn waren. Er schrieb sein Buch „Auf Schneeschuhen durch Grönland" in einer Hütte, in der im Winter das Wasser im Waschbecken fror. Eva war mit ihm, hielt aus, klagte nicht, lebte mit ihm und für ihn.

Endlich war das Haus fertig. Der Dichter Björnsen taufte es auf den Namen Godt Haab – Gute Hoffnung. Es war ein gutes Haus, bereit, Freunde zu empfangen; es war ein festes Haus, gebaut für eine dauerhafte Ehe. Die Freunde kamen, und die Ehe war gut. Werenskiöld kam, Munthe, Sinding und die vielen anderen, Maler und Komponisten und geistigen Führer des jungen Norwegen.

Aber schon im Herbst 1890 verließen sie das Haus, und er und Eva reisten wieder durch Europa. Europa rief ihn, fragte nach ihm, wollte ihn wieder hinausschicken in das Abenteuer, wollte sich an Heldentaten berauschen.

Einige Zeitungen schrieben: Warum fährt Nansen nicht zum Pol? Liegt Nansen im Totwasser?

Er ließ sich nicht herausfordern. Er schwieg. Er arbeitete im stillen und ließ sich nicht zwingen, von Dingen zu reden, die langsam reifen mußten. Er ging konsequent und ausgeglichen den Weg, der ihm richtig schien. Um die Neugierde der Zeitungen kümmerte er sich nicht.

Nach der Europareise erschien der zweite Band der Grönlandfahrt und sein Bericht „Eskimoleben". Er schrieb in der Einsamkeit seines Hauses, er fühlte sich geborgen, und sein Leben war einfach und in sich geschlossen; seine Frau Eva war immer in seiner Nähe.

Als aber alles getan war, erinnerte er sich einer Zeitungsnotiz im „Morgenbladet": An der Südspitze Grönlands wurde eine Ölzeughose angeschwemmt, die einem der geretteten Matrosen des Unglücksschiffes „Jeannette" gehörte. Die „Jeannette" war jenes Expeditionsschiff, das fünf Jahre zuvor in der Bering-Straße zwischen Sibirien und Alaska eingefroren, vom Eis nach Norden getrieben und zermalmt worden war.

Auf diese Nachricht hin und auf seine eigenen Erfahrungen gestützt, stellte er eine Theorie auf und vollendete mit gewissenhafter Genauigkeit seinen Plan. Eva war die erste, die davon erfuhr. Sie hatte das Recht darauf, denn sie war es, die vor dem Tag bangte, an dem das große Warten für sie beginnen sollte. Und das war Nansens Plan: Mit einem Schiff im Eis einzufrieren und sich dem Pol entgegentreiben zu lassen!

Zum Nordpol

Der Plan war gefaßt, jetzt mußte er der Öffentlichkeit vorgelegt werden. Am 18. Februar 1891 stand Nansen am Rednerpult im Saal der Geographischen Gesellschaft in Christiania. Er, der so lange geschwiegen hatte, wollte sprechen. Eine Sensation bahnte sich an, denn die, die gekommen waren, Gelehrte, Wissenschaftler, Presseleute aus dem In- und Ausland, wußten, daß ein Mann wie Nansen nicht grundlos die bedeutendsten Männer zusammentrommelte.

Er sprach vom Unglück der „Jeannette", von der Strömung des Treibeises, von den vergeblichen Versuchen der Forscher Parry, Markham, Lockwood und des Österreichers Payer, des Entdeckers des Franz-Joseph-Landes; sie alle waren gezwungen gewesen, vor den südwärts treibenden Eismassen zu kapitulieren und ihren Marsch gegen den Nordpol aufzugeben. Und dann sagte Nansen, und den Menschen im Saal stockte der Atem, jenen Satz, der seine ganze Theorie zur Bezwingung des Pols enthielt: „Wir werden nicht gegen den Eisstrom vordringen. Wir werden die Kräfte der Natur nützen und mit dem Eisstrom zum Pol treiben. Ich weiß, es gibt einen Polarstrom, mit dem wir arbeiten können. Ich werde ein Schiff bauen lassen, klein, stark und rund wie eine Nußschale. Es soll groß genug sein, um Kohle und Proviant für zwölf Mann auf fünf Jahre fassen zu können. Dieses Schiff wird nicht nur dem Druck des Eises standhalten, es wird von den pressenden Schollen leicht in die Höhe gehoben werden."

Stille lag über dem Saal, als der Mann das Kühnste aussprach, als gelte es, einen Skiausflug auf das Dovre-Fjell vorzubereiten.

„Wir werden zu den Neusibirischen Inseln fahren, von dort steuern wir nordwärts durch das Eis, bis wir festsitzen. Und dann, meine Damen und Herren, lassen wir uns einfrieren, und von da an wird die Strömung des Eises für jede weitere Beförderung sorgen."

Er sah den Zweifel in ihren Gesichtern, die ungläubigen Augen und versuchte sofort alle möglichen Einwände zu entkräften, jeder Kritik zu begegnen. Aber erst nach seinen Schlußsätzen, die Nansens wahren Charakter zeigten, gewann er die Zustimmung aller Zuhörer im Saal.

„Und wenn wir auch nicht über den Nordpol treiben, was macht das aus? Wir ziehen nicht aus, um den mathematischen Nordpunkt der Erdachse zu suchen. Denn diesen Punkt erreichen zu wollen, hat doch gar keinen Sinn! Wir ziehen aus, uns in den unbekannten weiten Teilen der Erde, die den Pol umgeben, umzusehen und um dort Untersuchungen anzustellen. Diese Untersuchungen sind aufschlußreich für die Geographie, erhellen den Erdmagnetismus und die Luftelektrizität, das Nordlicht, das Sonnenspektrum, sind wichtig für die physikalische Geographie des Meeres, für die Meteorologie, die Tierlehre und Wachstumslehre, Paläontologie und Geologie. Und diese Untersuchungen haben den gleichen wissenschaftlichen Wert, wenn sie vielleicht auch nicht genau auf dem Pol gemacht worden sind."

Es war, als spürten die Zuhörer die wahre Absicht Nansens. Ihn trieb nicht eitler Ehrgeiz, es ging ihm lediglich um die Erfüllung einer wissenschaftlichen Aufgabe. Sie sprangen von den Sitzen, sie riefen ihm Glückwünsche zu, sie gratulierten. Das Volk von Norwegen stand hinter ihm, und die Regierung bewilligte eine Viertelmillion Kronen zur Vorbereitung der Expedition. Den fehlenden Restbetrag brachte eine spontane Sammlung auf, und Nansen selbst opferte einen Großteil seines eigenen Vermögens für das Unternehmen.

Da stand er in London vor der Royal Geographical Society. Er war nun 31 Jahre alt; sein Gesicht war ernst und verschlossen, seine Stimme ruhig und gefaßt. Die hier vor ihm saßen, kannten seinen Plan aus Zeitschriften, und sie hatten ihn schon oft diskutiert und durchdacht. Sie – das waren die Veteranen des Eises, die Männer der Arktis, die geschlagenen Helden des Kampfes um den Pol. McClintock, Admiral Naves, Inglefield, Young, Dr. Rae waren hier und viele andere und hörten zu und hofften, daß er, der Draufgänger, seinen Plan geändert haben mochte. Er hatte ihn nicht geändert, er hatte ihn in tausend Details vertieft. Er schilderte die Route durch das Karische Meer, nördlich um das Kap Tscheljuskin, längs der Nordküste von Sibirien zu den Neusibirischen Inseln. Was dann folgen würde, wußte er nicht, aber er entwickelte wieder seine Theorie vom Treibeisstrom. Er legte seine Berechnungen vor, nach denen die Drift zwei bis drei Jahre dauern würde. Er erklärte, wie sie sich verhalten müßten, sollte das Schiff – was er für unmöglich hielt – zerpreßt werden und sinken. Er erläuterte die mögliche Drift auf den Eisschollen mit allen Vorräten, Schlitten und Booten und den Versuch einer Landung auf Grönland.

Zurückhaltendes Schweigen lastete im Saal, als er geendet hatte.

Die Diskussion eröffnete McClintock: „Ich darf sagen, daß ist der verwegenste Plan, der der Royal Geographical Society jemals vorgelegt worden ist. Ihre Theorie mag richtig sein, aber ich zweifle daran, daß sie Ihren Plan durchführen können. Selbst wenn es Ihnen gelingen sollte, in das Eis einzudringen, so wird das Schiff dem Eisdruck nicht standhalten können."

Der Botaniker Hooker zweifelte: „Ich glaube nicht, daß das Schiff dem Eis widerstehen wird."

Admiral Naves zweifelte: „Nicht die Strömung, der Wind bestimmt die Drift. Der Grundsatz für eine erfolgreiche Navigation in der Arktis ist, sich nahe einer Küste zu halten und das Schiff und seine Bewegungen zu beherrschen. Nansen will sich freiwillig der Navigation berauben lassen und sich auf Gnade und Ungnade der Drift aussetzen. Ich sehe mich veranlaßt, diesen Plan vollkommen abzulehnen."

Young zweifelte; Inglefield zweifelte; General Greely zweifelte: „Es kommt mir geradezu unglaublich vor, daß Doktor Nansen für seinen Plan Unterstützung findet. Kein Hydrograph wird im Ernst seinen Theorien folgen wollen. Ich halte dieses Unternehmen für einen reinen Wahnsinn."

Sir George Richards zweifelte. Nur einer zweifelte nicht. Nansen selbst. Es war spät am Abend, als er das Schlußwort hielt und auf alle Einwände, Warnungen und Bedenken antwortete. Es kam ihm auch nicht mehr darauf an, die Männer vor ihm mit Worten zu überzeugen. Sein Plan stand unverrückbar fest.

„Ich habe schon einmal bewiesen, daß ich keine Rückzugslinie brauche. Schon einmal habe ich die Brücken hinter mir abgebrochen. Ich hoffe auch diesmal auf das Glück. Da keine Einwände von Bedeutung gemacht worden sind, glaube ich, können wir die Diskussion abschließen", fügte er selbstbewußt hinzu.

Jetzt, da er die letzten Verpflichtungen erledigt hatte, wurde ihm leichter zumute, und er kehrte nach Hause zurück.

Er erinnerte sich der Szene, als das Schiff vom Stapel gelaufen war. An einem gläsernen, kalten Oktobertag stand er mit Eva auf dem Gerüst am Vordersteven. Eine Flasche Champagner zerschellte am Bug, und Evas Stimme sagte klar: „Fram sollst du heißen!"

Fram – Vorwärts! Ein guter Name für ein gutes Schiff. Die „Fram" glitt hinab in das Wasser, Gischt sprühte um sie, und tief tauchte sie ein, als wollte sie untergehen. Dann hob sie sich empor und lag ruhig da. Die Männer der Werft und Tausende Zuschauer, die an den felsigen Ufern des Fjordes standen, brachen in ein begeistertes Hurra aus.

Colin Archer, Nansen und Sverdrup hatten die „Fram" gebaut. Sverdrup sollte ihr Kapitän sein. Colin Archer zeichnete Entwurf um Entwurf, veränderte, verbesserte, verwarf die letzten Details und griff zu den ersten zurück. Nansen saß bei ihm, nächtelang, und Sverdrup kam hinzu, um mitzudenken, mitzuberaten. Dann war der Plan fertig, und sie gingen bedächtig an die Ausführung. Das Schiff mußte sorgfältig gebaut werden, denn von ihm hing alles ab.

Der Rumpf war so geformt, daß er dem Eis keine verwundbare Fläche bot; außerdem mußte er jedem Druck von außen Widerstand leisten. Glatt wie ein Fisch sollte das Schiff der tödlichen Umklammerung des Eises entgleiten. Geschwindigkeit war nicht entscheidend; entscheidend war die Stärke und die Wendigkeit, der abgerundete Bug und Kiel, das abgerundete Heck. Das Steuerruder war tief ins Wasser versenkt, um nicht vom Eis beschädigt zu werden. Der Querschnitt des Rumpfes glich einer durchgeschnittenen Kokosnuß, und die „Fram" wirkte, wie sie so dalag im Hafen, wie ein großes Lotsenboot. Das beste Holz war verwendet worden: italienische Eiche, 30 Jahre gelagert. Die Schiffsseite war 80 Zentimeter dick, das Innere glich einem Gewirr von Spinnweben, so dicht standen Balken, Stützen und Streben. Dazwischen lagen genau ausgeklügelt die Wohnräume und der Salon, abgedichtet mit Kork und Filz, sicher geschützt gegen Feuchtigkeit und Kälte. Das Schiff war 39 m lang, 11 m breit, der Tiefgang betrug zirka 3,80 m; den Antrieb besorgte eine Dampfmaschine, doch war die „Fram" zugleich als Dreimastgaffelschoner getakelt. Die Ausgucktonne befand sich 32 m über Wasser. Sie würde einen weiten Blick über das Meer erlauben. Auch das war gut.

Nun war die „Fram" fertig. Sie wartete auf ihren Herrn, auf die Mannschaft, auf das Leben. Sie war aus vielen Ratschlägen und Plänen geboren, sie war unter Nansens Augen gewachsen wie ein lebendiges Wesen.

Alles war bedacht worden, immer wieder. Nansen hatte Listen

geführt, Ärzte befragt, Anregungen erhalten und Verbesserungen gemacht.

Die „Fram" wartete. Sie war überprüft worden. Die Maschine arbeitete gleichmäßig und ohne Störung. Die Nahrung war an Bord, ausgesucht und zusammengestellt von Prof. Torup. Die Skorbutgefahr und den Fetthunger hoffte man gebannt zu haben. Alles war da, was eine Besatzung für fünf Jahre brauchte. Die Schiffsräume waren gefüllt mit Schlitten, Waffen, Munition, Kleidung, der Salon war vollgestopft mit einer ausgezeichneten Bibliothek für die lange Nacht. Die wissenschaftlichen Instrumente wurden mit besonderer Sorgfalt ausgewählt. Nur die vollkommensten Apparate gelangten in den Bauch des Schiffes, denn sie waren verantwortlich für Erfolg und Qualität der wissenschaftlichen Arbeit.

Die „Fram" wartete. Die letzten Tage vor dem großen Abenteuer waren die schlimmsten. Gespräche, Briefe, Reden. Rechnungen mußten beglichen, Verträge abgewickelt, letzte Besprechungen gehalten werden.

Das Haus in Lysaker sah ihn kaum, denn er hetzte von Sitzung zu Sitzung, ordnete an, verfügte, beschloß. Die ungeheure Last der Verantwortung erdrückte jedes Gefühl in ihm, und erst am Tag der Ausreise kam er wieder zur Besinnung, wurde ihm klar, was er verließ und wohin er sich begab.

Grau und nebelverhangen kam der 24. Juni 1893. Nansen brach auf, unwiderruflich. Im Zimmer sagte er seiner Tochter Liv und seiner Frau Eva Lebewohl. Die Tür schloß sich hinter ihm. Er schritt zwischen den Bäumen seines Gartens hinab zum Fjord, hinter sich das Kind, das am Fenster stand und in die Hände klatschte. Er drehte sich nicht mehr um, er hatte plötzlich Angst vor seiner Schwäche und stieg rasch in die tuckernde Barkasse, die ihn hinüberbrachte zur „Fram". Das Schiff lag in der Bucht von Piperviken, und der Dampf sang im Kessel. Die „Fram" wartete auf ihn, und er war gekommen. Die Ankerkette knirschte, und schwer und tiefgeladen setzte sich das Schiff in Bewegung. Die Ufer waren übersät mit grüßenden Menschen, das Schiff war umschwärmt von Booten, Jachten und Dampfern. Norwegen blickte auf die „Fram", Norwegen blickte auf Nansen; die „Fram" und Nansen waren Norwegen.

Sie glitten den Fjord entlang, an „Godt Haab" vorbei. Nansen stand auf der Brücke und richtete das Glas gegen sein Haus. Da war die Wiese, die Fichte mit der Bank; auf der Bank saß Eva im hellen Kleid. Die Planken unter seinen Füßen zitterten im Takt der Maschine, das Bild verschwamm vor seinen Augen, die „Fram" forderte ihn. Jetzt wartete Eva.

Volldampf voraus! Noch herrschte günstiges Wetter, und das mußten sie nützen. Am 1. Juli statteten sie der Stadt Bergen einen Besuch ab. Nansen erwies seinem zweiten Heimatort Reverenz und Dank, hielt seinen letzten Vortrag und feierte mit seinen Freunden Abschied. Die tieferen Zusammenhänge des Lebens, die ihn geformt und gefördert hatten, wurden ihm bewußt, und eine echte Zuneigung zu den Menschen in der „Regenschirmstadt" erfaßte ihn. Aber auch seine Gönner und Freunde fühlten, daß „ihr" Nansen auf dem Weg war, für sie, für Bergen, für Norwegen das Richtige zu tun.

Weiter nordwärts. Sie fuhren an den Fjorden vorbei, umkreisten die Inseln und Schären, genossen das strahlende Licht von den Schneebergen; Schweigen kam in den Zaubernächten vom Lande, über das der Mond sein zitterndes Licht legte. Bei Tag aber kamen von den Inseln, den kleinen Gehöften und Dörfern die Boote. In ihnen saßen Männer und Frauen, riefen, winkten, ließen die Ruder und schauten, schauten. Auf einer Klippe stand die gekrümmte Gestalt einer alten Frau, die zur „Fram" hinüberwinkte.

Nansen fragte den Lotsen: „Gilt das uns?"

„Ja, natürlich."

„Wie kann sie etwas über uns wissen?"

„O, hier kennt jeder die ‚Fram'. In jeder Stube werden sie darauf warten, daß ihr wieder zurückkommt, darauf könnt ihr euch verlassen!"

Ärmer wurde die Küste und reicher an Steinen. Norwegen aber war auch hier, und auch hier gab es Grüße, Winken und gute Wünsche. Das ganze Volk war bei Nansen und seinen zwölf Männern, und der Hauch eines vergessenen Erbes wurde wach, das sie an Bord zu spüren bekamen und das auch jenes Norwegen verspürte, welches zu Hause blieb: etwas vom Geist der Wikinger war in dieser Fahrt, etwas von der Sehnsucht des Menschen, die Grenzen seines Daseins weiter zu stecken.

Lofoten, steile Mauern aus Stein – vorbei. Tromsö, 12. Juli, Sturm aus NW und Schnee, Schnee auf den Dächern der Häuser und den Hängen der Berge. Kohle wurde geladen. Finnenschuhe, gedörrtes Renfleisch und Lappenzelte wurden an Bord gebracht – dann weiter.

Vardö empfing sie mit Flaggenschmuck und Salutschüssen. Die letzte norwegische Stadt bereitete ihnen einen lärmenden und turbulenten Abend. Nansen schrieb Briefe und sandte das letzte Telegramm an Eva. Um drei Uhr morgens stieg er an Deck, weckte Kapitän Sverdrup und gab Befehl zur Ausfahrt. Es war still im Hafen. Die Stadt lag im Schlummer; ein einsames Zollwachboot tuckerte die Mole entlang, aus der Luke ragte der Kopf eines schlaftrunkenen Mannes, der dem Schiff nachglotzte, als es im Nebel eintauchte. Es war der 21. Juli. Nun lag die Sicherheit hinter ihnen, lag Norwegen versunken im Morgendunst, nun verließen sie das Land der Fjorde, die sicheren Sunde, verließen sie die Heimat. Für wie lange?

An Bord der „Fram" befanden sich folgende Leute: *Otto Neumann Sverdrup*, Führer der „Fram", geboren 1855 in Bindalen, Helgeland. Als Siebzehnjähriger ging er zur See, machte 1878 das Steuermannexamen und fuhr einige Jahre als Kapitän. 1888/89 nahm er an Nansens Grönlandreise teil. *Sigurd Scott-Hansen*, Premierleutnant in der norwegischen Marine, übernahm die meteorologischen, astronomischen und magnetischen Beobachtungen, geboren 1868 in Christiania. Nach der Marineschule in Horten wurde er 1889 Offizier und 1892 Premierleutnant. *Henrik Greve Blessing*, cand. med., Arzt und Botaniker der „Fram", geboren 1866 in Drammen. Er wurde 1885 Student und im Frühjahr 1893 Kandidat der Medizin. *Theodor Claudius Jacobsen*, Steuermann der „Fram", geboren 1855 in Tromsö. Als Fünfzehnjähriger ging er zur See, machte vier Jahre später das Steuermannexamen. Zwei Jahre war er in Neuseeland Arbeiter. 1886 bis 1890 fuhr er als Eismeerschiffer mit einer Jacht von Tromsö. *Anton Amundsen*, erster Maschinist der „Fram", geboren 1853 in Horten. 1875 machte er das technische Examen, 1877 wurde er Maschinist, und 1892 machte er das Maschinenmeisterexamen. Seit 25 Jahren ist er im Dienst der Marine gewesen, wo er die Stellung eines Obermaschinisten erlangt hat. *Adolf Juell*, Proviantverwalter und Koch an Bord der „Fram", geboren 1860 bei Kragerö. 1879 machte Juell das Steuermannexamen, war mehrere Jahre lang Schiffsführer. *Lars Pettersen*, zweiter Maschinist der „Fram", geboren 1860 in Borre bei Landskrona in Schweden von norwegischen Eltern. Er ist gelernter Schmied und Maschinenarbeiter, war mehrere Jahre in der norwegischen Marine angestellt. *Frederik Hjalmar Johansen*, Reserveleutnant, geboren 1867 in Skien, wurde 1886 Student. 1891/92 besuchte er die Kriegsschule und wurde Reserveoffizier. Da kein anderer Posten auf der „Fram" frei war, nahm er begeistert die Stellung eines Heizers an. An Bord war er meist meteorologischer Assistent. *Peder Leonard Hendriksen*, Harpunier, geboren 1859 in Balsfjorden bei Tromsö. Von Kindheit an hat er sich auf der See bewegt, davon 14 Jahre lang auf dem Eismeer als Harpunier und Schiffer. 1888 erlitt er bei Nowaja Semlja Schiffbruch mit der Jacht „Enigheden" von Christiansund. *Bernhard Nordahl*, geboren 1862 in Christiania. Als Vierzehnjähriger trat er in die Marine ein und wurde Unteroffizier. Später hat er die verschiedensten Beschäftigungen gehabt, vorwiegend viele Jahre an elektrischen Beleuchtungsanlagen gearbeitet. An Bord hatte er die Beaufsichtigung der Dynamomaschine und des elektrischen Lichts, leistete außerdem Dienste als Heizer und Gehilfe bei meteorologischen Beobachtungen. *Ivar Otto Irgens Mogstad*, geboren 1856 in Aure, Nordmöre, 1877 machte er das Examen als Forstbeamter. 1882 war er Oberaufseher in der Heilanstalt für Nervenkranke in Gaustad. An Bord war er zu allem nützlich. *Bernt Bentsen*, geboren 1860, ist mehrere Jahre zur See gefahren. 1890 bestand er das Steuermannexamen und hat seither als Steuermann das Eismeer bereist. Er wurde in Tromsö angeworben.

Grau dehnte sich das Meer vor ihnen, grau legte sich der Nebel um das Schiff, vier Tage lang durchpflügten sie die südliche Barents-See; der Morgen des 25. Juli empfing sie mit Sonne und einem Blick auf das Gänseland von Nowaja Semlja. Aber neuer Nebel, der aus Südosten schwer und wollig herankroch, löschte die Welt für sie aus. Vorsichtig steuerten sie die Jugor-Straße an, tasteten sich näher und näher der Küste durch bösen Gegenwind und litten unter dem zähen Eismeernebel, der feucht über sie hinwegstrich, von der Takelung tropfte und die Kleider durchnäßte.

Dann kam das erste Eis. Zuerst war es nur ein Streifen jungen Eises, das die „Fram" durchstieß, als wäre es nicht vorhanden. Doch dahinter lag ein breiter weißer Gürtel: altes, schweres Eis. Das bedeutete nichts Gutes, Eis so früh im Jahr. Aber die „Fram" bewältigte es, wie nie ein Schiff zuvor. Sie wendete und drehte sich zwischen den Schollen, wie „ein Knödel auf einem Teller". Wo sie auf Eis traf, rannte sie mit schwerer Fahrt den Bug auf die Schollen, zwängte sie unter sich und sprengte sie auseinander. Nansen, Sverdrup und Jacobsen standen auf der Brücke und beobachteten gespannt die Feuertaufe ihres Schiffes.

„Hart Steuerbord! – Stütz!"

Kaum daß ein schwaches Zittern durch den Rumpf lief, wenn die „Fram" die nächste Scholle wegpreßte.

„Hart Backbord! Recht so! Hart Steuerbord!"

64

So ging es stundenlang, und das Steuerruder surrte wie ein Spinnrad.

Chabarowa tauchte auf: Zelte, Holzhütten, eine russische Kirche; dahinter die endlose russische Tundra. Vorsichtig loteten sie sich in den Hafen. Hier erhielten sie ihre Schlittenhunde, 34 Stück, weit vom Ural heraufgebracht und von Baron Toll, dem Arktisforscher, beschafft. Alexander Iwanowitsch Trontheim lieferte sie nun ab und brachte die Nachricht, daß Toll auf der Höhe der Neusibirischen Inseln Depots mit Lebensmitteln und Ausrüstungsgegenständen errichten werde. Er rechnete mit Nansens Schiffbruch und eröffnete ihm eine Rückzugslinie nach Asien.

Während der Kessel und die Ventile der „Fram" gereinigt und überholt wurden, gingen Nansen, Sverdrup und Hendriksen auf Jagd. Sie durchstreiften die Ebene, in der neben großen Schneezungen Feldmohn, Steinbrech und Moltebeeren wuchsen und blaue Glockenblumen neben dem Wollgras blühten. Von Horizont zu Horizont erstreckte sich die Tundra, in der ziellos und zeitlos die nomadischen Samojeden ihre Zelte errichteten und mit ihren Renherden nur dann nach Süden aufbrachen, wenn die lange Polarnacht sie bedrohte.

Am 4. August stach die „Fram" wieder in See. Sie fuhr ein in das gefürchtete Karische Meer; vor der „Fram" lotete das Petroleumboot, Nansen am Steuer, einen Weg und führte sie sacht an Untiefen vorbei.

Plötzlich stand das Achterdeck in Flammen. Nansens Kleider fingen Feuer. Er schleuderte den brennenden Treibstofftank des Bootes ins Meer, riß sich die glosenden Kleider vom Leib und schöpfte Seewasser an Deck. Die Gefahr war gebannt, doch das Boot blieb eine Zeitlang manövrierunfähig.

Sturm kam auf, und das Eis wurde dichter. Sie schlichen mit geringer Fahrt in Sichtweite der Jamal-Halbinsel entlang. Hielt das Eis sie auf, setzten sie ans Ufer und brachen ein in die menschenleere Stille, jagten Schneehühner, Eisenten, aber ihre haupsächliche Beute blieb auf botanische Raritäten beschränkt.

Am 9. August hatte es den Anschein, als sei das Eis im Norden lockerer geworden, und sie wagten einen Durchbruch. Nach drei Tagen, bei heftigen Gegenwinden, brachten sie die Nordspitze der Halbinsel Jamal hinter sich und kreuzten an der Weißen Insel vorbei. Schwerer Seegang, einzelne Eisstreifen, Wellen aus Nordosten, Schollen und anhaltender Sturm zwangen sie, nach Südosten auszuweichen. Inseln tauchten auf, die auf keiner Karte verzeichnet waren; andere, eingezeichnete, fanden sie nicht vor. Die angegebenen Tiefen waren falsch. Sie hielten sich nahe der einförmigen Küste, loteten und gerieten oft in Gefahr, auf Untiefen aufzulaufen. Wochen vergingen unter nicht enden wollendem Sturm, und noch immer hatten sie das Karische Meer nicht hinter sich gebracht. Die Natur stemmte sich gegen sie, der September rückte näher, und der erste winterliche Schnee fiel. Sie gerieten in Totwasser, und mit voller Kraft ihrer Maschinen kamen sie kaum von der Stelle. Doch mit höchster steuermännischer Kunst überwanden sie auch dieses Hindernis.

Nebel fiel neuerlich ein, der Polarwinter war ihnen auf den Fersen, der Durchbruch nach Norden noch immer nicht geglückt, und jetzt bestand bereits akute Gefahr, im Karischen Meer überwintern zu müssen. Das hieße allerdings, ein ganzes Jahr zu verlieren. Doch was nützten Zorn, Niedergeschlagenheit, Unwille? So weit der Blick nach Norden reichte – und er reichte durch den Nebel nicht weit –, versperrte eine mächtige Eisbarriere den Weg.

Am 7. September ließ der Sturm nach, der Nebel riß auf, und Nansen kletterte in die Ausgucktonne. Er traute seinen Augen nicht, als er zwischen den tiefen Wolkenfetzen im Norden völlig eisfreies Meer erblickte, auf das die Sonne schien. Die „Fram" dampfte sofort mit aller Kraft davon, und die Stimmung an Bord hob sich. Eine leise Hoffnung kehrte wieder, daß der nördlichste Punkt Sibiriens, Kap Tscheljuskin, noch nicht vom Eis umpanzert wäre und passierbar sei. Die Niedergeschlagenheit wurde verblasen wie der Nebel, und die geschmeidige Bewegung der „Fram", die sich unermüdlich durch enge Passagen zwängte, immer wieder einen Durchschlupf durch das Eis fand, und die lang vermißten Sonnenstrahlen wirkten erlösend auf die Männer. Nordahl, der Heizer, von seiner Arbeit erschöpft, der sich gegen einen Balken lehnen wollte und in den Laderaum fiel, wo er verwundert zwischen Gerümpel um sich blickte, trug viel zur gesteigerten Heiterkeit bei; er hatte sich gegen einen Sonnenstrahl gelehnt, den er in seiner Übermüdung für einen Holzpfeiler gehalten hatte.

Der 9. September brachte die Entscheidung. Nansen schlief nicht mehr. Sie fuhren mit vollen Segeln und ganzer Dampfkraft auf Kap Tscheljuskin zu. Die Nacht kam, und ein einziger Stern funkelte über jenem Punkt, den Nansen für das Kap hielt. Gegen Morgen, es war 4 Uhr, schwenkte die Küste nach Süden; Nansen hatte sich nicht getäuscht, sie hatten den nördlichsten Punkt der Alten Welt passiert, Kap Tscheljuskin blieb hinter ihnen zurück.

Ein Alpdruck fiel von Nansen, die zweite große Schwierigkeit der Fahrt lag hinter ihnen. Vom Mastkorb aus sah Nansen dunkles, offenes Meer bis zu den Neusibirischen Inseln. Der Weg war frei – das Glück stand auf ihrer Seite. Nansen weckte die Mannschaft, feierte das Ereignis mit einer Fruchtbowle, Zigarren, Flaggenhissung und einem Salut.

Nansen griff zum Glas: „Also, skål, Kinder, und Glückauf! Tscheljuskin!"

Das Schiff zog dahin, immer näher auf die Neusibirischen Inseln zu; das Eis war leicht, kein Wind stellte sich ihnen entgegen.

Am 18. September rief Nansen die Mannschaft zusammen. Das Wasser war noch immer offen, das Thermometer zeigte plus 2 Grad. Gegen Norden zu war der Himmel dunkel – das untrügliche Zeichen für eisfreies Meer. Nansen blickte auf die Uhr; sie zeigte 12 Uhr 15 Minuten. Da gab er den Befehl: „Neuer Kurs: Nord zu Ost. – Nun kommt der entscheidende Augenblick. Jetzt muß sich zeigen, ob meine Theorie richtig ist, auf der die ganze Expedition beruht, ob wir nördlich von hier eine Srömung finden, die nach Norden zieht."

Die „Fram" scherte aus und zog nach Norden. Vier Tage dampften sie auf dem neuen Kurs. Dann kam vom Ausguck der Ruf: „Eis voraus!"

Sofort luvte die „Fram" an und lag dicht an der Kante des Eises. Das Besteck ergab 78° 30' nördliche Breite. Im Laufe des Tages versuchten sie mehrmals zu loten, vermochten aber mit 400 Meter Leine den Grund nicht zu erreichen. Zwei Tage lagen sie im Nebel fest, und als das Wetter aufklarte, erkannten sie, daß sie den Rand des großen Schweigens erreicht hatten. Schollen und Schlammeis trieben heran, umschlossen die „Fram", bissen sich in den Flanken fest und gaben sie nicht mehr frei. Vom Norden kroch die Kälte heran. Sie brachte die Nacht, die Einsamkeit, die Stille und das Wunder einer fremden Welt; diese Welt glich einem erloschenen Stern.

Die Temperatur sank auf minus 25 Grad. Am dritten Tag war die „Fram" eingefroren. Das Herz des Schiffes schlug nicht mehr. Sie holten das Steuerruder in die Höhe; Amundsen zerlegte die Maschine, reinigte Schieber, Kolben und Wellen; eine Tischlerwerkstätte wurde eingerichtet, der Maschinenraum verwandelte sich in eine Mechanikerwerkstätte, an Deck entstand eine Schmiede. Das Schiff war eine Heimstatt geworden. Nun konnte die gefürchtete Nacht kommen, vor der ihn alle Fachleute gewarnt hatten: die Zeit, die außer dem menschlichen Maß liegt, die tonlose Finsternis, Skorbut. Nansen fürchtete nichts; er hatte vorgesorgt. Keiner seiner zwölf Männer würde an der trostlosen Eintönigkeit leiden. Er hatte für jeden von ihnen einen genauen Tagesplan entworfen. Arbeit gab es übergenug. Nur einer würde voll Ungeduld die Tage und Nächte durchwarten, und das würde er sein. Würde die Drift einsetzen? Würde seine Theorie standhalten können?

Das Eis wurde fester. Sie machten ihre ersten Ausflüge, jagten den Bären nach, die von dem Duft aus ihrer Küche angelockt, in die Nähe des Schiffes kamen. Die Schlitten wurden zum erstenmal mit vorgespannten Hunden erprobt, und es gab unfreiwillige Stürze, aufregende Wettfahrten zwischen den Gespannen, Hautabschürfungen und zerbrochene Kufen.

Jeder Tag hatte seine bestimmte Einteilung, alles war geplant. Die Untersuchungen, Messungen, Beobachtungen von Eis, Wind und Wetter, von Wasser und seinen Lebewesen, wurden nur von den regelmäßigen Mahlzeiten unterbrochen. Da saßen sie alle gemeinsam um den Tisch, warteten neugierig auf das Tagesgericht, gingen nachher in Nansens Kajüte, um die Auswertungen der meteorologischen und astronomischen Beobachtungen zu erfahren. Von diesen Beobachtungen hing alles ab. Sie sollten doch den Beweis erbringen, daß sie sich auf dem richtigen Weg befänden. Jede Abweichung nach Süd wurde mit Mißvergnügen registriert, jede Drift nach Nord war Anlaß zur Freude und einem begeisterten Geschrei.

Die Lotungen der Meerestiefe erschütterten zuerst Nansens Drift-Theorie. Im Oktober ergaben die Messungen eine ungefähre Tiefe von 1 460 Metern; im Dezember ließen sie die Leine 2 100 Meter auslaufen, ohne den Grund zu erreichen. Damit war mit der Sage eines seichten Polarbeckens aufgeräumt; ebenso war aber die Theorie erschüttert, die auf eine Strömung von Sibirien über den Pol aufgebaut war.

Nansens Enttäuschung war groß. Er verbarg sie, schloß sich tagelang ein, stellte neue Berechnungen auf und kam doch immer wieder zu dem gleichen unerfreulichen Schluß, daß ihre Drift nicht so sehr, wie er gedacht hatte, von den Meeresströmungen abhängig war, sondern daß die „Fram" vom Wind über ein 2 000 bis 3 000 Meter tiefes Eismeer geschoben wurde. Aber wie wurde die „Fram" geschoben! Gewann sie an einem Tag einige Meilen nach Nord, verlor sie diese wieder am nächsten Tag durch ungünstigen Wind. Trotzdem sollte sich Nansens Theorie einige Jahre später als richtig herausstellen.

„Wir sind im Februar auf 80° nördlicher Breite", schrieb Nansen in sein Tagebuch, „im September waren wir auf 79°; das ist – alles in allem – *ein* Grad in fünf Monaten! Wenn wir mit derselben Geschwindigkeit weitergetrieben werden, erreichen wir vielleicht in 45 bis 50 Monaten den Pol und in 90 bis 100 Monaten den 80. Grad auf der anderen Seite des Pols. Im besten Fall werden wir, wenn das so weitergeht, in acht Jahren wieder zu Hause sein!"

Niemand erfuhr von seinem Kummer. Es hieß, die Besatzung bei guter Laune zu halten. Es waren prachtvolle Menschen, die ihm, seinem Plan und der „Fram" vertrauten. Um so schwerer hatte er zu tragen. Niemand nahm ihm die Bürde ab. Norwegen vertraute ihm, hatte ihm, dem Mutigen, dem Begeisterten, Unterstützung gegeben.

Norwegen! Wo war Norwegen? Vergessen war es nicht. Aber es lag in einer Ferne, die hinter den Träumen zu Hause war. Es lebte in der Erinnerung in den leuchtendsten Farben, und es lebte in ferner, fernster Zukunft. Und die Kameraden? Sie trieben Sport, sie gingen ihrer Arbeit nach. Keine Spur von Angst, Ungeduld, nicht das geringste Anzeichen einer Krankheit zeigte sich bei ihnen; von Skorbut konnte keine Rede sein. Ganz im Gegenteil. Ihr körperlicher Zustand war ausgezeichnet, sie hatten gehörig an Gewicht zugenommen und strotzten von Kraft und Gesundheit. Nur in Nansen nagte die Ungewißheit. Er stürzte sich in die Arbeit. Er maß die Temperatur des Wassers und machte die überraschende Entdeckung, daß knapp über dem Meeresgrund plus 0,18 Grad Celsius, 150 Meter darüber hingegen minus 0,4 Grad herrschten. Er zerstörte die bisher allgemeine Auffassung von der außergewöhnlichen Kälte des Polarmeeres. Er mikroskopierte winzige Algen, Einzeller und kleine Meerestiere und staunte, daß selbst hier in der Nachtwüste des Polarwinters das Leben in hundertfachen Formen um das Überleben kämpfte. Und immer wieder schrieb er dazwischen in sein Tagebuch, als könnte er damit das Schicksal beschwören: „Seit Tagen weht nördlicher Wind. Ich fürchte, wir treiben nach Süden. Nach Norden wollen wir und müssen wir!"

Dann kam die erste Eispressung. Sie schob sich aus der Nacht heran, singend und wimmernd wie ein kleines Kind. Jeder hielt sie zuerst für den Wind, der aus dem Dunkel kam, durch die Takelung strich und wieder ins Dunkel davonwehte. Dann donnerte es in der Ferne, grollte es wie ein erwachender Vulkan, knirschte näher, splitterte, zerbrach, türmte sich auf, gurgelte, zischte – der Aufruhr der Elemente war um sie. Alle Mann stürzten an Deck, um das unheimliche Schauspiel mitanzusehen. Die Eismassen stießen, überschoben sich, glitten näher – der Stoß traf das Schiff. Die „Fram" erzitterte, schüttelte sich, ächzte, hob sich ruckend, schwankte – und der gewaltige Stoß glitt unter dem Kiel davon. Krachend fiel das Schiff, die Schollen zermalmend, in sein altes Bett zurück und lag wieder ruhig da, während die Pressung weiterdröhnte, wummerte und wie eine Orgel aus allen Pfeifen und Registern tönte und in der Ferne verklang. Dann war die Welt wieder totenstill. Das Schweigen kehrte zurück, und der Frost biß sich wieder in die Flanken der „Fram".

Jedes andere Schiff wäre zerbrochen. Die „Fram" hatte standgehalten. Nansen war stolz auf sie. Er untersuchte die Streben und Versteifungen; nichts hatte sich auch nur um einen Zentimeter verschoben. Wenigstens in seinem Schiff hatte er sich nicht getäuscht. Jedesmal wenn die Pressung gegen den unverwundbaren Rumpf donnerte, erlebte er das Gefühl des Triumphes, der Sicherheit, der Geborgenheit. Die Pressung kam, die Pressung ging wie Ebbe und Flut, und niemand stürzte mehr an Deck, um die Eismauern und wüsten Haufen zu betrachten, die auf die Planken krachten und sich bis zur Takelung auftürmten. Das Schiff, ihr Schiff, Norwegens Schiff hielt stand.

Die Zeit verging. Sie tickte gleichmütig von der Uhr, die im Salon hing. Draußen war Nacht, die Nacht eines erloschenen Gestirns. Um die Mittagsstunde dämmerte fern am Horizont ein Morgen, der sofort wieder versank, hinabgezerrt wurde von dem eisigen Griff des Winters. Lichter geisterten über den Himmel, lautlose kalte Feuer, und erhellten die schreckliche Einsamkeit, färbten sie rotglühend, kaltgrün und tauchten die Schneewüste in ein schmerzendes Gelb. Fahnen im Wind, Spiralen und Fächer, Wellen und Blitze schossen durch den weiten Himmelsraum, und dann griff eine unsichtbare Hand über das Himmelsgewölbe und wischte den Farbenzauber weg. Es war wieder Nacht, Finsternis, schweigend und lastend.

Die Schritte der Wache an Deck dröhnten wie Hammerschläge: vier Meter hin, vier Meter her, vier Meter hin... Und die Zeit tickte gleichmütig von der Uhr. Trieben sie? Wohin trieben sie? Werden es acht Jahre werden? Welch eine schrecklich lange Zeit.

Zweifel waren in Nansen. Er dachte immer mehr an sein Heim und an seine Frau Eva, an das Kind Liv, und der Wert der Expedition erschien ihm fragwürdig, je länger sie zwischen Nord und Süd hin- und herpendelten.

Sie feierten Feste; der Geburtstag eines jeden von ihnen wurde zum Anlaß genommen, die Zeit zu vergessen. Auch der Geburtstag der „Fram" wurde feierlich begangen. Sie schrieben sich eine Zeitung und glossierten ihre Erlebnisse, berichteten über die Bewegung des Schiffes, verfaßten Spottgedichte, schilderten den Feldzug gegen die Wanzen, nahmen jedermanns Schwächen aufs Korn und vermerkten stolz ihre Jagderfolge. Sie unternahmen Skiausflüge und Schlittenfahrten, sie unternahmen alles, um der Verzweiflung den Zutritt zu verwehren. Nur einer blieb davon ausgeschlossen. Er, der die Verantwortung trug, kämpfte täglich mit ihr. War der Tag vorbei und Nansen in seiner Kajüte allein, dann lief sein Bleistift über das Papier, und Seite um Seite des Tagebuches füllte sich mit seinen Gedanken. Er fühlte seine Nichtigkeit; seine Aufgabe erschien ihm plötzlich als ein kindisches Spiel und der Ehrgeiz, zum Pol vorzudringen, eine Vermessenheit, eine Herausforderung. Er brach nachts auf, wanderte über das Eis, geriet in eine Pressung und sprang, turnte und kletterte auf den bewegten, berstenden, überspülten Schollen und Eistürmen um sein Leben. Da aber spürte er sich selbst, und mit einem Mal erkannte er, was ihm fehlte, woran es ihm mangelte. Der Grönlandstürmer, der Tatmensch war zum Warten, zum Geduldüben verurteilt. Er wünschte sich einen Orkan herbei, der das Eis aufreißen möge, er wünschte sich eine Gefahr, in der er sich bewähren mußte; Leben, Bewegung, Taten wünschte er sich. Aber immer noch, seit Wochen, war die Nacht um ihn, und der Schub des Eises war dem Spiel des Windes ausgeliefert.

Sein Plan zerrann zu nichts, die Theorien schienen ein Luftschloß, das er im Stolz und Selbstvertrauen allen Einwänden entgegen gebaut hatte. Jetzt sah er, daß seine Wünsche wie ein Kartenhaus zusammenzustürzen drohten. Er rechnete in den einsamen Stunden mit sich ab.

War ich denn so ganz sicher? fragte er sich. Selbsttäuschung und Verblendung hatten ihn verführt, es waren doch hinter allen Vernunftgründen auch geheime Zweifel aufgetaucht. Immer mehr klammerte er sich an die Beweismittel: das sibirische Treibholz, die Ölzeughose des geretteten Matrosen. Wie ein Schiffbrüchiger klammerte er sich daran.

Die Einsamkeit war stärker. Es gab Stunden, in denen er resignierte und es hinnahm, auf falscher Fährte zu sein. Er spielte mit dem Gedanken eines möglichen Untergangs und begehrte dabei nicht einmal auf.

Was sich in den finsteren Monaten in ihm vollzog, war eine Läuterung. Die Eitelkeit fiel gänzlich von ihm ab. Er sah nur mehr Tatsachen, und er beugte sich einer Kraft, die stärker war als er. Er gewann eine Erkenntnis: er erkannte seinen Wert, er stellte sich auf jenen Platz, der ihm seiner Meinung nach zukam. Was hatte er sein wollen und was war er wirklich? Er hatte sich zersplittert, er versuchte *allen* Dingen auf den Grund zu kommen, aber sie wichen ihm aus. Oder wich er aus? Zoologe, Forscher, Maler, Abenteurer – aber kein Genie. Kaum hatte er etwas begonnen, riß ihn die Sehnsucht fort, weiter, anderen Dingen zu. War er Dilettant?

Seine Bescheidung, geboren im schmerzhaften Grübeln während des langen hilflosen Zickzackkurses der „Fram", hob ihn erst dorthin, wo er sich selbst einen Platz absprach: in die Reihe der Großen, der Genies.

„Welcher Dämon ist es, der die Fäden unseres Lebens zusammenwebt, der uns zwingt, uns selbst zu täuschen und uns auf Wege schickt, die wir nicht gewählt haben und nicht zu gehen wünschen? War es das Pflichtgefühl, das mich drängte? Nein; ich war ein Kind, das Abenteuer in unbekannten Gegenden suchte, das solange geträumt hatte, bis es schließlich glaubte, es habe das Abenteuer gefunden. Dieses große Abenteuer des Eises: tief und rein wie das unendliche All, die schweigsame sternblinkende Polarnacht, die Natur in ihrer ganzen Tiefe, das Geheimnis des Lebens, der Kreislauf des Weltalls, das Fest des Todes, ohne Leiden, ohne Not, ewig in sich selbst. Hier in der großen Nacht stehst du in all deiner nackten Einfalt, von Angesicht zu Angesicht vor der Natur. Du sitzt andächtig zu Füßen der Ewigkeit und lauschst und lernst Gott zu kennen, den Allwaltenden, den Mittelpunkt des Alls. Alle Rätsel des Lebens scheinen dir klarzuwerden, und du verlachst dich selbst, daß du dich mit Grübeln hattest verzehren können. Es ist alles so klein, so unaussprechlich klein . . "

Das Licht nahm zu. Noch konnte man nicht von Tag sprechen, aber das Wunder des Sonnenwiderscheines am Horizont ereignete sich. Es war kein Wunder, aber ihnen schien es eines zu werden. Vergessen waren die Tagebucheintragungen: „Oh, wie müde bin ich deiner kalten Schönheit, Polarnacht! Es verlangt mich, zum Leben zurückzukehren!" Nansen kehrte nicht zurück, das Leben kam zu ihnen. Die Hunde wurden närrisch und jaulten, die Temperatur stieg, Möwen und Eissturmvögel kamen in ihre Nähe.

Die Sonne kroch höher und höher. Die Wärme erfreute die Menschen. Sie rüsteten das Schiff wie zu einem Fest. Dann kam der Tag, von dem an die Sonne blieb. Der Wind verschwand, es gab keine Drift. Sie betraten das Eis, wanderten die Schneefelder ab, verschafften sich Bewegung.

Die Freude, die Nansen beim Erscheinen der Sonne empfunden hatte, verlor er wieder beim sinnlosen Umherwandern zwischen den Eismauern und bei den ungeduldigen Berechnungen des Standortes. Seine Seele fror ein, obwohl der Frühling kam. Er verlor den Mut, an die Zukunft zu denken. Stündlich beobachtete er die Drift. Und dann zersprengte er gewaltsam seinen ursprünglichen Plan und faßte einen Entschluß, der zu einer Frage um Leben und Tod wurde: Wieder wollte er alle Brücken abbrechen und zu einem Wagnis antreten, zu dem er sich verpflichtet fühlte. Er wollte das Schiff verlassen! Einen Mann brauchte er dazu, sonst wollte er niemand dabei haben. Mit Hunden und Schlitten, so errechnete Nansen, müßte es möglich sein, den Pol zu erreichen. Er würde das Schiff, wenn er es einmal verlassen haben würde, nie mehr wieder finden. Die Wanderung über das driftende Eis würde ihm jede Möglichkeit nehmen, eine präzise Ortsbestimmung des Schiffes zu errechnen. Gut, das hieß keinen Rückzug zu haben, keinen sicheren Platz zu finden, es hieß, das heimatliche Schiff in Stich zu lassen. Und der Rückweg? Vielleicht würden sie Franz-Joseph-Land erreichen, vielleicht Spitzbergen, vielleicht Grönland – vielleicht erreichte sie der Tod?

Noch zögerte Nansen. Nicht aus Furcht, sondern aus mehrfachen Überlegungen: Durfte er das Schiff verlassen? Wie würde die Drift im Sommer sein? Wen sollte er mitnehmen zum Triumph oder ins Verderben? Sverdrup? Amundsen? Johansen?

Er schwieg und hielt den Plan in sich verborgen. Aber er hatte endlich etwas gefunden, er hatte eine neue Aufgabe entdeckt, der er ab nun seine stillen Stunden widmete. Das Problem nahm ihn gefangen, gab ihm Arbeit und lenkte seine Gedanken vom zweiflerischen Grübeln ab. Er warf seine unruhigen Träume und die willenlähmende Philosophie über Bord. Er rechnete, plante, er durchdachte mit seiner ihm eigenen Gründlichkeit alle Möglichkeiten – er hatte sich wieder gefunden.

Die Nacht verschwand endgültig. Sie feierten den 17. Mai, den Nationalfeiertag Norwegens, mit Fahnen, Festessen, Ansprachen und einem Umzug auf dem Eis. Dann kamen wieder Tage der Arbeit. In der Tischlerei kochte der Leim, aus der Schmiede klingelte der Hammer auf dem Amboß; Segel wurden geflickt, Seile ge-spleißt und die wissenschaftliche Arbeit vorangetrieben. Die Lo-tungen ergaben 3 900 Meter Tiefe. Sie staunten immer wieder, wenn sie Leine um Leine zusetzen mußten, um auf den Grund zu kommen.

Dann schmolz der Schnee auf dem Eis. Es war Sommer gewor-den. Die großen Süßwasserlachen ersparten dem Koch die Mühe des Eisschmelzens und brachte ihnen allen ein zusätzliches Ver-gnügen. Sie setzten Segel auf ihre Kajaks und kreuzten mit ihnen auf den Süßwasserseen.

Am 24. Juni gedachten sie ihrer Abreise. Die Sonne schien warm, sie lagen auf Deck, schlossen die Augen und träumten. Aber die Träume waren kurz, und es fehlte ihnen der Duft harziger Bäume, blühender Blumen, grüner Birkenblätter und junger Lär-chen. Ein Jahr lang waren sie nun unterwegs, 365 Tage und Nächte waren sie gesegelt, ins Unbekannte gedampft, waren nach Norden, nach Süden, nach Norden getrieben worden und lagen jetzt 550 Ki-lometer vom Kap Tscheljuskin im Eis- und Schneesumpf einge-packt. Ein Jahr! Immer noch hielten sie in der Nähe des 81. Grades nördlicher Breite, und die Drift war zäh und langsam wie bisher. Zwei Monate lang verharrten sie auf demselben Fleck.

Die Kraft des Sommers schwand. Ihr zweiter Herbst im Eis be-gann. Der Herbst kam mit wachsender Kälte und mit schwinden-dem Licht. Die Süßwasserseen auf dem Packeis froren zu bieg-samem, dünnem Eis, das in der Nacht mit singendem Knall zer-sprang. Die Zeit der Einsamkeit rückte näher, obwohl jeder von ih-nen gleich einsam war das ganze Jahr hindurch. Doch der Rhyth-mus in ihrem Blut täuschte ihnen den Wechsel der Jahreszeiten vor, und sie erwarteten manchmal, als nun wieder die Abende zu ihnen kamen, eine Küste auftauchen zu sehen, ein Blinkfeuer, eine Rauchfahne oder ein Segel zu erblicken. Nichts kam, nichts tauchte auf. Der Horizont bot in jedem Abschnitt des Vollkreises das gleiche Bild. Die einsame Weiße, fahl und unbestimmbar fern, gab dem Auge keinen Halt, keinen Ruhepunkt. So kehrten die Blicke wieder auf das Naheliegende zurück, enttäuscht von dem sinnlosen Ausflug, sahen die Hunde, die Schlitten, die Kameraden an der Arbeit und die „Fram". Das war ihr Leben, ihre Erde, ihr Haus – es war alles.

Die Nächte waren längst schon dunkel, nun wurden es die Tage auch. Im Oktober tauchte die Sonne für Monate unter den Hori-zont. Am 31. Oktober trug sie die Drift über den 82. Breitengrad.

74

Sie feierten diesen Tag und begrüßten den Mond, der in den Nächten jetzt wieder hellstrahlend bei ihnen war. Die Schatten waren in seinem Licht schärfer, die Dinge in der Nähe rückten noch näher, doch die Ferne verlor sich im silbernen Schleier des Dunstes in eine Weite, die bis hinter die Scheibe des Mondes zu reichen schien.

Im November sprach Nansen draußen auf dem Eis zum erstenmal über seinen Plan mit Sverdrup. Zuerst war Schweigen die Antwort, dann stimmte Sverdrup zu. Er kannte Nansen, er wußte, daß Einwände scheitern würden. Sverdrup tat das Beste, was zu tun blieb. Er bereitete mit ihm die Expedition gewissenhaft vor, er berechnete und plante mit Nansen. Im übrigen schwieg er, denn die Mannschaft sollte erst später unterrichtet werden. Ihre Gespräche bewegten sich jetzt nur noch um einen Punkt: den Pol. Der Pol, ein mathematisch errechenbarer Punkt, ein Punkt im Eis, wie jede andere beliebige Stelle in der weißen Wüste, eine Scholle mit Schnee bedeckt, ein Eishügel vielleicht neben tausend anderen Eishügeln, ein Nichts im Nichts, das war Nansens Ziel. War mit der Eroberung dieses Punktes eine geographische, geologische, ozeanographische, zoologische oder magnetische Notwendigkeit verbunden? Nichts dergleichen war damit verbunden. In Nansen selbst war ein Punkt, den er mit jenem des Pols zur Deckung bringen wollte. Er hatte den Pol in seinen Vorträgen erwähnt, er wollte ihn erreichen. Etwas in ihm zerrte ihn hinaus in das Abenteuer, zu der Suche nach – Suche nach was? Suchte er immer wieder in neuen kühnen Unternehmungen sich selbst? Wagte er stets aufs neue sein Leben, um sich zu bestätigen? Ging es wirklich nur um den Pol, oder ging es auch um ihn, den Ruhelosen, der die Rätsel der Welt lösen wollte?

Tief in seinem Inneren wußte es Nansen: den Pol zu erreichen wäre gut, doch dafür das Leben opfern – eine sinnlose Tat. Trotzdem rüstete er sich für die Fahrt. Er bedachte sie gut. Zwei Männer, 28 Hunde und 1 050 Kilogramm Proviant und Ausrüstung sollten mitgenommen werden. Trieb die „Fram" noch einen Breitengrad nach Norden, so würde die Entfernung bis zum Pol noch 780 Kilometer betragen. Nansen rechnete, daß er diese Strecke in 50 Tagen bewältigen könnte. Das bedeutete einen täglichen Marsch von 15 Kilometern. Sie würden am 1. März von der „Fram" aufbrechen und könnten am 20. April am Pol sein. Den Rückmarsch würden sie sodann auf Kap Fligely auf Franz-Joseph-Land richten. Den Rückmarsch! Was konnte bis dahin geschehen! Nansen schob diesen Gedanken beiseite und plante weiter. Entfernung Pol–Kap Fligely: 1 000 Kilometer. Noch würde ihnen 100 Kilogramm Proviant verblieben sein, genug für weitere 50 Tage, doch für die Hunde wäre das Ende da. Sie würden sie schlachten müssen, um das Kap zu erreichen, an dem sie Ende Mai in offenen Teichen Vögel, Seehunde oder auf dem Eis Bären erlegen könnten. Und weiter? Gab es eine Möglichkeit, Nowaja Semlja oder Spitzbergen zu erreichen? Vielleicht aber würden sie auf Franz-Joseph-Land die Mitglieder der englischen Jackson-Expedition treffen. Auch hier war ein Vielleicht.

Nansen hatte alles bedacht: Skorbut, Ausfall der Hunde, schwer begehbares Eis, Wetter und Mühsal. Nur das Vielleicht ließ sich nicht einbeziehen. Es blieb auch besser ausgeklammert, denn an ihm waren gewiß schon viele große Taten gescheitert und unausgeführt geblieben.

Nansen traf die Wahl seines Gefährten. Sverdrup mußte an Bord bleiben, um das Schiff über das Eis zu bringen und sicher in die heimatlichen Häfen zu steuern; Nansen wählte Johansen. Johansen, der hervorragende Sportsmann, Skiläufer, Schlittenlenker, wurde zu Nansen gerufen.

„Es geht um Leben und Tod", sagte Nansen. „Sie können mit mir zum Pol. Überlegen Sie sich die Sache ein, zwei Tage lang."

„Ich brauche keine Zeit zum Überlegen", erwiderte Johansen, „Sverdrup hat vor längerer Zeit schon über die Möglichkeit einer Expedition gesprochen. Ich weiß nicht, ob Sie die Antwort befriedigen wird und ob Sie nicht lieber sehen, daß ich die Sache noch weiter überlege; gewiß werde ich meine Ansicht nicht ändern."

„Nun, wenn Sie schon ernstlich nachgedacht haben, welchen Gefahren Sie sich aussetzen – daß vielleicht keiner von uns je einen Menschen wiedersehen wird –, wenn Sie erwogen haben, daß Sie eine Menge Leiden zu ertragen haben werden, wenn Sie sich das alles klargemacht haben, dann bestehe ich nicht darauf, daß Sie sich die Sache noch länger überlegen."

„Ich habe mir alles reiflich überlegt."

„Nun gut, dann ist das erledigt. Morgen werden wir mit den Vorbereitungen für die Reise beginnen."

Dann versammelte Nansen seine Mannschaft und setzte ihr vorerst noch einmal seinen ursprünglichen Plan auseinander. Er sprach von der Drift und den wissenschaftlichen Aufgaben und fügte hinzu, daß seinen Erfahrungen nach die Expedition ihre Aufgaben lösen werde. Abschließend rückte er mit seinem Zusatzplan heraus, mit jenem Ausbruch zweier Männer ins unbekannte Eis, jenem Gewaltstreich, von einem Schiff, das alle Brücken hinter sich abgebrochen hatte, wegzugehen und auch zu diesem Schiff eine Rückkehr auszuschließen. Die Kameraden hörten gebannt zu, und als Nansen geendigt hatte, schwiegen sie. Dann stimmte jeder von ihnen mit einfachen Worten Nansens Plan zu und gab ihm das Recht, die „Fram" zu verlassen. Sie hießen es gut, den Vorstoß in das Nichts zu wagen, sie gaben ihm den Weg frei, den Ruhm zu ernten oder dem Tod zu begegnen. Diese verschworene Gemeinschaft ausgeprägter Individualisten sagte ja, obwohl jeder einzelne darunter litt, daß die Gefährtenwahl Nansens nicht auf ihn gefallen war.

Der Plan war genehmigt, die Vorbereitungen wurden ernstlich vorangetrieben. Zwei Einerkajaks wurden gebaut, leicht und stark, aus Bambusrohr, drei widerstandsfähige Schlitten angefertigt, Schlafsäcke genäht, die Instrumente überprüft, Kochapparate, Zelte und Kleidung einer harten Belastungsprobe unterzogen und tausend Kleinigkeiten wichtig genommen und durchdacht, verworfen und neu ersonnen, denn von den nebensächlichen Dingen hing das Gelingen der Eiswanderung ab; trockene Streichhölzer waren lebenswichtig, eine verlorene Proviantkiste konnte todbringend, ein Schluck Kaffee lebensrettend sein. Alle Lebensfunktionen mußten auf das Wesentliche beschränkt werden: essen, gehen, schlafen, essen, gehen, schlafen – hundert Tage, zweihundert Tage, vielleicht ein ganzes Jahr. Wieder tauchte das Vielleicht auf, uneinbeziehbar in die Berechnungen.

Die gesamte Mannschaft lebte während der Wintermonate für die fieberhaften Vorbereitungen. Alle arbeiteten unermüdlich an der Ausrüstung, als gelte nur mehr das eine Ziel, das lediglich für zwei von ihnen erreichbar gemacht werden sollte. Die Tage gingen, das Weihnachtsfest und der Neujahrstag wurden flüchtige Feiern, kaum daß sie ihre Arbeit unterbrachen.

Dann trat ein Ereignis ein, das alle Pläne in Frage stellte. Das Eis preßte. Es begann um 4 Uhr morgens. Das Knirschen und Krachen weckte Nansen, ein leises Zittern im Rumpf der „Fram" brachte die Mannschaft an Deck. Ein riesiger Eiswall hatte sich gebildet, dessen Bewegung nicht innehielt, und der auf das Schiff zuwanderte. In großer Hast wurden alle Meßinstrumente, die auf dem Eis lagen, an Bord gebracht. Wie bald sollte die Bergung in umgekehrter Weise erfolgen!

Der Eishügel rückte näher. Die „Fram" saß fest in ihrem Eisfuß, und darin lag die Gefahr. Sollte die Eisbarriere noch näher rücken, dann würde sie den Bug des Schiffes in die Tiefe drücken. Denn unter dem Gewicht des riesigen Eishügels senkte sich die Scholle auf der Backbordseite, und die „Fram" krängte über.

„Was sollen wir tun?" fragte Sverdrup.

„Nichts", antwortete Nansen düster. „Unsere einzige Hoffnung besteht darin, daß sich die ‚Fram' selbst von der Scholle losbricht."

„Und wenn nicht?"

„Vielleicht müssen wir sprengen."

Sie schwiegen und warteten. Breite Risse liefen durch das Eis, Schollen schoben und knirschten gegeneinander, das Wasser gurgelte aus den Tiefen und überschwemmte die Umgebung der „Fram". Die Hundeställe wurden überschwemmt, und Peder kletterte außenbords die Leiter hinunter, watete bis zu den Knien durch das eiskalte Wasser und stieß die Türen auf. Jaulend und kläffend stürzte die Meute heraus, im letzten Augenblick vor dem elenden Ersaufen gerettet. Die Schlitten wurden an Deck bereitgestellt und die Kajaks klargemacht. Während sie fieberhaft arbeiteten und Brot und Petroleum aus dem Bauch des Schiffes an Deck bereitstellten, stöhnte, preßte und barst das Eis, und breite Risse liefen entlang der Backbordseite und gaben das Wasser frei. Brüllend verständigten sich die Männer, schleppten unermüdlich die Ausrüstung an Deck, während die Luft von einem schmerzhaften Lärm erfüllt war.

Nachts beruhigte sich das Eis wieder. Doch die Eisbarriere wuchs, staute sich höher und höher und rückte der „Fram" an den Leib. Am Morgen erreichte der gewaltige Eishügel die „Fram" und drängte über die Reling.

Nansen gab Alarm. Auf einer festen Scholle wurde jenseits des wachsenden Eishügels in fliegender Eile ein Depot angelegt; alle Leute schleppten Pemmikan, Kakaopulver, Butter, Vorrat für 200 Tage, Zelte, Kochapparate, Boote und Schlitten auf das Eis. Kaum waren sie damit fertig, schien der Untergang über ihre „Fram" hereinzubrechen. Das Eis schrie und donnerte, gewaltige Blöcke stürzten krachend mittschiffs über die Reling, die Balken des Halbdecks ächzten und dröhnten unter der Last. Die Schiffseiten stöhnten unter der Pressung, und das Eis wütete mit solcher Wucht gegen die Planken, daß selbst die Zuversichtlichsten unter ihnen die „Fram" verloren gaben. Der Salon und die Kabinen gähnten in verlassener Leere, auf dem Eis stürzten die Männer hin und her, um Proviant und Ausrüstung zu retten, verständigten einander mit Handzeichen, da ihre Schreie in der Lärmorgie des bewegten Eises untergingen.

Und plötzlich bemerkte Nansen, daß einer fehlte: Sverdrup. Sie riefen nach ihm, aber in dem Höllenlärm ging ihr Schreien unter. Wo war Sverdrup? Hatte sich eine Tür verklemmt und war er eingeschlossen in einer Kabine, im Maschinenraum, im Proviantlager? Nansen stürzte an Bord und hastete durch die gespenstisch leeren Räume. Das Gebälk knisterte, die Streben und Balken stöhnten unter dem Eisdruck – von Sverdrup war keine Spur. Nansen war dabei, das Schiff wieder zu verlassen, als er das Geräusch rinnenden Wassers hörte. Es kam vom Bug des Schiffes, wo sich eine Badekabine befand. Nansen riß die Tür auf. Vor ihm stand splitternackt Sverdrup und war eben dabei, den Seifenschaum von seinem Körper abzuspülen.

„Bist du verrückt?" herrschte Nansen den Kapitän des Schiffes an. „Weißt du nicht, daß die ‚Fram‘ drauf und dran ist, vom Eis erdrückt zu werden?"

„Ach, ich dachte, es wäre noch ein bißchen Zeit, um ein anständiges Bad zu nehmen", antwortete Sverdrup gelassen. „Wer weiß, wann ich je wieder dazukommen werde."

„Die ‚Fram‘ krängt über. Das ganze Heck ist schon unter Eis. Mach schnell!"

Nansen sprang vom Schiff, beruhigte seine Männer und arbeitete mit ihnen, als stünden sie knapp vor dem Schiffbruch. Sie keuchten, schufteten, schleppten – und plötzlich traf sie wie ein Schlag die Stille. Die Pressung war vorbei. Welch einen Anblick bot die „Fram"! Die Backbordseite war völlig von den Eisblöcken begraben, die Davits von Eis und Schnee bedeckt, das Schiff lag 7 Grad zur Seite geneigt, und die Blöcke türmten sich an Deck volle zwei Meter hoch über die zweite Webeleine der Fockwanten empor.

Die Männer begannen sofort mit den Aufräumarbeiten und hackten die „Fram" von den Eiszangen los. In ihre Arbeit hinein schrie Leutnant Hansen, der unbekümmert seinen Messungen nachgegangen war, daß sie eine neue Breite erreicht hätten. Sie befanden sich am 6. Jänner 1895 auf 83° 34' nördlicher Breite. Noch nie vorher war ein Mensch dem Pol so nahe gerückt! Kaum dem Untergang entronnen, feierten sie mit einer Bowle das bedeutende Ereignis und gedachten lachend der Wechselfälle des Schiksals. Jetzt schien es bereits erwiesen, daß eine Norddrift tatsächlich vorhanden war.

Ruhe und Sicherheit kehrten wieder. Der Abschied von ihrer „Fram" fand nicht statt, und gemächlich räumten sie das Depot von der Eisscholle ab und verstauten ihre Kostbarkeiten wieder im Schiff.

Die Zeit verstrich. Die Dämmerung lag wie ein leuchtender Schimmer auf dem Eis. Ein Südost pfiff durch die Takelung und trieb die „Fram" beständig weiter nach Norden, dem Ziel entgegen. Bald mußte für Nansen der Absprung kommen, der Schritt in die weiße Wüste, in die tote Einsamkeit, in die ungeheure Stille. Nansen verfaßte seine letzten Berichte und Briefe, legte genaue Anweisungen über die Arbeit fest und übertrug Sverdrup die Leitung des Schiffes.

„Kapitän Sverdrup, Befehlshaber der ‚Fram'. Da ich jetzt in Begleitung Johansens die ‚Fram' verlasse, um eine Reise nach Norden – wenn möglich bis zum Pol – und von dort nach Spitzbergen, wahrscheinlich über Franz-Joseph-Land, zu unternehmen, so übertrage ich Ihnen hierdurch den Befehl über den zurückbleibenden Teil der Expedition ... Der Hauptzweck der Expedition ist, durch das unbekannte Polarmeer vorzudringen, von der Gegend um die Neusibirischen Inseln nach dem Norden von Franz-Joseph-Land und weiter nach dem Atlantischen Ozean bis in die Nähe Spitzbergens oder Grönlands. Den wichtigsten Teil dieser Aufgabe haben wir meines Erachtens bereits erfüllt ... Ihre Aufgabe wird nun sein, die Ihrer Obhut anvertrauten Menschen auf dem sichersten Weg nach Hause zurückzuführen und sie keiner unnötigen Gefahr auszusetzen, sei es des Schiffes oder der Ladung oder der Resultate der Expedition wegen ... Sie haben noch Proviant für mehrere Jahre; wenn es aus irgendeinem Grunde zu lange dauern oder die Gesundheit der Mannschaft zu leiden beginnen sollte, oder wenn Sie es aus anderen Gründen für das beste halten sollten, das Schiff zu verlassen, so soll das ohne Frage geschehen ... Unter den Dingen, die Sie im Falle des Verlassens der ‚Fram' außer Proviant mitnehmen müßten, möchte ich Waffen, Munition und Ausrüstung erwähnen sowie alle wissenschaftlichen und anderen Journale und Beobachtungen, alle wissenschaftlichen Sammlungen, soweit sie nicht zu schwer sind ... Ich lasse ein paar Tagebücher und Briefe hier, die ich Sie in besondere Obhut zu nehmen und an Eva zu geben bitte, wenn ich nicht wiederkehre oder wenn Sie, gegen alle Erwartung, vor uns nach Hause kommen sollten. Hansen und Blessing werden die verschiedenen wissenschaftlichen Aufgaben und Sammlungen übernehmen. Sie selbst werden das Loten besorgen und darauf achten, daß die Lotungen so oft, als es der Zustand der Leine gestattet, vorgenommen werden. Ich würde es mindestens einmal alle 60 Seemeilen für äußerst wünschenswert halten . . . Wollen Sie, bitte, darauf achten, daß jeden 10. Tag das Eis durchbohrt und die Mächtigkeit desselben in der Weise gemessen werde, wie das bisher geschehen ist . . . Zum Schluß wünsche ich Ihnen und allen, für welche Sie jetzt verantwortlich sind, den besten Erfolg; mögen wir uns in Norwegen wiedertreffen, sei es an Bord dieses Schiffes oder ohne Schiff. Ihr treuergebener Fridtjof Nansen. An Bord der ‚Fram‘, 25. II. 1895.‘‘

Nach einem Abschiedsfest verließ Nansen endgültig die „Fram‘‘. Das Schiff stand auf 84° nördlicher Breite. Wo würde es in einem Jahr sein? Er würde es nicht wieder finden, er würde es auch nicht suchen. Eis und Wasser würden unter ihm sein, Schnee und blanke Schollen, und er träumte jetzt schon davon, daß seine Schuhsohle einmal gegen Fels knirschen und tief im Wiesenteppich versinken möge. Nun war alles geregelt, alles gesagt, alle Hände waren geschüttelt – er riß sich los von den dunklen Planken des Schiffes, Sverdrup und einige Kameraden begleiteten sie ein Stück. Am Fuße eines Eishügels kehrten sie um. Nansen blickte ihnen nach, sah wie Sverdrup auf seinen Skiern zur „Fram‘‘ zog. Dort hinter den Eiswällen ragten ihre Maste empor: seine „Fram‘‘. Nun war er mit Johansen und den Hunden allein. Einmal noch wandte sich Nansen um. Er sah Petersen auf einem Eishügel stehen; er blickte ihnen betrübt nach und vermeinte, sie zum letzten Mal zu sehen. Dann verschwand auch er. Johansen und Nansen knallten mit den Peitschen, die Hunde bellten, sie stießen hinein in den weißen Raum.

Der Anfang ließ sich leichter an, als sie gedacht hatten. Sie fanden große Strecken flachen Eises und kamen rasch vorwärts. Der Wegmesser zeigte am ersten Marschtag allerdings nur neun Kilometer, tags darauf 15 und dann 22 Kilometer.

Plötzlich wurde das Eis brüchig, Hügel auf Hügel stellte sich ihnen entgegen, ein verwirrendes Labyrinth haushoher Blöcke zwang sie auszuweichen, offene Spalten, meterbreite Risse führten sie im Kreise, die Schlitten stürzten um, mußten über Hindernisse gehoben werden, fielen mitsamt den Hunden in Schlünde; das raubte ihnen Zeit, Nervenkraft und Übersicht. Der größere Feind war die Kälte. Sie froren, krochen zähneklappernd in den Schlafsack und warteten, daß das Essen fertig werden mochte. Die Tage wurden länger, aber die Kälte blieb. Ihre Kleidung fror im Wind, wurde beinhart und lag wie eine eiserne Rüstung auf der bloßen Haut. Im Zelt, im Schlafsack wurden die Kleider schmiegsam, trocken wurden sie monatelang nicht mehr. Nansen verlor den Wegmesser und versuchte die täglich zurückgelegte Strecke zu schätzen. Was sollte er schätzen? Die Luftlinie, den gewundenen Pfad, der sie um Eissäulen, aufgeworfene Wälle, um Schründe und offenes Wasser herumführte? Wie oft liefen sie nach Norden, den Weg zu erkunden, um ergebnislos umzukehren und anderswo einen Übergang, einen Durchschlupf, einen Sattel in der Barriere zu finden. Immer neuer Aufbruch, Vorstoß, wieder Rückkehr, Querung nach Ost, Querung nach West, eine kurze Strecke nach Nord, taumelnd und hungrig, um fünf Kilometer zum Pol gewonnen zu haben. Nachts trieb sie die Drift nach Südwest ab und machte die gewonnene Strecke zunichte.

Der erste kranke Hund wurde getötet, gehäutet, zerschnitten und den anderen Hunden als Futter vorgeworfen.

Nansens Tagebuchblätter glichen einander ohne wesentlichen Unterschied. Was verschieden war an ihnen, war das Datum. Die Tage reihten sich auf der Schnur der Zeit wie Perlen auf: weiße, kalte, gefühllose Perlen. Das Erwachen, das Zurückschlagen des Schlafsackes kostete ungeheure Überwindung; das Abbrechen der Zelte, das Verladen der Schlitten, das Anschirren der Hunde mit bloßen Händen bei minus 43 Grad brachte sie mitunter fast von Sinnen. Die ersten Schritte, müde, hinein in die blendende Weiße, in die marmorne Kälte der Einsamkeit, trugen schon das Verlangen nach der ersehnten Unterbrechung: Schlaf, Essen, tiefen, langen Schlaf.

Während sie marschierten, schwiegen sie. Höchstens einmal ein Fluch, der den Hunden galt, kam über ihre Lippen. Sie sparten mit ihren Kräften – oder ihre Kräfte reichten nicht mehr aus zum Sprechen. Manchmal fielen ihnen während des Dahintaumelns die Augen zu, und sie erwachten jäh, wenn sie niederzustürzen drohten. Dann blickte Nansen auf die Uhr und suchte einen geschützten Platz für die Nacht.

Was hatte die Zeit seiner Uhr für eine Bedeutung? Die lächerlichen Sekunden, Minuten und Stunden verblaßten vor der Größe einer anderen Zeit, die im Eis regierte. Sie gaben es auf, nach der Uhr die Tage einzuteilen; sie schliefen, wenn sie müde waren, sie marschierten, bis sie umfielen, stellten das Zelt auf, füllten den Kocher mit Schnee, trugen den Proviant neben ihre Schlafsäcke, krochen in das schützende Dunkel und warteten stumpf auf ihre

Mahlzeit. Oft schliefen sie ein mit dem Löffel vor dem Mund und träumten den Tag noch einmal: marschieren, marschieren, nach Norden marschieren, die Qual mit dem Schlitten, mit den Hunden. Manchmal wachte Nansen auf und hörte Johansen im Schlaf schreien: „Willst du vorwärts, du Teufel, du! Prrr, prrr, ihr Höllenhunde! – Sass, sass! – Hol euch der Teufel mitsamt den Schlitten!"

Für gewöhnlich sorgte Johansen für die Hunde, während Nansen mit dem Zelt beschäftigt war. Am Morgen bereitete Nansen das Frühstück. Sie saßen im Schlafsack und aßen Schokolade, Butterbrot, Pemmikan oder Haferschleimsuppe. Ehe sie vor das Zelt krochen, die Schlitten beluden und die Hunde anschirrten, schrieben sie die Ereignisse des vergangenen Tages in ihre Tagebücher. Dann kamen wieder die ersten zögernden Schritte. Nansen führte, suchte den Weg, Johansen stapfte mit den beiden anderen Schlitten hinterdrein. Nach Minuten waren ihre feuchten Wollkleider beinhart gefroren, scheuerten die Haut auf und schnitten Wunden, in die der Frost biß. Jede Bewegung schmerzte, und die steifen Gewänder knisterten und brachen.

Tag für Tag spurten sie nach Norden, stürzten sie in Spalten und Risse, entwirrten sie die Hundeleinen, hoben die Schlitten über die von der Drift zerbrochene Eisfläche, quälten sich Schritt um Schritt durch das zerfurchte Feld des Schweigens. Dann wieder fielen die Hunde um, zu Tode erschöpft. Nansen und Johansen schauderten. Das Herz blutete ihnen, aber sie wendeten ihre Blicke ab und verhärteten sich. Es war notwendig, denn sie mußten vorwärts. Das war für beide die traurigste Erfahrung auf dieser Expedition, daß sie jedes bessere Gefühl erstickte, bis nur die hartherzige Selbstsucht übrigblieb. Es ging um das Überleben. Jedes Mitgefühl mit der gequälten Kreatur wäre in diesem Fall ihr eigener Untergang gewesen. Nansen war sich seiner Grausamkeit bewußt; sie machte ihn noch einsamer. Er tauchte tiefer in den Grund des Lebens hinab, er ermaß an seinen Leiden die Leiden der Tiere. Wenn er allein vorausging, um einen gangbaren Weg zu finden und über die zerrissenen Eisflächen zurückblickte zu den schwarzen Pünktchen am Horizont, zu Johansen, den Hunden, den Schlitten, oder wenn sie gar hinter den zerborstenen Eisrücken verschwunden waren, kam er für Minuten zu sich und eine wilde Lust der Selbstaufgabe befiel ihn. Das ferne Bellen eines Hundes rief ihn zurück. Dann quälten sie sich weiter, verbissen und stumm durch ein Chaos von Eisblöcken.

Schneetreiben setzte ein, Rinnen öffneten sich und versperrten den Weg, das diffuse Licht täuschte sie über die Beschaffenheit des Bodens; sie stolperten über Unebenheiten, stürzten in Löcher, trostlose Eisgrate türmten sich auf, dünner und trügerischer Neuschnee verdeckte Spalten, in die die Hunde der Reihe nach verschwanden und woraus sie mit Mühe geborgen werden mußten. Kein Tag verging, an dem nicht Nansen oder Johansen mindestens einmal ins Wasser stürzte. Aber schlimmer als alle Qualen war die Gewißheit, daß das Eis unaufhörlich nach Süden trieb, und diese beharrliche Drift war der wirkliche Feind der Expedition.

Am 3. April standen sie auf 85° 54' nördlicher Breite. Dieser Fortschritt war enttäuschend. Nansen berechnete, daß sie nach der Summe der Tagesmärsche weit über den 86. Breitengrad hinaus sein müßten. Langsam reifte in ihm die Einsicht, daß es ihm bei solch widerwärtigen Verhältnissen nicht gelingen würde, den Pol zu erreichen. Ihre Tagesleistungen wurden geringer und geringer, die Hunde waren total erschöpft, entkräftet, und das Eis war grauenhaft.

Montag, 8. April 1895. Um zwei Uhr morgens brachen sie auf, und setzten den Weg nach Norden fort. Fast die ganze Zeit mußten sie die Schlitten tragen, denn das Eis war zu schlecht, fast unbefahrbar. Als ihre Kräfte erlahmten, schlugen sie einen Lagerplatz auf. Nansen lief auf Schneeschuhen noch ein Stück nach Norden, um das Terrain zu erkunden. Er bezwang einen riesigen Eishügel und suchte einen letzten Ausweg, eine letzte Chance, eine letzte Hoffnung.

Was er sah, war ein Trümmerfeld von Horizont zu Horizont, ein gespenstischer Eisbruch, ein erstarrtes Zwischenreich, und sein Glaube an den Sieg war ebenso zerbrochen, tot und kalt wie die Welt um ihn. Er kehrte zu Johansen zurück, er gab den Pol auf.

Das Besteck ergab 86° 13' nördlicher Breite. 422 Kilometer trennten sie noch vom nördlichsten Punkt, 670 Kilometer Rückmarsch bis Kap Fligely lagen vor ihnen. Ein anderer hätte das Unmögliche in Angriff genommen und wäre verschollen, in dem unendlichen Eisgeröll versunken für immer. Nansens Entschluß zur Umkehr war gefaßt. Er hatte aufgegeben, der Pol blieb unbezwungen. Das Bewußtsein, am weitesten in das Nichts vorgedrungen zu sein, war immerhin tröstlich, und er und Johansen fanden darin Grund genug, ein Festmahl zu bereiten. Die Niederlage wandelte sich zu einem Sieg der Vernunft, doch all das wurde ihnen nicht bewußt in ihrer schweren Müdigkeit. Sie empfanden Erleichterung, doch war diese bereits jetzt schon etwas getrübt von der

Sorge des Rückmarsches. Niemand konnte wissen, wohin sie marschieren würden.

Sie krochen in den Schlafsack, übersatt von Labskaus, Brot und Butter, Schokolade, Preiselbeeren und heißer Molke. Sie vertrauten sich ihrem besten Freund an: dem tiefen, traumlosen Schlaf; in ihm verloschen die Kriterien der Vernunft und die Wünsche und Gefühle.

Pol – Nordpol! Ach, soll ihn der Teufel holen! Waren die Hitzköpfe seit Jahrhunderten vergeblich gegen sein Geheimnis gerannt – der Tag würde kommen, an dem er bezwungen werden würde. Was spielte hier die Zeit für eine Rolle, wo ein Jahr verweht wie eine Sekunde. Nansen schlief ein.

Seit drei Tagen befanden sie sich auf dem Rückmarsch. Wie zum Hohn wurde das Eis besser. Eine glatte Führe lag vor ihnen, kaum daß eine Rinne oder ein Rücken sie aufhielt. Trotzdem stürzten Hunde und Schlitten ins Wasser, wenn sie auf dünnem Eis zu lange zögerten. Manchmal gelangen ihnen Tagesleistungen von 20 Kilometern und mehr. Das Wetter war auf ihrer Seite. Die Temperatur stieg. Minus 28 Grad empfanden sie als warm, und der beständige Sonnenschein erweckte in ihnen eine Flut von trügerischen Illusionen. Sie wanderten dem Land, dem Sommer, der Heimat entgegen. Die frische Fährte eines Fuchses bestärkte sie in ihrem Glauben, und ihre Blicke glitten unablässig über den Horizont. Sie brauchten Land, sie brauchten Wild, denn das Futter für die Hunde reichte nur noch für wenige Tage.

Dann kam die erste Ernüchterung. Das Eis wurde schlechter, es bewegte sich fühlbar unter ihnen, es barst vor ihren Augen, türmte sich auf, fiel in sich zusammen, schwankte unter ihren Tritten, und die offenen Rinnen wuchsen von Minute zu Minute und vergällten ihnen das Leben. Sturm kam auf. Schneetreiben verdüsterte den Himmel und verbannte sie in das Zelt. Dann schneite es bei minus 11 Grad, der Wind erstarb, aber dicht wie die Winterdämmerung legte sich die Stille um sie, und fast blind tasteten sie sich vorwärts.

Wieder hielt sie ein fürchterlicher Sturm auf, und der Schnee fiel so dicht, daß sie die Spitze des Hundegespannes nicht sehen konnten. Aber nach Süden mußten sie, nach Süden, fort aus dem Schneeschlamm, weg von den schwankenden Schollen, dem kaum meterdicken zertrümmerten Packeis, das im Sturm schaukelte und unter der Last der Schlitten wegzutauchen drohte.

Mitte Mai besaßen sie noch 16 Hunde, am 8. Juni hatten sie

noch sechs. Das Thermometer zeigte plus 0,2 Grad. Es regnete große schwere Tropfen, und sie versanken bis zu den Knien im Schneematsch. Die Hunde kamen nicht mehr weiter, sie schwammen mehr als sie liefen, und das Geschirr zog sie bei jedem verzweifelten Sprung bis zu den Lefzen in den Sumpf. Nansen überprüfte den Proviant: sie hatten noch für 40 Tage zu essen. Die Rationen wurden gekürzt, neu verteilt und die Riemen enger geschnallt.

Am 14. Juni – vor einem Vierteljahr hatten sie die „Fram" verlassen – überfielen Nansen neuerliche Zweifel wegen des Weges. Das größte Elend ergab sich durch den Zustand ihrer Route: Rinnen, Blöcke, Eisketten, Schneeschlamm, erstarrt zu einer unbarmherzigen Brandung, gegen die sie vergeblich anrannten – und kein Zeichen von Land. Die Messungen, die Nansen vornahm, verwirrten ihn. Hatten sich Fehler eingeschlichen? Hatte die Uhr versagt, gab der Theodolit falsche Auskunft? Standen sie zu weit östlich? Und er hatte befürchtet, die Drift würde sie westlich an Kap Fligely vorbeitreiben.

Sie besaßen noch drei Hunde, schneiderten sich Zuggeschirr, befreiten sich von allen zusätzlichen Dingen, warfen die Ersatzschneeschuhe, Strümpfe, schmutzige Wäsche, die Apotheke, den Schlafsack in den Schnee und spannten sich selbst vor die Schlitten.

Nur mit Proviant, Kajaks, Gewehren, 148 Schrotpatronen, 181 Büchsenpatronen, 14 Vollkugelpatronen und den notwendigsten Kleidungsstücken zogen sie weiter.

Und endlich gelang es ihnen, die eine Angst zu bannen, die Angst vor dem Hunger. In einer breiten Rinne, die sie mit den Kajaks überquerten, tauchte schnaubend und verrräterisch plätschernd der Kopf eines Seehundes auf.

Nansen schrie: „Rasch, Johansen, schießen Sie! Rasch! Rasch!"

Johansen schoß, Nansen harpunierte, die Hunde bellten verrückt. Wieder auf sicherem Eis, umtanzten sie die Beute, brieten und kochten und wurden endlich wieder einmal satt. Das Gespenst des Hungers war verscheucht, Fleisch, Fett und Heizmaterial für einen Monat waren gesichert.

Nun hatten sie es nicht mehr so eilig. Mit der ausreichenden Nahrung kehrte die Sicherheit zurück. Sie schlugen ihr Lager auf und warteten. Sie warteten, daß der Schnee von den Schollen abschmelze, daß der wiedereinsetzende Regen, der auf die Zeltplane trommelte, den Weg von knietiefen Matsch reinige; sie präparierten die Kajaks für die ersehnte Fahrt durch offenes Wasser, sie reduzierten abermals ihre Ausrüstung.

Die letzten Messungen ergaben ein überraschendes Ergebnis; sie befanden sich auf 82° 4' nördlicher Breite und 57° 48' östlicher Länge. Sollte der Theodolit doch stimmen, so waren sie ohne ihr Dazutun in drei Tagen 14 Bogenminuten nach Süden getrieben. Nach Süden! Und unvermindert blies der Nordwind über die Schollen.

Fast einen Monat lang blieben sie auf dem Rastplatz, den sie „Sehnsuchtslager" nannten. Sie wurden faul und ließen sich einlullen von der blendenden Weiße, die sich in ihre Augen stahl und den Willen lähmte. Es hatte Wärmegrade, und im Zelt herrschte eine für sie nahezu unerträgliche, ungewöhnlich hohe Temperatur. Sie lungerten auf den Eisblöcken herum, durchstreiften die Umgebung und waren nur dann aufgeregt und voll gespannter Aktivität, wenn sich Eisbären zeigten. Sie schossen drei.

Und dann fiel das Wort: Aufbruch. Es war endlich ausgesprochen, und sie befreiten sich aus ihrer Lethargie, rüsteten zum Marsch und verließen am 23. Juli das Lager. Die Schlitten waren leicht geworden, der Schneematsch war verschwunden, und sie zogen kilometerweit über blankes Eis. Da wurde mit einem Mal Wirklichkeit, was sie nur mehr zu träumen wagten und worüber sie nicht mehr sprachen. Sie entdeckten Land!

Was sie seit Tagen für eine Wolkenbank gehalten hatten, jenen seltsamen schwarzen Streifen am Horizont, eröffnete sich dem Auge hinter dem Fernglas als Land. Das Wunder war geschehen. Es verlieh ihnen zusätzliche Kräfte, und sie glaubten, noch am selben Abend, spätestens jedoch am nächsten Tag, die schwarzen Felsen, die aus einem Gletscher herausragten, erreichen zu können. Doch sie unterschätzten die Entfernung und das trügerische Treibeis. Die zermürbende Qual, stets das Land vor Augen, dauerte noch dreizehn Tage. Dazu kam, daß Nansen erkrankte; er litt große Schmerzen und war unfähig, sich zu bücken und sich allein an- und auszukleiden. Johansen bemutterte ihn und sorgte dafür, daß Nansen seine volle Einsatzfähigkeit zurückgewann. Beiden Männern wurde jetzt erschreckend klar, was geschehen mochte, wenn einer von ihnen ernstlich erkrankte: sie wären verloren, beide.

Sie schleppten sich weiter, sie rasteten, sie wühlten sich durch das Eis, sie hielten erschöpft an. Es war der 5. August, und das Land war nur unmerklich näher gerückt. Leichter Nebel fiel ein, das zerstreute Licht schmerzte in den Augen. Sie kamen an eine Wake, die sie rudernd überqueren wollten. Während Nansen seinen Schlitten an den Rand des Eises schleppte, entwirrte Johansen das Riemenzeug seines Kajaks, und keiner kümmerte sich um den anderen. Da kam ein eindringlicher Schrei Johansens zu Nansen: „Schnell! Die Flinte!"

Als Nansen sich umdrehte, sah er, wie sich ein gewaltiger Bär über Johansen stürzte. Eben in diesem Augenblick rutschte Nansens Kajak ins Wasser, und in ihm befand sich das Gewehr, sorgsam verpackt in einem Futteral. Nansen sprang hinzu, zog und zerrte in fliegender Hast das Boot zum Ufer, keine Sekunde daran zweifelnd, daß hinter ihm Johansen um sein Leben kämpfte. Dann hörte er noch einmal die Stimme Johansens: „Beeilen Sie sich, wenn es nicht zu spät sein soll."

Mehr als sich Nansen beeilte, konnte es fürwahr niemand tun. Beide wußten, was auf dem Spiel stand. Nansen riß die Büchse aus der Segeltuchhülle, spannte den Hahn, wirbelte auf den Knien herum und schoß aus der Hüfte dem riesigen Tier eine Ladung hinter das Ohr und streckte es tot nieder. Zum Glück hatte der Bär von Johansen abgelassen und war auf den wütend bellenden Hund losgegangen, der einige schmerzende Ohrfeigen erhalten hatte und mit einer blutenden Schnauze heiser kläffte. Diese Sache war erledigt, und keiner sprach ein weiteres Wort darüber. Da sie genug Proviant hatten, ließen sie den Bären unausgeweidet liegen, übersetzten die Rinne und zogen auf die schwarzen Berge zu.

Am 7. August sahen sie den Gletscher greifbar nahe. Das war Ansporn, Anreiz zu einer ungewöhnlichen Leistung. Es kümmerte sie weder das Wasser in ihren Stiefeln noch daß sie oft bis zu den Hüften im Eisschlamm versanken – mit Riesenschritten drängten sie vorwärts, und plötzlich standen sie vor dem, was sie seit langem ersehnten; vor dem offenen Meer!

Tiefatmend stand Nansen vor dem dunklen Wasser.

Hinter Nansen ertönte der Jubelschrei seines Kameraden. Johansen schwenkte den Hut, weinte und lachte, aber sofort gingen die Männer, jede Regung beiseite schiebend, an die notwendige Arbeit.

Das Meer lag vor ihnen, das lockende Meer, auf dem blinkende Eisschollen trieben. Die Dünung rollte gleichförmig gegen die Gletscher, gischtete, sprühte, verrollte. Ein zeitloses Spiel war es, zur Besinnung auffordernd und zum gebannten Schauen und zur tiefen inneren Einkehr. Nichts von dem war erlaubt. Vor ihnen lag der Weg in die Heimat. Besinnung, Schau und Einkehr waren im Augenblick unerwünscht, Hemmschuhe im Kampf ums Überleben. Die Zeit, die gleichmäßig verstrich wie die gleichförmige Dünung, forderte die Tat.

Sie banden die Kajaks zusammen, takelten sie auf und schoben sie in die See. Dann kam für Nansen und Johansen die dunkelste Stunde der Fahrt. Die beiden letzten Hunde, Kaiphas und Suggen, mußten geopfert werden. Es war unmöglich, sie auf die Meerfahrt mitzunehmen, die Gefahr des Kenterns und Ertrinkens war zu groß. Johansen und Nansen teilten die harte Aufgabe. Hinter den Eishügeln des Ufers am freien Meer erschoß Nansen Johansens Hund, und Johansen gab Nansens treuem Gefährten eine Kugel.

Sie segelten im eisfreien Meer. Sie lauschten bewegt dem Geplätscher der Wellen an der Bootswand und waren voll Freude wie Kinder, die ihr erstes Boot erproben. Ohne Anstrengung glitten sie dahin und fuhren am Fuß mächtiger Gletscher entlang. Da sie nicht landen konnten, schlugen sie ihre Lager jeweils auf einer Eisscholle auf. Doch die Rasten wurden kürzer, je größer ihre Ungeduld wurde. Sie ruderten tagelang nach Süden, wurden einmal von einem Walroß angefallen, das ihre Boote fast kentern ließ. Sie umsegelten Riffe und Buchten, lösten sich von einer Insel und setzten zur nächsten und übernächsten über, ohne Land betreten zu können. Nansen gab den Inseln Namen: Eva-Insel taufte er die erste, Liv-Insel die zweite, und die dritte nannte er Adelaide-Insel. Die ganze Gruppe bezeichnete er als Hvidtenland. Aber wo waren sie wirklich? Befanden sie sich an der Ostküste von Franz-Joseph-Land?

Neue Inseln tauchten auf, Ketten von Gletschern und von steilen Bergwänden mit schwarzen Schründen. Am Abend des 15. August 1895 gelang ihnen die erste Landung. Nansen nannte das Land, das sie betraten, Houen-Insel. Zum erstenmal seit zwei Jahren betraten sie Boden, Stein, Erde, Fels. Voll tiefer Dankbarkeit neigten sie sich zu Felsspalten nieder, aus denen geschützt und geborgen Sternmiere, Steinbrech und Mohn blühten. Sie schritten zögernd über Moos, als begingen sie einen Frevel, sprangen übermütig von Basaltfels zu Basaltfels und feierten das Wiedersehen mit der Erde. Sie hielten ein Festmahl mit Labskaus unter der gehißten norwegischen Flagge. Dann gingen sie wieder. Es schritt sich anders auf der Erde als auf dem schwankenden meterdicken Eis über einem tausend Meter tiefen Meer. Sie setzten die Beine auf, als lernten sie zum erstenmal das Gehen auf festem Boden.

Am nächsten Tag wanderten sie auf eine höhere Insel zu, die Nansen Torup-Insel taufte. Was ihnen hier begegnete, mußte das Paradies sein. Durch ihre erste Landung waren sie auf das Leben vorbereitet worden, aber hier überwältigte sie das vielfältig bunte, geräuschvoll Lebendige. Weiße Muscheln säumten den flachen Strand, im seichten Wasser tummelten sich Flohkrebse zu Abertausenden, auf dem Meeresgrund bewegten sich Schnecken und Seeigel zwischen Wäldern von Seetang; die Klippen waren bevölkert von kreischenden Krabbentauchern und fröhlich zwitschernden Schneeammern. Nansen und Johansen stiegen höher und höher. Drüben auf der Nordseite nisteten Mantelmöwen mit ihren Jungen.

Als sie den Gipfel erreichten, hielten sie inne. Jetzt war eine kurze Stunde der Besinnung erlaubt. Sie blickten hinaus auf das Treibeis, das sich unendlich und weiß blinkend nach Norden ausdehnte. Dort waren sie gewandert, dort hatten sie ihre Spuren gezogen. Verweht waren sie nun, zerschmolzen, zerborsten, untergegangen im Eisdruck. Dort oben im Nordosten hatten sie Opfer gebracht, gedürstet, gehungert, sich geschunden, ihre treuen, braven Hunde mit blutenden Herzen getötet, dort hatten sie geflucht und dann gejubelt, als sie das Meer sahen. Sie lebten und hatten vor, am Leben zu bleiben. Und in ihren Gedanken waren sie jetzt bei den Gefährten, die weit, weit draußen, Hunderte Seemeilen von ihnen entfernt, mit der „Fram" durch die grenzenlose Einsamkeit trieben.

Sie verließen die Insel. Die Zeit drängte, die Sonne machte schnellere Schritte. Sie bestiegen die Kajaks, wurden vom Sturm abgetrieben, auf das offene Meer gejagt und abermals dem Treibeis preisgegeben. Sie arbeiteten zäh und unermüdlich daran, die schützende Uferlinie wieder zu erreichen. Aber was hatten sie davon? Das Küsteneis stellte sich ihnen entgegen und verwehrte ihnen eine Landung. Sie verfolgten verbissen ihren Kurs und steuerten ein Vorgebirge im Westen an. Nun ahnten sie bereits, welche Küste ihnen das Leben sauer machte: es war die Westküste von Franz-Joseph-Land.

Etwas anderes aber wurde zur Gewißheit: daß sie Norwegen nicht im Herbst erreichen würden. Ihre Kraft war erloschen, erloschen in dem sinnlosen Auf und Ab der zerrissenen Eisbarriere. Was hatte es für einen Sinn, zwanzig, fünfzig oder hundert Kilometer noch zu erjagen, wenn das Doppelte erreicht werden müßte? Sie hatten auf der Torup-Insel das Leben begrüßt. Jetzt verabschiedeten sie sich vom Lebendigen. In einer Bucht suchten sie Zuflucht vor Sturm und losen Schollen. Über der Bucht erhob sich ein mächtiger Berg aus Basalt, dessen Säulen, Pfeiler und Nischen, Zacken und Spitzen einen gotischen Dom formten. Als am nächsten Tag der Sturm nicht nachließ und Nansen in der Basaltbucht Spuren von Eisbären und Walrössern ausmachte und noch Völker von Krabbentauchern und Elfenbeinmöwen in den Bergwänden entdeckte, beschloß er, an dieser Stelle zu überwintern. Sie begannen sofort mit den Vorbereitungen für die lange Nacht. Es war der 28. August 1895.

Nansen fügte sich in das Unabänderliche und zügelte seine Sehnsucht nach der Heimat. Beide, er und Johansen, stiegen weit zurück in die Geschichte der Menschheit. Sie wurden zu Steinzeitmenschen, zu Höhlenbewohnern aus grauer Vorzeit, sie lebten einfacher, primitiver als die Eskimos. Sie brachen Steine aus dem Geröll mit bloßen Händen und fügten sie rund um eine Mulde übereinander, bis eine Art Hütte entstand, die nicht hoch genug war, um darin zu knien und nicht lang genug, um dem ausgestreckt Liegenden die Füße zu bedecken. Die Tür war eine Jacke, das Dach bestand aus Zelt und Bambusstöcken. Aber es sollte nur ein Behelf sein. Vorerst galt es, die Nahrung zu ergänzen und ein Vorratslager anzulegen. Sie schossen Bären und Walrosse, sie jagten in den Felsen, auf dem Eis und selbst im Wasser, bis ihnen die Beute ausreichend schien. Sie schichteten Speck und Fleisch zu großen Haufen und deckten sie mit Walroßhäuten zu.

Am 7. September 1895 begannen sie mit dem Bau einer Winterhütte. Ihr Werkzeug waren meist die Fäuste. Mit einer Schlittenkufe lösten sie die angefrorenen Steine von der Halde und schleppten sie zu einer Grube, die sie mit bloßen Händen einen Meter tief ausgehoben hatten. Später vermehrten sie ihr Werkzeug durch ein Walroßschulterblatt, das als Spaten diente, und um einen Walroßhauer, den sie als Hacke verwendeten. Sorgfältig setzten sie Stein über Stein, verschmierten die Fugen mit Moos und Erde, und als die Mauern hoch genug waren, setzten sie das Dach auf. Hier kam ihnen der Zufall zu Hilfe. Das Meer hatte einen Fichtenstamm ans Ufer gespült und ihnen einen Dachfirst geschenkt. Über den First spannten sie Walroßhäute und beschwerten sie mit Steinen; vor die innere Tür hängten sie ein Bärenfell, dann kam ein Kriechgang, der mit Eisblöcken überdacht war und ins Freie führte und ebenfalls mit einem Fell verschlossen war. Ein Schornstein aus Schnee und Eis krönte das Gebäude.

Am 28. September übersiedelten sie von der Höhle in die Steinhütte. Die Tage waren ihnen unter den Händen entschwunden. Nun waren sie fertig – die Zeit des Wartens konnte beginnen. Sie brachten den letzten Rest des Schlittenproviants in ein Depot, wo er bis zum Frühjahr bleiben sollte.

Frühjahr! Jetzt hatten sie September. Wann würde der Aufbruch erfolgen? Im Mai vielleicht? Sieben Monate – dunkle, stürmische, kälteklirrende Monate, eingeschlossen von der Dunkelheit des Himmels, eingeschlossen von der Finsternis ihrer Hütte auf sechs Quadratmetern.

Sie zwangen sich, täglich ins Freie zu gehen und wie tollwütige Hunde umherzuspringen; sie lauerten auf Bären und Füchse, sie holten Eis zur Wassergewinnung, aber trotzdem blieb Zeit genug, auf den Steinbänken zu liegen und in den Tag zu träumen. Was hieß hier Tag! Am 15. Oktober sahen sie die Sonne zum letzten Mal. Die lange Nacht begann, die Nacht der immer gleichen Erzählungen und Erinnerungen. Streng gehütete Gedanken wurden formuliert, dem Kameraden gereicht als Geschenk und als Aufforderung, auch zu sprechen, auch Worte zu formen, damit sie die Nacht verdrängen und die Zeit füllen sollten. Selbstverständlich war in ihnen die stärkste Erinnerung die an die „Fram", an Norwegen, an das Heim. Oft sprachen sie vor sich hin, ohne zu wissen, ob der andere hörte oder schlief. Was machte das schon aus? Worte schwebten im dunklen Raum, Gedanken waren wach in der Finsternis – nur das Tier schwieg jetzt, verborgen in Höhlen, geflohen in den wärmeren Süden, fortgetaucht in eisfreie Meere.

Das Fest des Tages war die Mahlzeit. Mit ihr fing der Tag an, wurde geteilt und beendet. Dazwischen lag der Schlaf oder ein halbes Wachsein, von Träumen geschmückt. Sie erzählten, als schon alles gesagt schien, einander ihre Träume. Immer bewegten sich die Träume um dieselben Dinge: um ein warmes Bad, ein Stück frisches Brot, um Seife und weiche, warme Wollstoffe. Kein Wunder; ihre Kleider waren zerrissen, blut- und tranverschmiert, mit Nadeln zusammengeheftet und mit groben Stichen geflickt. Hätten sie die Kleider gekocht und gebürstet, sie wären auf Fasern zerfallen.

Es gab fast nichts zu tun, als Eis zu holen, die Tranlampe zu füllen und das Essen zu bereiten. Die Vergünstigung, Koch zu sein, wechselte von Woche zu Woche. Während Nansen schlief, kochte Johansen. Der Schichtwechsel wurde genau vermerkt, und der steinerne Strichkalender an der Wand bekam ein weiteres Zeichen.

Die Temperatur fiel. Über die Wände der Basaltberge stürzten die Schneeschwaden, der Sturm orgelte über die Grate und zwischen den Türmen, und eine bleischwarze Finsternis lag in der Bucht. Die Augen der beiden Männer suchten vergeblich das Lebendige. Dunkel drohten zu ihren Häuptern die Klippen, leuchtete fahl das geborstene Eis in den Spalten, raste der gefallene Schnee in zerfetzten Fahnen über das Geröll.

Sie saßen vor dem Tranlicht und starrten in die Flamme, die knisterte und zuckte und schwelte, sie saßen und starrten tagelang, wochenlang. Sie schwiegen. In dieser Welt hatte das Wort keinen Bestand mehr. Es tröstete nicht, es erlöste nicht, es konnte die jahrmillionenalte Wiederkehr des Sterbens in der Natur nicht wenden, nicht wegtäuschen. Gesagt war, was gesagt sein mußte. Jetzt gab es nichts mehr, nur zwei pochende Herzen in der Leere des Raums, die auf die Erlösung, auf das Frühjahr warteten.

Niemand griff zur Feder. Die Tagebücher lagen unberührt und wohlverpackt in einem Winkel der Hütte. Was sollten sie auch niederschreiben? Ihre Träume? Ihre Sehnsüchte? Ihre Gedanken? Ihre Gedanken waren träge, ihre Sehnsüchte müde und ihre Träume verblaßt. Und wenn sie einmal das Tagebuch in die Hand nahmen, dann wurden die Blätter schmierig und schwarz. Was konnte ihre Lage besser und kürzer ausdrücken, als die rußigfettigen Fingerabdrücke auf den leeren Seiten. Seht her, sprachen diese Zeichen, wir existieren noch; wer wagte aber zu sagen: wir leben?

Weihnachten kam. Sie feierten das Fest auf ihre Weise. Sie wendeten ihre Hemden, wechselten die Unterhosen und wuschen sich im warmen Wasser. Die abgelegten Unterhosen waren Waschfleck und Handtuch. Draußen heulte der Wind und klirrte das Eis. Zu Hause läuteten jetzt die Kirchenglocken und riefen die Menschen zur Andacht und zur Festesfreude. Ihnen gab die unbarmherzige Natur keine Chance zur Andacht. Aber sie waren geläutert genug. An der Schwelle des Nichts verwehten die selbstsüchtigen Wünsche wie der Schnee in den steilen Basaltfelsen und der Bedeutung der Erleuchtung wurden sie eindringlich gewahr aus dem eisigen Blinken eines Sterns.

Das Jahr verging. Der Vollmond schien in ihr Tal, in dem die Kälte zitterte. Sie maßen 42 Grad unter Null. Für Nansen war es trotzdem ein guter Tag. Es war der erste Tag in Jahre 1896, es war das Jahr der Heimkehr. Der Frost sprengte die Gletscher, und der Boden erzitterte unter dem Dröhnen aufreißender Felsspalten und stürzender Eisblöcke.

Und dann rückte das Licht einen Fingerbreit auf eine Stunde über den Horizont. Das war für beide Männer, als würde eine Brücke in die Welt geschlagen, als wären die Lichtfäden ein Steg zu bewohnten Kontinenten. Die Gespräche flackerten wieder auf; sie begannen zu rechnen, wo die „Fram" stehen müßte, sie kratzten Tran und Fett aus ihren Kleidern, sie schmiedeten Pläne für eine Südpolreise, obwohl sie der Einsamkeit ihrer Basaltschlucht noch nicht entronnen waren. Zu einer Rasur und einem Haarschnitt konnten sie sich jedoch noch immer nicht entschließen, dafür nähten sie um so eifriger an ihrer Ausrüstung, schneiderten Handschuhe, flickten Socken und bastelten an den Schlitten und an den Kajaks. Eine böse Überraschung erlebten sie, als sie ihre Vorräte ausgruben: die Schokolade hatte sich aufgelöst, das Mehl war schimmelig, Pemmikan ungenießbar geworden. Außerdem ging ihr Tranvorrat zu Ende. Sie beleuchteten ihre Hütte nur einmal täglich. Auch die Mahlzeiten reduzierten sie auf eine warme pro Tag.

Am 25. Februar erreichte sie die Botschaft aus dem Süden: ein Volk Krabbentaucher strich in der Mittagsdämmerung über ihre Schlucht hinweg. Das Leben kam zu ihnen zurück, und aus den Höhlen krochen die Bären und tappten in der Basaltschlucht in ihr Verderben. Nansen schoß in kurzer Zeit drei Tiere und die Not war wieder gebannt. Unablässig beobachteten sie den Himmel im Südwesten, der sich von Tag zu Tag dunkler und dunkler zu ihnen herüberwölbte und viel offenes Wasser versprach.

Die Gewehre wurden gereinigt und mit Tran eingefettet; sie funktionierten tadellos. Die Munition reichte noch für einen weiteren Winter und gab ihnen Trost und Rückhalt. Sie besaßen noch 100 Kugel- und 110 Schrotpatronen.

Am Dienstag, dem 19. Mai 1896, brachen sie auf. Nansen verfaßte einen kurzen Bericht und schob ihn in eine Messingröhre, die er im Inneren der Hütte befestigte. Des Gehens entwöhnt, fiel es ihnen an den ersten Tagen schwer, die beladenen Schlitten zu ziehen. Doch das Gefühl, wieder unterwegs und dem Ziel nahe zu sein, war wie ein Rausch und ließ sie alle Mühsal mit Fröhlichkeit überwinden. Neun Monate Nichtstun hatte an ihnen Spuren hinterlassen. Sie waren ungeschickt, hatten ihre Trittsicherheit eingebüßt, und dieser Umstand hätte Nansen fast das Leben gekostet. Als er mit seinen Skiern auf gefährliches Eis geriet, brach er ein und versank langsam aber stetig im Wasser. Sich selbst zu befreien war unmöglich, da er an seinem Schlitten angeschirrt war. Erst auf seine verzweifelten Rufe hin rettete ihn Johansen vor dem völligen Versinken, als er bereits bis über die Brust, zwischen tanzenden Eisschollen eingeklemmt, eingetaucht war.

Schlechtwetter zwang sie, neun Tage stillzuliegen. Der Proviant wurde knapp. Gerade jetzt zeigten sich keine Bären, und die Vögel flogen viel zu hoch, als daß man kostbare Patronen riskieren konnte. Wieder war ihnen das Glück günstig, und durch Zufall erspähten sie durch das dichte Schneetreiben eine Herde Walrosse auf dem Eise. Sie schossen und begnügten sich mit einem Tier, das ihnen wieder für Wochen Nahrung gab.

Dann hörten sie, es war der 12. Juni, die ferne Brandung. Es war 6 Uhr morgens, und sie stürmten auf einen Eishügel. Sie erblickten freies Wasser, nicht weit entfernt, das sich zu einem Vorgebirge nach SW hin erstreckte. Eine Stunde später banden sie die Kajaks zusammen, hißten die Segel und gingen in See. Sie umfuhren bei gutem Wind die Landspitze und fanden nach Süden hin freies Gewässer. Durchnäßt und steif gefroren legten sie am Abend an, um warm zu werden, einen kurzen Imbiß zu nehmen und sich Bewegung zu verschaffen. Sie beratschlagten kurz, wie sie die Kajaks vertäuen sollten.

„Nehmen wir eine Brasse", sagte Johansen, der schon auf dem Eis stand.

„Ist sie auch stark genug?" fragte Nansen, der ihrem geflickten Zeug nicht recht traute.

„Ja", erwiderte Johansen beruhigend. „Ich habe sie die ganze Zeit als Fell an meinem Segelschlitten benutzt."

„Gut. Sie wird genügen, diese leichten Kajaks zu halten", stimmte Nansen etwas beschämt zu, weil er sich ängstlich gezeigt hatte. Er vertäute die Kajaks mit dem Fell, einem Streifen aus roher Walroßhaut.

Sodann erklommen sie einen Hügel, um den Wind zu prüfen, der plötzlich umgeschlagen hatte.

Da schrie Johansen entsetzt: „Halt! Dort treiben die Kajaks!"

Die Fangleine war gerissen. Die Männer rannten, als gelte es das Leben – und das galt es auch. Ohne Boote, ohne Proviant und Gewehre, ohne Messer waren sie rettungslos verloren.

„Hier meine Uhr!" keuchte Nansen und reichte sie seinem Gefährten; er riß einige Kleidungsstücke vom Leib und sprang in das eiskalte Wasser. Aber der Wind blies vom Ufer zur offenen See. Nansen stieß mit aller Kraft vorwärts. Doch die Kleidung hing bleischwer an ihm, und die Kajaks trieben zeitweise schneller davon, als er schwimmen konnte. Als seine Kraft nachließ, schwamm er auf dem Rücken weiter. Seine Muskeln wurden hart, die Arme und Beine steif, und er war nahe daran, den ungleichen Kampf aufzugeben. Er durfte nicht umkehren! Ein Verlust ihrer Habe war gleichbedeutend mit Untergang.

Während Johansen ruhelos an der Eiskante auf und ab lief, raffte sich Nansen zu einem letzten Versuch auf. Er spannte seine Kräfte zum Äußersten an, obwohl er fühlte, daß sein Körper seinem Willen nicht mehr voll gehorchen konnte. Seine Tempi wurden schwächer, kraftloser, hastiger – aber die Entfernung zu den führerlosen Booten schien sich zu verringern. Gerade als es vor seinen Augen Nacht zu werden drohte, konnte er eine Hand nach einem Ski ausstrecken, der quer über dem Heck lag. Nansen zog sich an die Boote heran. Aber er war unfähig, sich aufzuziehen. Er spürte, wie ihm die Kälte bis an das Herz kroch. Sollte seine Anstrengung nun doch umsonst gewesen sein? Er atmete gepreßt, seine Nerven gaben die Befehle an die Muskeln weiter; die Muskeln funktionierten nicht mehr. Da packte ihn unbändige Wut, und mit dem letzten Rest seiner eingeschränkten Bewegungsfähigkeit und mit der gesammelten ihm verbliebenen Kraft machte er einen verzweifelten Versuch. Es gelang ihm, ein Bein zu heben und auf den Rand des überhängenden Schlittens zu schwingen. Dann wartete er erschöpft. Dann plagte er sich weiter; dann rastete er – und dann saß er im Boot, unfähig sich zu rühren. Der Wind durchfuhr ihn, seine Zähne schlugen aufeinander, und er ergriff das Ruder, tat einige Schläge im linken Boot, dann stieg er in das rechte und vollführte dort einige Ruderschläge, bis er auf dem richtigen Kurs war. Vor dem Bug des einen Bootes schwammen zwei Alke, und der Gedanke, ein warmes Abendessen zu bekommen, belebte Nansen so sehr, daß er nach der Flinte griff und beide Alke mit einem Schuß erlegte.

Johansen am Ufer erstarrte. Er konnte nicht genau sehen, was vorgegangen war, und fürchtete, ein Unglück sei geschehen. Da sah er, wie Nansen zwei Alke aus dem Wasser fischte und dachte, sein Expeditionsleiter habe den Verstand verloren.

Als Nansen das Ufer erreichte, hob ihn Johansen aus dem Boot, entkleidete ihn, frottierte ihn ab und steckte den völlig Erstarrten in einen Schlafsack. Nansen zitterte noch lange – bis in den Schlaf hinein. Nach einer Stunde weckte ihn Johansen. Da waren die Alke gekocht, und eine dampfende Suppe stand bereit. Die Mahlzeit beseitigte bald die letzten Spuren des grausamen Bades. Nur die Müdigkeit blieb, und daher beschlossen beide, auf diesem Platz zu lagern, bis Nansens Kleidung getrocknet war.

Nach drei Tagen setzten sie ihre Reise bei windstillem Wetter fort. Walrosse glitten neben ihnen her, brüllende und zornige Begleiter, unberechenbar und wild. Einer griff an, durchbohrte Nansens Kajak und drückte es mit seiner Vorderfinne unter Wasser. Ein heftiger Schlag mit dem Ruderblatt verjagte das Tier zeitgerecht, denn das Wasser sprudelte durch ein handgroßes Leck in Nansens Kajak.

Sie setzten die Boote rasch auf einem Eisfuß ab, entluden sie und zogen sie weiter auf das Eis hinauf. Da lag die Expedition wieder einmal fest zu einer unfreiwilligen Rast, und Nansen breitete die nassen Sachen zum Trocknen aus.

Am Abend schrieb er in sein Tagebuch: „Heute habe ich mein Kajak geflickt. Wir haben die Nähte in beiden Kajaks mit Stearin überstrichen, und wir hoffen nun, in völlig dichten Booten die Reise fortsetzen zu können. Draußen auf den Eisschollen liegen die Walrosse, starren uns mit großen, runden Augen an, grunzen und schnauben und klettern hin und wieder auf den Eisrand zu uns herauf, als wollten sie uns forttreiben."

Nansen kam nicht mehr auf das Wasser. Alles, alles kam anders und ereignete sich so schnell, daß es eher einer Sinnestäuschung als der Wirklichkeit glich. Am 17. Juni war Nansen dabei, mittags das Essen zu bereiten, als sich der Nebel lichtete und kilometerweit die Umgebung freigab.

Das Essen kann warten, dachte Nansen und stieg auf den nächsten Hügel, um Ausschau zu halten.

Ein sanfter Wind wehte. Die Wärme durchflutete den Schauenden, der mit verkniffenen Augen über die blendende Weiße hinblickte, die von dunklen Bergwänden durchbrochen war. Von den Klippen stürzten sich mit gellenden Schreien die Möwen in die schwindelnde Tiefe, spielten mit dem Wind, krächzten voll Lebensfreude und umschwirrten die steilen Felsen. Nansen genoß das Bild, und ein Gefühl dankbarer Freude kam ihm bei dem Gedanken, daß er und Johansen möglicherweise die ersten Menschen waren, die dieses Gebiet betreten hatten.

Da schlug ein Laut an sein Ohr, der ihn zusammenschrecken ließ. Er spannte seine Sinne an, vergaß die Landschaft und sein Glücksgefühl – er lauschte, er lauschte angespannt und atemlos. Da! Da war es wieder – das Bellen eines Hundes! Nansen stand lange, und er stand unbewegt und stumm. Die kreisenden Vögel lärmten, sonst war Stille über dem Eis. Dann kam es wieder: ein dünnes und ein rauhes Bellen. Zwei Hunde also!

Nansen schrie nach Johansen und teilte ihm aufgeregt mit, was er gehört zu haben glaubte.

„Hunde?" zweifelte Johansen und kletterte den Hügel hinauf.

Dann lauschten sie wieder, und einmal glaubte auch Johansen ein Gebell gehört zu haben, aber er war sich dessen nicht sicher, denn die Möwen schwärmten gerade über ihnen und vollführten einen großen Spektakel.

Wer konnte dort hinter den Eishügeln hausen? Waren es Landsleute, waren es Engländer? Sie berieten, wie sie sich verhalten wollten, wenn sie auf die englische Expedition stoßen sollten, die nach dem Franz-Joseph-Land unterwegs war.

„Dann bleiben wir einen oder zwei Tage bei ihnen", sagte Johansen, „und dann schauen wir dazu, daß wir nach Spitzbergen kommen. Sonst dauert es zu lange, bis wir nach Hause kommen."

Das war auch Nansens Auffassung. Aber vorerst galt es, dem geheimnisvollen Bellen auf die Spur zu kommen. Nansen ließ seinen Gefährten zurück, stieg abermals den Hügel empor, lauschte und suchte einen Weg. Die Schreie der Möwen, der Krabbentaucher, der Alke waren da – sonst nichts. Sollte er sich getäuscht haben?

Wenig später stieß er auf eine Fährte. War es eine Fuchsfährte? Sie war zu groß. Ein Wolf? Oder war es vielleicht doch ein Hund gewesen, der hier umhergeschnürt war? Dann kam wieder das Bellen, dann kamen noch mehr Fährten, und dann war wieder nichts; nur das zischende Geräusch der gleitenden Skier durchschnitt die Stille.

Plötzlich hörte er einen Ruf – eine menschliche Stimme! Das Herz klopfte Nansen unmäßig schnell, der Schweiß rann ihm in die Augen, und er spurtete einen Hügel hinauf – und auf dem Hügel blieb er stehen und schrie!

Und wieder rief eine Stimme aus der Ferne, und dann bewegte sich ein dunkler Punkt hüpfend auf ihn zu, und dahinter war ein größerer schwarzer Punkt, der näher und näher kam: ein Mensch.

Nansen stieß ab, fuhr hinunter in die Senke, schwenkte den Hut und eilte mit weiten Gleitschritten dem Fremden entgegen, der gleichfalls seinen Hut schwenkte und seinen Hund zurückrief.

Was war es für eine Sprache? Es war Englisch. War es Jackson? Um Himmels willen, wo befanden sie sich dann? Waren sie nicht auf Gillesland?

Die Männer standen einander gegenüber. Ja, es war Jackson;

Nansen hatte ihn schon einmal gesehen. Hier stand ein Mann in einem englischen Maßanzug, ordentlich rasiert, nach guter Seife duftend – da ein anderer, verschmiert und verschmutzt von Fett und Ruß, in Lumpen gehüllt, nach Tran stinkend wie ein Fischdampfer, mit langem Bart und wirren Haaren. Niemand wäre imstande gewesen, Nansen zu erkennen. Über den beiden Männern zogen die Nebel, kreischten die Vögel, unter ihren Füßen lag das holprige, zerklüftete Eis, in der Ferne schimmerten einige nackte Felsen. Beide zogen die Hüte.

„Guten Tag", begann Nansen.

Jackson sagte: „Ich freue mich, Sie hier begrüßen zu können."

Darauf Nansen höflich: „Danke, ich gleichfalls."

„Haben Sie ein Schiff hier?" fragte Jackson weiter.

„Nein, mein Schiff ist nicht hier."

„Wie viele Männer sind mit Ihnen?"

„Ich habe noch einen Kameraden draußen am Rande des Eises."

Während sie sprachen, marschierten sie weiter ins Landesinnere. Immer wieder blickte Jackson prüfend in Nansens Gesicht, dann blieb er starr stehen und fragte mit bebender Stimme: „Sind Sie nicht Nansen?"

„Ja, der bin ich."

„Mein Gott!" brach es aus ihm heraus, und seine Stimme klang nun nicht mehr, als unterhielten sich zwei Gentlemen in einem Klub über das Wetter. „Ist es möglich? Sie? Nansen? Ich kann es nicht glauben – sind Sie es wirklich?"

Er griff Nansens Hand noch einmal und schüttelte sie lange und herzlich, und in seinem Gesicht stand die Freude, und aus seinen Augen leuchtete ein herzliches Willkommen.

„Aber woher kommen Sie jetzt?" fragte er.

„Ich verließ die ‚Fram' auf dem 84. Breitengrad, nachdem wir zwei Jahre getrieben waren. Ich habe einen Punkt erreicht, der 15 Bogenminuten nördlich des 86. Grades liegt. Dann kehrten wir um und mußten uns nach Franz-Joseph-Land wenden. Wir waren jedoch gezwungen, irgendwo nördlich von hier zu überwintern und sind jetzt auf dem Wege nach Spitzbergen."

„Ich gratuliere Ihnen von ganzen Herzen", sagte Jackson. „Sie haben eine gewaltige Reise gemacht, und es freut mich ungemein, daß ich der erste bin, der Ihnen zur Rückkehr gratulieren darf."

Nansen spürte aus den Worten und in dem Händedruck des Engländers mehr als Höflichkeit, er fühlte Wärme, Begeisterung und Achtung vor ihrer Leistung.

Dann sagte Jackson: „Ich habe Briefe für Sie!"

Das fachte ein Feuer der Sehnsucht an, und die beiden Männer schritten ungestüm auf eine ferne Blockhütte zu. Den Sturm der Gefühle deckte Nansen mit Fragen und Fragen zu, ob Krieg sei zwischen Norwegen und Schweden, und was es sonst Neues in der Welt gebe. Jackson antwortete, soviel er wußte, und dann sagte er mit englischer Gastlichkeit, daß seine Expedition „eine Menge Platz" hätte, um Nansen und seinen Partner zu beherbergen, und daß sie jeden Tag ein Schiff erwarteten, welches Nansen nach Norwegen mitnehmen könnte.

Ein Schiff! Ein Schiff nach Norwegen! Nansen blieb stehen und starrte hinaus auf das Wasser.

„Sollen wir nicht umkehren und Ihren Kameraden holen?" schreckte Jackson den versunkenen Nansen auf.

„Nein. Die Kajaks sind zu schwer. Wir könnten sie selbst zu dritt nicht über das Eis schleppen", sagte Nansen. Er nahm seine Flinte vom Rücken, Jackson tat das gleiche, und dann feuerten sie je zwei Schüsse ab, einen Gruß an den wartenden Johansen.

„Und die ‚Fram'?" fragte Jackson behutsam und blickte in den Schnee.

„Die ‚Fram'? Die wird sich irgendwo bei Spitzbergen herumtreiben, wenn sie nicht schon zu Hause ist."

„Dann ist es gut", sagte Jackson aufatmend. „Ich habe geglaubt, Mister Nansen, Sie und Ihr Begleiter seien die einzigen Überlebenden einer Katastrophe. – Gott sei Dank." Die Schatten der Sorge wichen aus seinem Gesicht, und heiter fügte er hinzu: „Dort kommen meine Eisbären."

Die Leute der Jackson-Hamsworth-Expedition kamen ihnen entgegen, und als alle versammelt waren, teilte ihnen Jackson mit, wer der verwilderte Mann in ihrer Mitte sei und von wo er herkäme. Da ertönte aus sieben Kehlen ein kräftiges, dreifaches Hurra, in das die Hunde mit närrischem Bellen einfielen. Jackson schickte seine Männer sofort zur Küste, um Johansen zu holen. Nansen und Jackson begaben sich zum Blockhaus, das das Zentrum der englischen Forschungsstation war.

Sie betraten in der unwirtlichen Einöde eine behagliche Hütte. Die Wände waren mit grünem Tuch ausgeschlagen, in Regalen standen Bücher, von der Decke hingen Kleidungsstücke, die zum Trocknen aufgehängt waren, und in der Mitte des Raumes stand ein rotglühender Ofen, in dem ein Kohlenfeuer prasselte! Ein Ofen! An den Wänden Photographien, Drucke, Radierungen – ein

Tisch und ein Sessel! Nansen starrte die Dinge an, als käme er aus einer anderen Welt. Er kam aus einer anderen Welt und nun, durch einen Schritt, den Schritt durch die Tür dieser Hütte, durchmaß er Jahrtausende. Er setzte sich zögernd auf den Sessel, er beugte sich über den Tisch, verwundert und müde. Jackson reichte ihm eine Blechbüchse. Sie enthielt zwei Jahre alte Briefe aus Norwegen von seiner Frau, über seine Tochter – von der Heimat. Nansens Hände zitterten, als er die Briefe aufbrach. Es waren gute Nachrichten, es waren Nachrichten aus dem Leben, und Zufriedenheit und eine wunderbare Ruhe überkamen ihn zum erstenmal seit Jahren. Wäre die Sorge um die „Fram" nicht gewesen, er hätte vor Glück jubeln können.

Als er aufstand, um seine Kleider wegzuwerfen und zu baden, betrachtete er an der Wand das Bild eines schwarzhaarigen, dunkelhäutigen Mannes mit brennenden Augen und wüstem Bart. Es war sein Bild, und wo er hineinblickte, war ein Spiegel.

Dann kam Johansen. Sein Erscheinen wurde herzlich gefeiert, und sein Erstaunen war ebenso groß wie das Nansens, als er wieder in die Welt eintrat.

Die Träume aus der Winterhütte wurden wahr: Seife, Kleider, Menschen! Die Worte hatten wieder Gewicht; es gab Fragen und Antworten, Lachen und Überlegungen, es herrschte die menschliche Zeit, es gab Aufgaben und Möglichkeiten, sie zu bewältigen.

Nansen erhielt Papier und Schreibzeug. Er arbeitete, er korrigierte die Landkarten; Johansen schrieb an seinem Tagebuch und lernte Englisch. Sie gingen auf die Jagd, sie schossen Alke, erlegten Eisbären und genossen die unaufdringliche Gastfreundschaft der Engländer. Sie erlebten eine Überraschung, als sie sich auf die Waage stellten. Nansen wog 92 Kilogramm, also um 10 Kilogramm mehr als beim Verlassen der „Fram", Johansen 75 Kilogramm, das waren um 6 Kilogramm mehr. Sie hatten in ihrem Winterlager eine Mastkur gemacht.

Am Morgen des 26. Juli wurde Nansen unsanft von Johansen geweckt.

„Das Schiff!" schrie er ihm in die Ohren.

Nansen sprang auf und stürzte ins Freie. Er sah die „Windward" langsam in die Bucht dampfen und einen Platz zum Vertäuen suchen. Das Schiff war da! Die Segel bauschten sich im Wind, hoch ragte die Takelung gegen den Himmel, und der mächtige Rumpf durchpflügte rauschend das Wasser. Der Anblick des Schiffes versetzte nicht nur Nansen in einen Zustand innerer Erregung. Das ganze Lager war auf den Beinen, und Jackson schickte sofort einen Mann zur „Windward", um von Nansens Anwesenheit berichten zu lassen und für Nansen Nachrichten aus Norwegen einzuholen. Und ehe Nansen das Schiff betreten hatte, bekam er schon von Jackson die Mitteilung: Zu Hause in Norwegen ist alles in bester Ordnung. Von der „Fram" wußte man allerdings noch nichts. Trotzdem wurde Nansen leichter ums Herz, und er schritt zum Fallreep und an Bord des Schiffes, wo er von der Mannschaft mit stürmischer Freundlichkeit begrüßt wurde.

In der Kajüte des Kapitäns wurden Neuigkeiten ausgetauscht: Krieg war zwischen Japan und China; Röntgen hatte seine Erfindung gemacht; Andrée wartete in Spitzbergen auf guten Wind, um mit einem Ballon über den Pol zu fliegen.

Am 7. August rief sie die Dampfpfeife an Bord. Die Heimreise begann. Ein letzter Händedruck, ein stummer Dank den Männern der englischen Expedition. An Bord zogen sie ihre Hüte und winkten zurück, bis das Blockhaus und die Zelte verschwanden: ein brauner Fleck in der großen Eiswüste. Kap Flora schob sich weiter von ihnen ab. Der Himmel leuchtete weiß im Widerschein des Eises.

Langsam dampfte die „Windward" durch die Eisrinnen, bis sie das offene Meer erreichte, über dem der Himmel dunkel war und gute Fahrt verhieß.

Nach 220 Seemeilen änderten sie ihren Kurs und steuerten Vardö an. Jeder Herzschlag, jede Umdrehung der Dampfmaschine brachte sie näher der Heimat, und unruhig schritten sie Tag für Tag an Deck hin und her, blickten über das grünblaue Meer, voll von ungestümer Sehnsucht und gespannter Erwartung.

12. August. Ein tanzender Punkt unterbrach die Einförmigkeit des Horizonts. Nansen lief um sein Fernglas. Das erste Segelschiff! Sie waren wieder in Gewässern, wo Menschen lebten, auf Fischfang ausfuhren und umherkreuzten. Am Abend schob sich etwas Dunkles zwischen Himmel und Meer, dehnte sich flach und gleichförmig nach Süden. Was war es?

Es war Land, es war Norwegen!

Nansen stand die halbe Nacht stumm an Deck, blickte unverwandt zu dem unwirtlichen Landstreifen, der ihm als das Schönste erschien, was er je erblickt hatte. Zu Hause! In seine Ergriffenheit mischte sich die Sorge um die „Fram". Wie leicht war es, das Eis zu bezwingen, wie schwer allerdings, die Verantwortung zu tragen, die immer auf ihm gelastet hatte, ihn aber jetzt offen zur Rede stellte. Wo war die „Fram"? Wo waren die elf Männer, die er zurückgelassen hatte?

Am nächsten Morgen kam der Lotse an Bord, verwundert, daß jemand auf diesem Schiff norwegisch sprach. Er ging aber an seine Arbeit, ohne den Fremden weiter zu beachten. Als Kapitän Brown den Alten fragte, ob er wüßte, wer der Fremde sei, trat der Lotse zu Nansen und betrachtete ihn so lange, bis ein Schimmer der Erinnerung sein Gesicht erhellte.

„Das ist Nansen!" sagte Brown, packte den Alten bei den Schultern und schüttelte ihn vor Freude, weil er eine so gute Nachricht mitteilen konnte.

„Willkommen", sagte der Lotse und drückte Nansen die Hand, und in seinem Gesicht war Freude und Staunen und Stolz, „willkommen in Norwegen. Die meisten Leute haben Sie und Ihre ‚Fram' schon längst ins Grab gelegt." Er hielt Nansens Hand lange fest, um sicher zu sein, daß er nicht träume.

Auf Nansens Frage nach der „Fram" wußte er allerdings keine Antwort. Die „Fram"? Die „Fram" blieb verschollen.

Die „Windward" glitt fast unbemerkt in den Hafen. Nansen und Johansen fuhren mit dem Beiboot ans Ufer, eilten unerkannt durch Vardö zur Telegraphenstation und legten ein mächtiges Bündel Telegramme auf den Tisch. Der Beamte öffnete das erste Telegramm und las die Unterschrift. Auch hier veränderte sich ein Gesicht aus Gleichmütigkeit zur Freude und zum herzlichen Willkommen.

Als Nansen das Büro verließ, tickten die Apparate bereits die Nachricht in die Welt: „Zwei Mitglieder der norwegischen Polarexpedition wohlbehalten und gesund zurückgekehrt – die ‚Fram' wird im Laufe des Herbstes zurückerwartet."

Das erste Telegramm, allerdings mit ausführlicherem Inhalt, ging an Eva, eines an Johansens Mutter, dann folgten solche an die Angehörigen der anderen Kameraden, an den König und an die norwegische Regierung.

Noch eine Freude stand Nansen bevor. Er erfuhr, daß Prof. Mohn, sein Freund und Verfasser jenes Artikels über die Polardrift, der für die Durchführung der Expedition ausschlaggebend gewesen war, in der Stadt weilte. Im Sturmschritt ging es durch Vardös Straßen, die sich mit debattierenden Menschen füllten, dann hinein in das Hotel, wo ein erstaunter Portier Auskunft gab und ihm bedeutete, daß Prof. Mohn seine Mittagsruhe hielt. Was scherte sich Nansen an solch einem Tag um die Mittagsruhe seines

Freundes Mohn. Er donnerte gegen die Tür, riß sie auf und blieb auf der Schwelle stehen. Prof. Mohn, der lesend und rauchend auf einem Sofa lag, sprang auf und starrte entgeistert die lange Gestalt an. Die Pfeife fiel zu Boden, im Gesicht des Professors zuckte das Entsetzen, und dann stieß er die Worte hervor: „Kann es wahr sein? Fridtjof Nansen?"

Als er Nansens Stimme hörte, löste sich der Krampf in seinem Gesicht; Tränen traten ihm in die Augen und er stammelte: „Gott sei Dank, daß Sie noch am Leben sind!"

Dann umarmte er Nansen und dann Johansen.

Erzählungen, Berichte, Neuigkeiten stürzten durcheinander, und sie wären noch Stunden beieinander geblieben, hätte nicht ein anderes Ereignis Nansen an die neue Pflicht erinnert. Vor dem Hotel hatten sich Hunderte Menschen versammelt und warteten auf Nansens Erscheinen. Als er aus dem Fenster blickte, sah er auf allen Flaggenstangen der Stadt und an allen Schiffsmasten im Hafen die norwegische Fahne gehißt. Die neue Aufgabe, die auf ihn wartete, hieß: Ruhm empfangen und Ruhm tragen lernen.

Jede Minute summte ein telegraphischer Gruß, ein Glückwunsch oder eine Nachricht für Nansen in Vardös Telegraphenamt. Die erste war von Eva: „Unfaßliche Freude!" Mit ihr und Liv war alles in Ordnung. Von Nansen fielen alle Sorgen ab, bis auf eine; eine Nachricht fehlte, die Nachricht von der „Fram". Wo war sie? Begann nun neues Warten? Durfte er noch länger zögern, oder war der Zeitpunkt da, seinen „Fram"-Leuten Hilfe zu bringen? Aber wie, wie sollte er etwas unternehmen?

Am 16. August ging die „Windward" wieder in See und traf am 18. August in Hammerfest ein. Tausende erwarteten das Schiff in der nördlichsten Stadt Norwegens, die vom Hafen bis zur höchsten Spitze des Berges geschmückt war: Blumen, Fahnen, Lachen und Freude.

Im Hafen lag das Schiff von Sir George Baden-Powell, die „Otaria". Baden-Powell war von einer wissenschaftlichen Expedition, die ihn nach Nowaja Semlja geführt hatte, soeben zurückgekehrt und rüstete zum Aufbruch nach Norden, um die „Fram" zu suchen. Baden-Powell und Nansen hatten zuletzt in London miteinander gesprochen.

„Wo soll ich Sie suchen, wenn Sie zu lange ausbleiben?" hatte Sir George am Ende ihrer Unterhaltung gefragt.

„Nun, ich kann mir keine andere Gegend denken als Franz-Joseph-Land", hatte damals Nansen erwidert.

Baden-Powell war gekommen. Aber auch Nansen war gekommen. Nansen zog auf die Jacht, die ihm Sir George zur Verfügung stellte.

Sie sprachen über die „Fram". Die Sicherheit, mit der Nansen in alle Welt telegraphiert hatte, daß er sein Schiff im Herbst zurückerwartete, war von ihm gewichen. War die „Fram" neuerlich vom Eis eingeschlossen worden? Mußte er noch einen Winter und einen Sommer warten, bis er Gewißheit haben konnte?

Am Abend kam auch sie, die dem Schiff den Namen gegeben hatte: seine Frau Eva. Auf der Jacht Sir Georges, des Freundes, begegneten sie einander wieder, der Einsame aus dem Eis und die Einsame aus der Stadt. Während er gelebt hatte in der Welt des Schweigens und des Todes, hatte sie drei lange Jahre geschwiegen und gewartet in der Welt des Lebens. Nun war alles gut; die Gerüchte, daß die „Fram" gesunken und alle umgekommen seien, waren verstummt und vergessen.

Am 20. August holte Baden-Powell am Morgen Nansen aus seiner Kajüte.

„Ein Mann will Sie sprechen."

„Hat es nicht Zeit?"

„Nein, es sei dringend und von größtem Interesse."

Der Chef des Telegraphenamtes wartete im Salon. Nansen empfing stumm aus der Hand des Mannes ein Telegramm und riß es mit zitternden Fingern auf. Das einzige, was ihn brennend interessierte, war der Verbleib der „Fram". Sonst nichts. Glückwünsche zu empfangen freute ihn, doch hätte das auch später Zeit.

Nansen las: „Skärvö, 20. August 1896, 9 Uhr vormittags. An Doktor Nansen. ‚Fram' heute in gutem Zustand angekommen. Alles wohl an Bord. Gehe sofort nach Tromsö. Willkommen in der Heimat! Sverdrup."

Sie sahen Nansen an, Baden-Powell, Johansen und der Mann vom Amt, sie sahen seine bebenden Finger, sie sahen die Blässe in sein Gesicht springen und die sinkenden Arme, sie sahen die Lippen sich bewegen und einen Satz formen und hörten seine Stimme, warm und leise: „Die ‚Fram' ist angekommen!"

Und wieder: „Die ‚Fram' ist angekommen!"

Und ein drittes Mal mit erstickter Stimme: „Die ‚Fram' ist angekommen!"

Die Erlösung war da. Die Schatten eines Unheils waren gewichen und machten einem übermächtigen Glück Platz, das so groß war, daß es fast schmerzte und ihn verstummen ließ, während seine Freunde in lauten Jubel ausbrachen, einander um den Hals fielen, lachten und schrien.

„Die ‚Fram‘ ist da!"

Der Satz sprang von Bord zu Bord, durcheilte den Hafen und die Stadt. Von den Schiffen brausten die Hurras, und in den Gassen sprachen die Menschen von nichts anderem.

Die „Otaria" löste die Leinen. Nansen saß im Salon der „Otaria" und sah die Küste vorbeiziehen, eine Küste im Festkleid mit winkenden Menschen, und wartete auf den Fjord, der die „Fram" hütete. Das letzte Glied mußte noch eingefügt werden in die Kette, dann war die Aufgabe erfüllt, dann war Nansen in der Heimat.

Die Besatzung der „Fram" jubelte ebenso, als sie von der Heimkehr Nansens und Johansens erfuhr. Am 13. August – dem Tag, an dem Nansen und Johansen Norwegen erreichten – kam die „Fram" aus dem Eis heraus. Eine Woche später glitt das Schiff nachts in den Hafen von Skärvö. Sverdrup sprang mit einem Kameraden in das Beiboot und ruderte zum Hafen, ehe noch der Anker gefallen war. Sie stürmten zur Telegraphenstation und hämmerten mit den Fäusten gegen das Tor. Es war halb drei Uhr morgens, und es dauerte eine Weile, bis ein verschlafenes Gesicht am Fenster erschien.

„Zum Donnerwetter, was soll der Lärm mitten in der Nacht?"

„Ja, ja, es ist eine Schande", antwortete Sverdrup, „aber Sie müssen so freundlich sein und aufmachen. Ich bin von der ‚Fram‘."

„Was?" rief der Mann, riß die Augen auf und schlug das Fenster zu. Wenige Sekunden später öffnete er die Tür. „Willkommen zu Hause. Bitte kommen Sie nur herein. Etwas Geduld, ein bißchen warten – ich sperre gleich den Laden auf."

„Das mit dem Warten ist nicht so schlimm", sagte Sverdrup, „wenn ich nur wüßte, was mit Nansen und Johansen ist."

„Da kann ich Ihnen Auskunft geben", erwiderte der Telegraphenbeamte, „sie sind am 13. August in Vardö angekommen und befinden sich in Hammerfest."

„Nansen ist da?" schrie Sverdrup.

Der Beamte nickte. Sverdrup rannte zur Tür, um dem anderen die freudige Neuigkeit mitzuteilen.

„Nein, ist es wahr? Was für eine Freude! Und so ein Zufall, daß die beiden an dem Tag in Norwegen angekommen sind, wo wir aus dem Eis herauskamen!" Er machte kehrt, lief in den Hafen, um allen anderen die Nachricht zu bringen.

Kurz darauf krachten zwei Schüsse vom Deck der „Fram", und laute Hurrarufe weckten die kleine Stadt.

Tromsö. Da lag die „Fram"! Sie lag breit und wettergebräunt im Hafen, ihre hohe Takelung schwankte leicht in der Dünung, ihr stolzer Rumpf ruhte mächtig in der blauen See, im Fjord, in norwegischem Gewässer. Nansen stand an der Reling, als die „Otaria" längsseits aufkreuzte.

„Das habt ihr gut gemacht, Jungens!" schrie er hinüber und viele Hurras kamen zur Antwort. Sie kamen von der „Fram", von der „Windward", von allen Schiffen. Dann dröhnten die Kanonen von Tromsö, und im Donner der Geschütze stürmte die Besatzung der „Fram" die „Otaria".

Am Fallreep stand Nansen und wurde umarmt. Sverdrup, Mogstad, Blessing, Juell und wie sie alle hießen, weinten und lachten vor Freude, und ein gemeinsames, großes Gefühl umschloß sie und trieb sie zusammen: Wir haben unsere Aufgabe erfüllt – wir sind wieder in Norwegen.

Nach siebzehn Monaten Trennung waren sie wieder beisammen und begannen den letzten Teil der Reise gemeinsam. Den Geleitzug führte der Schlepper „Haalogaland" an, dann folgte die sichere und schwere „Fram" und den Abschluß machte die „Otaria".

Die Begeisterung lief die Küste entlang nach Süden, erweckte die Ufer, griff auf das Meer hinaus nach den Schiffen: winkende Hände in den Fjorden, winkende Hände auf Booten und Ausflugsdampfern, von Schären und Klippen, von Dörfern und einsamen Gehöften.

Frostig biß der Wind. Die „Haalogaland" vergrößerte die Fahrt, die „Otaria" folgte dicht und zog im grauen Morgen durch den Bränösund. Ein alter Fischer quälte sich in seinem Boot breitseits der „Otaria" und versuchte Schritt zu halten. Nansen blickte auf den Alten hinab. Der ruderte und und ruderte und rief zu ihm hinauf: „Sie wollen keine Fische kaufen?"

„Nein, ich glaube nicht."

Schweigen und wilde Ruderschläge.

„Vielleicht können Sie mir sagen, wo Nansen ist? Ist er an Bord der ‚Fram'?"

„Nein, er ist an Bord dieses Schiffes", sagte Nansen.

„O, können Sie nicht machen, daß ich an Bord kommen kann? Ich möchte ihn gern sehen."

„Ich fürchte, das wird nicht gehen. Die Zeit drängt, und man muß dazuschauen, rechtzeitig in Christiania zu sein."

„Das ist schade. Ich hätte ihn so gerne gesehen."

Er arbeitete angestrengt, und er atmete heftig. Es wurde immer schwerer mit der Jacht mitzukommen, aber er gab nicht auf. Er starrte unverwandt in Nansens Gesicht und ruderte und ruderte.

„Da Sie den Mann so dringend zu sehen wünschen, so sage ich Ihnen, daß Sie ihn jetzt sehen", rief Nansen lächelnd hinunter.

„Ach nein! Ach nein! Ich habe es mir doch gleich gedacht! Willkommen in der Heimat!"

Dann ließ der alte Fischer die Ruder fallen, stand im Boot auf und nahm die Mütze ab.

Am 9. September fuhr der Geleitzug in den Christianiafjord ein. Kriegsschiffe übernahmen die Führung, Torpedoboote flankierten das Geschwader, 130 Schiffe folgten der „Fram", gesteckt voll von rufenden und winkenden Menschen; der Strand, die Klippen, die Barkassen, die Fischerboote waren voll von Menschen, die Balkone, die Dächer und Fenster voll von Menschen, und überall Flaggen, Wimpel, Fahnen, flatternde Taschentücher, geschwenkte Hüte.

Die Kriegsschiffe schossen Salut. 13 Schüsse donnerten aus allen Rohren. Die Festung Akerhus antwortete mit 13 Böllern. Das Echo rollte durch die Bucht. Dann war es sekundenlang still, und dann raste ein vieltausendstimmiges Hurra durch den Fjord. Da stieß Peder Hendriksen einen tiefen Seufzer aus und sagte zu Nansen: „Du Nansen, das mag alles ganz schön und gut sein, aber weißt du, was? Es ist zu laut. Ich denke ans Eismeer. Da hatten wir's gut."

Ein Boot holte Nansen und seine Männer zum Ehrenkai. Aufrecht und ernst stand Nansen im Boot, das Gesicht blaß und verschlossen, gezeichnet von der langen Fahrt durch das Eis. Seine Augen blickten jetzt, im Zeitpunkt größter Ehrung, weit hinaus zu dem Ufer, wo sein Haus stand, sein Garten war und die Bank, auf der Eva gesessen war, als er Norwegen verließ.

Sie, die Gemeinschaft, stiegen an Land. Die norwegische Hymne erklang: Ja, vi elsker dette landet – Ja, wir lieben dieses Land. Die Menschen standen entblößten Hauptes. Niemand, der dabeigewesen war, vergaß den ergreifenden Augenblick, der ein großer war in der Geschichte Norwegens.

Arbeit in der Heimat

Der Abend senkte sich über den Fjord. Der Lärm der Feste war verrauscht, die Stille kam zurück. Nansen saß am Ufer des Fjordes. Hinter seinem Rücken stand schwarz der Fichtenwald, in der Ferne verglühte auf einer Klippe ein Feuer, das ihm zu Ehren angezündet worden war. Die See plätscherte in kleinen Wellen gegen das Ufer. Nansen war zu Hause.

Was war nun Wirklichkeit? Träumte er? Oder war er eben aufgewacht nach einem mühsalbeladenen Traum? Der Anblick schaukelnder Sterne im Meer führte seine Gedanken bis zu jenem verregneten Junimorgen zurück, an dem er diesen Strand verlassen hatte. Mehr als drei Jahre waren vorübergegangen. Er hatte gekämpft, er hatte gesät – jetzt war die Erntezeit gekommen. Was aber war die Ernte? Ruhm? Davon hielt er nichts. Achtung? Anerkennung? War er ein neues Leitbild für die Jugend geworden? Er wußte es noch nicht. Das Leben hier war ihm noch zu fremd, zu laut. Er vermißte die schweigende Gemeinsamkeit seiner Gefährten, und doch schluchzte und weinte es in ihm vor Freude und Dankbarkeit.

Das Eis und die flammenden Nordlichtnächte, die Sonnenmonate und die Qual, die Kälte, der Durst, der Hunger rückten ab wie ein ferner Traum, ein Traum, der jedoch immer wiederkehrte, der ihn nie mehr verließ. Er hatte das Abenteuer des Eises erlebt; es war das Abenteuer seines Lebens, eines Lebens an der äußersten Grenze des Daseins. Es war das Schweben zwischen Sein und Nichtsein, das Schreiten auf der Schneide der eigenen Existenz, das ihn berauscht hatte und ihn festhielt für alle Zeit. Die Welt des Eises gab ihn nicht mehr frei. Eine völlige Wiederkehr in die gleichförmige Welt des Bürgers war ihm nicht mehr möglich.

Als er über den Hang zu seinem Haus emporschritt, da fühlte er, daß es nur einen Menschen gab, der ihn halten konnte, der ihm Ruhepol und Mittler zwischen den Welten sein konnte, von denen er nicht wußte, welche die wirkliche war: seine Frau Eva.

Nansen war Norwegen, Norwegen war Nansen. Aber er gehörte plötzlich der ganzen Welt. Er gehörte den Akademien, den wissenschaftlichen Gesellschaften, den Institutionen, den Herrschern und Präsidenten, den Geldmagnaten und der High-Society, er gehörte Europa und Amerika – er gehörte vorübergehend nicht mehr sich selbst. Sie alle behängten ihn mit Orden, Medaillen, Sternen, sie zerrten ihn in das Rampenlicht des Ruhms, sie feierten ihn und sie beteten ihn an. Das Wesen, das Wesentliche, blieb ihnen verborgen, die Sensation war ihnen mehr, und deshalb schleppten sie Nansen im Triumph von Großstadt zu Großstadt, stießen ihn in überfüllte Hallen und forderten ihren Tribut. Sie hoben ihn auf den Podest des Siegers und verlangten dafür Nervenkitzel.

„Was soll ich unter all diesen Leuten, die mich nichts angehen!" stieß er hervor. Die Worte seines Gefährten fielen ihm ein, die dieser ihm ins Ohr geraunt hatte, als sie im Triumphzug den Christianiafjord hinaufgedampft waren: „Du Nansen, das mag alles ganz schön und gut sein, aber es ist zu laut . . ."

Tamtam – Lärm – Sensation. Sein Gesicht wurde starr. Die Menschen verstanden ihn nicht. Was sie in ihm erblickten, wollte er nicht sein, was er war, konnten sie nicht erkennen. Er fühlte sich einsam, fremd in gewohnter Umgebung, arm und leer. Wenn er sich jemandem anvertraute, dann war es sein Tagebuch.

„Ich reise in eine große, öde Wüste, und das Leben ist leer", schrieb er. „Die Seele ist wie ausgewaschen, geplündert, von Unberufenen durchstöbert, so daß man davonlaufen und sich verstecken muß, um sich selbst wiederzufinden."

Sich selbst wiederzufinden! Wann sollte er das, wie konnte er dem Trubel entfliehen? Während er im Zug saß, der über die Ebenen Kanadas raste, zu neuem Triumph und zu neuer Begeisterung, setzte er die Worte in sein Tagebuch: „Haben Leiden, Entbehrungen und Sehnsucht mich so mitgenommen? Immer weniger vermag ich die Fäden in meinem Gehirn zu entwirren. Hoffnungslos starre ich ins Leere. Und während ich dahinfahre, sitze ich da und schaue hinaus, doch ich finde keine Antwort . . ."

Er stellte Fragen, die keine Antwort erlaubten. Er wollte dem Sinn des Daseins auf die Spur kommen, den wahren Wert des Lebens endgültig analysieren, griffbereit haben, um sich anderen Dingen endlich hingeben zu können. Er foderte Unmögliches von sich und verzagte immer mehr. Die Tagebuchblätter blieben plötzlich lange Zeit leer; die zeigten deutlich, was in ihm vorging.

Er flüchtete aus der weiten Welt wieder in sein Heim am Fjord.

Er schloß sich ein, verkroch sich in sein Turmzimmer und starrte auf das leere Papier. Der Schrei einer Möwe schreckte ihn auf, und sein Blick wanderte durch das offene Fenster in die Nacht, zu den blinkenden Sternen, und ihr kaltes Licht spiegelte das weite Eis, das er durchwandert hatte.

Und in sein Ohr drangen die Rufe zahlloser Krabbentaucher, Alke und Raubmöwen, er hörte das Brummen der Bären und das Schnauben der Walrosse wieder; er hatte plötzlich viele Gesichter, er blickte über die Eishügel, er starrte in die Sturmnacht des Winterlagers, er fühlte die Kälte des Meeres, das er schwimmend durchpflügte, um die Kajaks zu retten ...

Der Stift in seiner Hand flog über das Papier. Er schrieb. Er befreite sich von einer Last, die er nicht erkannt hatte. Während er schrieb, füllte sich seine Seele wieder mit der grausamen Schönheit seiner Reise – und Friede kehrte in ihm ein. Er arbeitete rastlos an dem großen Erlebnis der „Fram"-Fahrt, und nach einem Jahr intensiven Schaffens schickte er seinen Expeditionsbericht hinaus in die Welt.

Ob in Europa oder in Amerika, wo immer die Menschen das Buch „In Nacht und Eis" aufschlugen, fanden sie auf der ersten Seite die Zeile, die Eva gewidmet war: „Ihr, die das Schiff getauft und den Mut hatte zu warten!"

Mit diesem Buch begann ein neues Kapitel der geographischen Literatur. Es war kein trockener Rechenschaftsbericht, keine Aufzählung des verwendeten Materials, keine sachliche Statistik, keine Sammlung von Vermessungstabellen und von geographischen Daten; rückhaltlos offenbarte Nansen seine Kämpfe und Zweifel, seine Taten und Träume. Er ließ die Menschen mit seiner Arbeit die Schönheit, die wilde Einsamkeit und die grausame Härte der Eiswüste erleben.

Die Wissenschaftler waren fasziniert, die Laien gebannt und begeistert. Das Echo aus der Welt kam nach „Polhögda", in Nansens neues Heim, das über Lysaker auf einem Hügel stand. Briefe, Berge von Briefen kamen und Dank stand in allen: Dank für herrliche Stunden; Dank für das Aufzeigen eines neuen Lebensstils; Dank für Errettung aus großem Unglück. Eine Frau schrieb, daß ihr das Buch in Augenblicken tiefster Verzweiflung in die Hände gefallen war und ihr das Leben gerettet habe.

Nansen wunderte sich und vermerkte in seinem Tagebuch: „Ist es nicht traurig, daß man imstande sein soll, anderen zu helfen, und dabei selbst so hilflos ist! Es ist verhängnisvoll, Wein einzuschenken, wenn man selbst die Fähigkeit zum Trinken verloren hat!"

Noch immer fehlte ihm die große Einsicht. Er begriff noch nicht, daß die Schau in die Tiefen und Höhen des Lebens nur wenigen geschenkt wurde, daß er einer der wenigen war und dafür bezahlen mußte. Grausam lieben die Götter diejenigen, die sie auszeichnen. Vereinzelt, ausgeworfen aus der großen Masse, schreiten sie durch das Leben, an ihre Sendung gekettet und ohne Hoffnung auf Zufriedenheit und inneren Frieden.

Während Nansen schrieb, arbeitete auch die Wissenschaft. Die Gelehrten stürzten sich auf die Ergebnisse der „Fram"-Reise und werteten sie aus. Die Tatsache, daß das Polarbecken 2 000 bis 3 500 Meter tief und stellenweise noch tiefer war, erregte ungeheures Aufsehen. Nicht weniger bedeutungsvoll waren die Erkenntnisse über die langsamen Strömungen unter dem Eis, von dem wärmeren treibenden Wasser unter einer kälteren Oberflächenschicht.

Alle Welt hatte auf festes Land gehofft, die Wissenschaftler hatten es vermutet, Nansen bewies das Gegenteil. Eis, nichts als Eis, treibendes, splitterndes, knirschendes Packeis. Seine meteorologischen und magnetischen Messungen erlaubten Rückschlüsse auf den Bau der Erdrinde, ermöglichten eine verbesserte Vorschau auf das Wetter und auf die klimatischen Veränderungen. Nansens Grönlandreise und die Fahrt der „Fram", seine Wanderungen durch das Eis, seine Ausrüstung, die Methode seiner wissenschaftlichen Arbeit wurden wegweisend für die künftige Polarforschung. Die Stadt Christiania wurde das geistige Zentrum aller Polarforscher und der Ort der speziellen Schlittenindustrie. Sie kamen zu ihm um Rat, um die Sanktionierung ihrer Pläne – Scott kam, Amundsen kam; wenn sie sein Haus verließen, waren sie bereichert, bestärkt, zur Durchführung ihrer Aufgaben bereit. Nansen hatte den Blick für das Wesentliche. Er hatte ihn auch dann, wenn es um die Beurteilung von Menschen ging. Er setzte sich nie für einen Scharlatan, für einen zügellosen Abenteurer ein, er sah richtig, er urteilte schnell, er verschenkte seine Erfahrungen mit sicherem Instinkt an die, die sein Erbe weitertragen sollten. Erbe? War es schon soweit? Zählte er bereits zum alten Eisen? Wenn er in seiner Arbeit innehielt und aufblickte, dann merkte er, wie die Zeit draußen vorbeiraste. Dann schob er die Stapel wissenschaftlichen Materials zur Seite und griff zum Tagebuch: „Immer wieder dieselbe Frage, die einen anstarrt, sobald man sich Zeit nimmt, innezuhalten und sich umzuschauen: Ist's das Glück, das spärlich in ein Meer von Entbehrungen tröpfelt? Sternschnuppen in der Nacht, die sie nur um so finsterer machen? – Ein unablässiger Durst nach dem, was wir nicht erreichen – ein Durst, der einmal stirbt, aber nie gelöscht wird. Ja, dieser gibt dem Leben Inhalt, aber kaum Sinn. Ein Jagen, das erst an der Schwelle zum Nirwana aufhört, wo alles still und erhaben wird und alle Menschennot in den Schoß des Großen zurücksinkt. – Aber einmal noch werden die Schwingen sich ausbreiten, noch ein Flug, und dann mit allen Kräften hinüber – jenseits der Hochebenen – jenseits der Gipfel und Gletscher – dorthin, wohin niemand folgt. Oh, du mutiger Träumer!"

Er schloß das Tagebuch, schob den Stapel seiner Tabellen, Kurven, Berechnungen, Zahlenreihen und Berichte näher und arbeitete weiter. Die wissenschaftlichen Ergebnisse formten sich unter seinen Händen zu einem sechsbändigen Werk: „Die norwegische Nordpolexpedition 1893 bis 1896."

Nansen erhielt einen Lehrstuhl an der Universität in Christiania. Er unterrichtete Ozeanographie, eine junge, handfeste, zweckgerichtete Wissenschaft. Er plante, ein Zentrallaboratorium zu errichten, in dem die Methoden der Meeresforschung entwickelt werden sollten. Ein neues Ziel hatte ihn gepackt und beschäftigte ihn. Das Meer, die große Unbekannte im Zweig der Naturwissenschaften, verlangte nach einem Pionier. Was hatte es mit den Meeresströmungen auf sich, wo kamen sie her, wo gingen sie hin, wie verliefen sie? Was ereignete sich in den Abgründen des Ozeans? Welch ein Irrtum zu glauben, die Tiefen des Meeres ruhten in unveränderlicher Unbewegtheit. Um dies alles zu erforschen und wissenschaftlich zu belegen, bedurfte es neuer Hilfsmittel, neuer Meßinstrumente. Nansen konstruierte sie: Thermometer, die Meerestemperaturen bis auf ein Hundertstel Grad genau messen; einen Wendewasserschöpfer, der zuverlässige Wasserproben aus jeder Tiefe an Bord holte; Strommesser für schwächere Strömungen; Apparate zur präzisen Bestimmung des Salzgehaltes; besondere Fangnetze zum Tiefsee-Fischfang. Dazwischen lieferte er Aufsätze, bereitete Vorlesungen vor, schrieb Abhandlungen, vervollständigte sein Naturwissenschaftliches Kabinett, ergänzte seine Bibliothek und erübrigte noch genügend Zeit für Eva, seine Tochter Liv und für seinen neugeborenen Sohn Kare.

„Was ist das doch für eine Lust, wieder zu schaffen; so wie jetzt ist mir die Arbeit wohl nie von der Hand gegangen", schrieb er in sein Tagebuch. „Neue Gedanken und Gesichter quellen ständig hervor. Dinge, über die ich lange nachgedacht habe, klären sich nun allmählich. Es ist, als wäre ich im Nebel gegangen, ohne den Weg zu finden. Dann plötzlich zerreißt der Nebel, ich kenne mich wieder aus – es schwindet das Grau, immer mehr weitet sich mein Ausblick – schneller fast, als ich zu folgen vermag – und auf einmal liegt das ganze Gefilde sonnenhell und klar vor mir, weite Perspektiven eröffnen sich. Und jeder Schritt trägt mich näher zum Ziel – ja, da ist das Wandern eine Lust."

Die Arbeit war sein Leben, sie war ein Teil seines Glücks. Er war stark, stärker denn je. Woher kam, woher schöpfte er die Kraft? Manchmal, wenn er Lust verspürte, packte er Angel und Gewehr und zog in die Berge; wenn ihn das zivilisatorische Getriebe, die gesellschaftliche Heuchelei, das wesenlose Geschwätz wichtigtuerischer Biedermänner anekelten, dann flüchtete er auf das Fjell. Dort fand er Ruhe, dort suchte er die Plätze auf, an denen er seine Jugend verbracht hatte. Tief atmete er die Luft der Freiheit ein, wurde Jäger, Fischer, Waldläufer. Er vergaß Pflichten und Arbeit, wunderte sich über das emsige Kleingetriebe, das die Menschen in den Städten festnagelte und ihnen zum Ausgleich nichts als Banalitäten schenkte. Er folgte stundenlang, bis ihn die Nacht zum Halten zwang, einer Renherde, durchwatete Bäche, kauerte auf einem Felsblock, während der Regen auf ihn herabstürzte, und schlich durch dampfenden Nadelwald, um das Wild zu erlegen. Er schleppte das erjagte Tier nachts zurück in seine Steinhütte, weidete es aus, entzündete ein offenes Feuer und briet eine Lende. Dort saß er, allein, wie ein Urmensch, die nassen Kleider rings um das Feuer gebreitet, und war er selbst. Hier in den Wäldern und auf den Fjellen fand er neue Schaffenskraft. Er saß an der Quelle des Lebens, belauschte die Natur, die nie stirbt, sondern sich stets erneuert, und fühlte sich eins mit dem, was ihn umgab. Wenn die dicken Nebel am nächsten Tag zerflatterten und die Sonne auf den Gräsern funkelte, kletterte er auf einen Hügel und saugte den Morgen zufrieden in sich ein. Weit hinaus reichte der Blick in die dunstigen Täler Telemarks, erhaschte das dunkle Auge des Sörkjesees und wanderte die Höhen empor, von denen die Firnzungen glänzten. Schweigen war um Nansen und Einsamkeit. Er brauchte das Alleinsein, denn es vertiefte seine Liebe zu den Freunden, es war eine Reinigung und Klärung seiner Empfindungen, und alle, die ihn kannten, wußten, wie glücklich er war, wenn er wiederkehrte von seinen einsamen Streifzügen. Ruhe war in ihm, der Duft von Birken und Tannen war um ihn und ein sanftes Lächeln, und ein heiteres Verzeihen für die in ihrer engen Welt befangenen Menschen strahlte von ihm aus. Gewiß, er blieb auch dann eine Insel in der Umgebung geschäftiger Äußerlichkeiten. Er hielt nichts von dem dünnen Firnis der „Kultur", der den Menschen anhaftet. Er wußte die tiefen Werte des Lebens zu schätzen, und über das Getriebe in der Stadt schrieb er: „Ja, das Leben! Was haben wir Menschen daraus gemacht? Eine endlose Reihe von Trivialitäten und Kleinlichkeiten! – Alles ist Mode geworden. Unser ganzes Leben ist darauf eingerichtet, auf andere zu wirken – ist nicht so eingerichtet, wie wir selbst gerne möchten, sondern so, wie die anderen, der große Haufe, es wollen. So wohnen wir, so kleiden wir uns, so speisen wir, so schlafen wir, so arbeiten wir, so denken wir, ja – so lieben wir . . . *Ein größerer Geist muß kommen, der den Zug umlenkt und uns höher hinaufführt zur Einfachheit. Kommt er nicht, dann gehen die Menschen zugrunde.*"

Er schritt diesen Weg. Er stapfte durch die Hochmoore mit dem geschärften Sinn des Jägers, er tastete sich durch den breiigen Nebel mit dem zielsicheren Instinkt des Fährtensuchers, er bewunderte die Blüten mit dem Auge des Wissenschaftlers, er erschauderte vor der Weite des nächtlichen Sternenhimmels und den ernsten Silhouetten der Berge – und dort, in diesen herrlichen Momenten erglühte er in tiefer, ergriffener Liebe zu allen Dingen, die die Schöpfung vor ihn hinbreitete – auch zu den Menschen.

Er wäre nicht Nansen gewesen, hätten ihn nicht immer neue Aufgaben gereizt. Nansen trug seinen Wunsch der Regierung vor. Die Regierung Norwegens hörte auf sein Wort, hatte Vertrauen zu seinen Ausführungen und glaubte an den Erfolg. Sie verzichtete auf den geplanten Bau eines Kriegsschiffes und gab den Auftrag, statt dessen ein Schiff für Meeresforschung nach Nansens Angaben zu bauen. Mit ihm, dem „Michael Sars", benannt nach dem ersten Meeresbiologen Norwegens, stieß Nansen bis an den Rand des Eises vor. Das Norwegische Meer, der Atlantische Ozean von den Azoren bis nördlich von Spitzbergen wurden gelotet, vermessen, durchforscht und kartographiert.

Nansen war dem Eis wieder nähergerückt. In den wenigen Pausen, die er sich gönnte, kletterte er in den Mastkorb und blickte mit dem Fernglas dort hinüber, wo der Himmel immer weiß war: zum Packeis, in die Welt des Schweigens. Sein Herz klopfte schneller; der peitschende Knall zerspringender Schollen versetzte ihn in die Vergangenheit. Sein Atem wurde leichter, aber seine Sehnsucht nach der grandiosen Einsamkeit, nach dem Rand des Lebens, nach

115

der physischen Bewährung wurde schwerer. In solchen Augenblikken stürzte er sich wie besessen in die Arbeit, um die Zwischenstationen, die er erreichen wollte, aus dem Weg zu räumen. Noch war ja der Pol unbetreten.

Für sein Volk, für Norwegen waren es nicht bloß Zwischenstationen, die er erreichte. Denn er brachte Ergebnisse, die der Wissenschaft seines Landes Aufschwung gaben. Seit Jahrhunderten fischte man nur in Küstennähe und in der Umgebung aller Untiefen. Nansen warf die Netze aus auf hoher See und brachte Heringe, Dorsche und Kabeljau herauf. Er räumte somit alte Vorurteile weg und zeigte der Fischerei neue Wege bis an die Grenze des arktischen Eises. Überdies klärte er das Phänomen der Abdrift des Eises von der Windrichtung und führte sie auf die Erdumdrehung zurück; er entdeckte, daß der Salzgehalt des Meeres um 0,02% zu hoch berechnet worden war. Scheinbar eine lächerliche Korrektur, die aber wissenschaftliche Theorien zusammenstürzen ließ und den Weg frei machte, die Strömungen im Meer richtig festzustellen, und die der Wetterforschung neue Erkenntnisse ermöglichte. Er enträtselte das gefürchtete „Totwasser", jene Schicht Süßwasser über dem Salzwasser, das aus den Flüssen Sibiriens, Nordamerikas, des nördlichen Skandinaviens und vom Schmelzwasser der Gletscher stammt und das die kleinen Schiffe festhielt, als wären sie in eine klebrige Masse geraten. Er entdeckte die Existenz gewaltiger Unterwasserwellen von 40 bis 50 Meter Höhe, er bewies gegensätzliche Strömungsrichtungen in verschiedenen Tiefen, stellte die Behauptung auf, daß in der Tiefe des Meeres ein Strom von Süden nach Norden und nicht von Norden nach dem Süden Europas ziehe. Damit stellte er alle Resultate der Gelehrten auf den Kopf und forderte den Widerspruch der gesamten Fachwelt heraus. Heute stehen Nansens intuitive Erkenntnisse mathematisch bewiesen in jedem ozeanographischen Lehrbuch. Er setzte sich mit dem Wesen des Golfstromes auseinander und erkannte, daß der Atlantische Ozean und das Polarmeer mit ihren Strömungen Wind und Wetter, Klima und Vegetation ganz Europas bestimmen. Er studierte das Planktonleben, und die gesetzmäßigen Zusammenhänge der Natur wurden ihm immer klarer. Golfstrom, Polarstrom, Wetter, Klima, Luftdruck, Wassertemperatur, Schiffahrt, Fischerei, Stürme, Niederschlagsmengen, Ackerbau – alles hat einen ursächlichen, inneren Zusammenhang. Und während er die Fäden zusammenknüpfte, erstanden vor seinem geistigen Auge neue Möglichkeiten des Verflochtenseins aller Erscheinungen. Die Sonnenstrahlung, die Anziehungskraft des Mondes, das arktische Tiefseebecken, die Landerhebungen, die Strandlinien, die Oberflächenformen der Erde und des Meeresbodens bis zum „isostatischen Gleichgewicht" der Erde, alles brachte er in einen Zusammenhang.

Die Aufgaben, die sich Nansen stellte, waren quantitativ zu gewaltig für ihn. Er hätte zehn Leben haben müssen, um allenfalls einen Bruchteil dessen zu bewältigen, wofür er sich interessierte. Es war sogar für eine ganze Nation zu viel. Sein Plan mußte daher Wirklichkeit werden: Das internationale Zentrallaboratorium für Meeresforschung wurde in Christiania gebaut, jene Stätte, in die Nansen seine Anregungen, Erfahrungen, Erkenntnisse tragen konnte, wo sie bewiesen, detailliert und ausgefeilt den Weg in die wissenschaftliche Welt antreten sollten zum Nutzen der Fischerei, der Schiffahrt, zum Nutzen der ganzen Menschheit.

Als der „Michael Sars" nach Norwegen zurückkehrte, war sein Zweck mehr als erfüllt. Er brachte dem Land nicht nur Gewinn, sondern neue Anerkennung von allen Kulturstaaten. Der Mann, der ihn zurückbrachte, vergrub sich in seinem Heim, um alle Erfahrungen auszuwerten und einen weiteren Schleier vom Antlitz der Erde zu lösen, das sich noch hinter tausend anderen verhüllt.

Sein Heim. Polhögda war mehr als ein Heim. Es war seine Burg. Oben im Turm lag Nansens Allerheiligstes. Niemand durfte zu ihm, der nicht besondere Erlaubnis hatte.

Hier auf Polhögda kamen noch drei Kinder zur Welt: Nach Irmelin kam Odd, und fünfzehn Monate nach ihm Asmund.

Hier feierte Nansen auch seine Feste. In der Öffentlichkeit blieb er kühl und zurückhaltend, zu Hause, in Lysaker, pflegte er zu feiern, wie er eine Feier verstand. Drei Tage lang dauerte ein Fest und unterbrach die spartanische Lebensführung, wie sie im Hause Nansen ansonsten herrschte.

Streng waren die Pflichten verteilt, die auch die Kinder zu beachten hatten. Wenn eine schlechte Schulnachricht ins Haus flatterte, dann gab es im Turmzimmer Nachhilfestunden, die gefürchtet waren.

Bei schönem Wetter ritt Nansen mit Eva und Liv aus: er auf einem nicht eingerittenen Hengst aus Gudbrandstal, Eva und Liv auf kleinen Islandponys.

Nansen kam selten in die große Stadt. Er haßte sie. Kam er einmal nach Christiania und blickte durch die Fenster des Grand-Cafés, sah er dort die Menschen hinter hohen Gläsern mit Whisky und Soda sitzen, so zuckte er bloß mit den Schultern.

„Jeder nach seiner Fasson", murmelte er dann vor sich hin und sah dazu, daß er wieder nach Lysaker hinauskam.

Jetzt ritt er nicht aus, jetzt feierte er keine Feste und kümmerte sich nicht um den Haushalt – jetzt arbeitete er.

Während er arbeitete und seine Erfahrungen niederschrieb und seine Bücher hinausschickte in die Welt, war noch immer der Traum in ihm lebendig: das Eis und der Pol. Sein Traum – er gehörte zu seinem Leben wie die Arbeit; sein Traum war kalt, gefühllos, unbarmherzig. Der Traum zog ihn immer wieder in den Bann, und alles, was Nansen dachte und woran er arbeitete, trug den Keim in sich, für das große Ziel von Nutzen zu sein. Ziel? War es ein Ziel? Gab es im Leben wirkliche Ziele? Was würde dann sein, wenn er sie erreichte? Was kam nachher? Vielleicht war der Weg zum Ziel schon selbst Ziel? Dann mußte er den Weg beschreiten, der ihm vorgezeichnet war.

Politische Klugheit

Norwegen, das Land am Rande Europas, was war das für ein Land? Gehörte es zu Dänemark, war es ein Teil Schwedens, hatte es eine monarchische oder republikanische Staatsform? Sprach man norwegisch oder dänisch? Oder schwedisch? Oder drei Sprachen wie in der Schweiz? Man wußte in Europa gegen Ende des 19. Jahrhunderts wenig von dem Volk der Fischer und Bauern, von den Fjorden und Fjellen, von den Gletschern und Tundren; es war ein Land der Armut, der Nebel, des Regens, der Sagen und Mythen, ein Außenseiter in der europäischen Kultur- und Zivilisationsgemeinschaft, es war ein kaltes, barbarisches Anhängsel im finsteren, hohen Norden. So glaubte man. Erst als eines Tages die Lieder Edvard Griegs in den Musiksälen der europöischen Metropolen erklangen, als Björnstjerne Björnsons Erzählungen in allen Bücherläden erschienen und Henrik Ibsen von den bedeutendsten Bühnen der Welt der verlogenen Gesellschaft einen Spiegel vor das Gesicht hielt, da wurde die Welt auf Norwegen aufmerksam. Norwegen war nicht mehr die dunkle Provinz irgendeines nordischen Landes, Norwegen schien von Menschen bewohnt zu sein, die Norweger waren. Dann kam Nansen. Er war wie ein Sturmwind, der durch seine Taten und Bücher jung und alt begeisterte, das Interesse aller Schichten fesselte und in Europa und in Amerika sein Land Norwegen, sein Volk, seinen Staat in das Bewußtsein der Menschen rückte.

Er, der ausgezogen war, um das Grönlandeis und das Eismeer zu bezwingen, war Norwegen; seine Gefährten, seine „Fram" waren Norwegen. Als er wiederkehrte, kehrten nicht er und seine Gefährten und die „Fram" zurück, sondern Norwegen lief wieder ein in den sicheren Hafen. Sie hatten Norwegens Flagge in das Eis gerammt, sie feierten, gleichgültig, auf welcher nördlichen Breite, den 17. Mai, den Tag, an dem sich Norwegen 1814 eine Verfassung gegeben hatte.

Um das Jahr 1400 war die Krone des früher so mächtigen Wikingerreiches nach Kopenhagen gelangt. Der dänische König hielt nun drei nordische Länder in seiner Hand. Schweden löste sich bald von der Union und baute sein Reich zu einer Großmacht aus, während Norwegen, seiner geistigen Führer beraubt, unter dänischer Vormundschaft blieb. Die Verwaltung, die Kirche und die Schule waren dänisch, aber die Fischer und Bauern, die an ihrer Tradition, ihrer Freiheit und ihrer Kultur festhielten, blieben norwegisch, sie retteten Norwegen aus der Zeit Harald Schönhaars in das beginnende 19. Jahrhundert. Als Dänemark mit dem Sturz Napoleons Staatsbankrott machte, mußte es 1814 Norwegen an Schweden abtreten.

Aber Norwegen witterte die Freiheit. Schon knapp vorher, am 17. Mai 1814, war die Norwegische Nationalversammlung in Eidsvoll zusammengetreten, hatte sich von Dänemark unabhängig erklärt und sich eine eigene Verfassung gegeben. Schweden jedoch war nicht großzügig genug, auf das Land zu verzichten und rückte im Herbst mit seinen Truppen an die Grenze, um Norwegen mit Waffengewalt unter seine Oberhoheit zu zwingen. Es kam zu keinem ernsthaften Kampf, sondern zu Verhandlungen, die zwischen dem schwedischen Grafen Bernadotte und den Männern von Eidsvoll geführt wurden. Hier trat Fridtjof Nansens freiheitshungriger und gerechtigkeitsliebender Großvater auf den Plan. Er setzte durch, daß Norwegen in keiner anderen Weise als durch die gemeinsame Person des Königs an Schweden gebunden sein sollte und dem Nachbarland innerhalb der Union in jeder Hinsicht gleichgestellt sein müsse.

Bernadotte stimmte zu. Norwegen war ein diplomatisches Meisterstück gelungen. Entgegen dem Willen der europäischen Großmächte vollzog es eine Revolution ohne Gewalt, gewann seine nationale Unabhängigkeit, besaß also das Recht auf eigene Verwaltung und war nur in der Außenpolitik an den schwedischen König gebunden. Trotzdem lag in diesem Bündnis von vornherein der Keim der Zwietracht. Schweden hoffte, mit der Zeit Norwegen vollends beugen zu können. Norwegen hoffte, ermuntert durch die Revolutionen der Jahre 1830 und 1848, seine völlige Unabhängigkeit zu erreichen. Die Spannungen nahmen zu, wurden von den differenten Entwicklungen gefördert, die beide Länder durchmachten. Das arme demokratische Norwegen hatte sämtliche Titel und Vorrechte des Adels abgeschafft. Das reiche aristokratische Schweden empfand das als einen Schlag ins Gesicht. Als Norwegens Flotte rasch wuchs und die schwedische in den Schatten stellte, Norwegen freien Handel trieb und vom Export lebte, schloß sich Schweden durch einen Schutzzoll ab und kündigte das Freihandelsabkommen zwischen Norwegen und Schweden auf. Was verband noch die beiden Staaten? Der König, der die Außenpolitik Norwegens lenkte? Auch dieses Band wurde durchschnitten, als 1884 das schwedische Parlament entschied, der Außenminister sei in Hinkunft nicht mehr dem König, sondern nur mehr dem schwedischen Parlament verantwortlich.

Konfliktstoff reihte sich an Konfliktstoff. Norwegen protestierte, mußte jedoch als der Schwächere klein beigeben. Mittlerweile war die Handelsflotte Norwegens zur drittgrößten der Welt angewachsen. Norwegische Schiffe befuhren alle Meere, legten in allen Häfen der Welt an – dort saßen schwedische Konsuln. Norwegen pochte auf sein Recht, durch eigene Konsuln vertreten zu sein. Der König lehnte ab, unterstützt vom schwedischen Parlament, die norwegische Regierung trat zurück. Eine neue Regierung wurde gebildet, neue Forderungen wurden an das schwedische Parlament gestellt, neue Ablehnungen trafen in Christiania ein. Darauf folgte eine Ministerkrise – und eine neue Regierung. Und von nun an trug der norwegische Storting jedes Jahr die Forderung nach einem eigenen Konsulardienst vor; die schwedischen Diplomaten verstanden es, die für Norwegen lebenswichtige Sache fünfzehn Jahre lang hinauszuschieben und zu hintertreiben. Sie verhandelten, vertagten, bildeten einen Ausschuß, lösten ihn auf, verhandelten aufs neue, bis endlich eine Klärung nahe schien. Anfang des Jahres 1905 wurden die Verhandlungen plötzlich wieder abgebrochen und von Schweden Forderungen gestellt, die für Norwegen unannehmbar, beleidigend und dem Rechtsempfinden widersprechend waren. Nun drohte eine ernste Krise. Schweden war der Ansicht, Norwegen müßte mit Waffengewalt zur Vernunft gebracht werden. Mit Waffengewalt zu Vernunft! Welch ein Hohn steckte in dieser Drohung. Nie hatte Norwegen, das fast völlig abgerüstet hatte, an einen Krieg gedacht, sondern an Gerechtigkeit und Vernunft, aber an eine Vernunft des kultivierten Geistes geglaubt. Der schwedische Ministerpräsident Boström beharrte auf dem Standpunkt, daß der norwegische Konsulatsdienst unter schwedische Kontrolle gehörte. Zum letzten Mal wurde die Konsulatsvorlage im März eingebracht und von Schweden erneut abgelehnt.

Was sollte nun geschehen? Das norwegische Ministerium war unschlüssig. Die Frage der Konsuln war zu einer Frage der Selbstbestimmung oder Selbstaufgabe geworden. Die Erregung stieg, es herrschte Ratlosigkeit, und die Angst vor einem möglichen Krieg verwirrte die Menschen. Die Zaghaften mahnten zur Vorsicht, die Optimisten rieten zu Verhandlungen. Was sollte nun werden? Diese Frage stellten sich die Menschen auf der Straße, diese Frage prangte in großen Lettern auf den Titelseiten aller Zeitungen. Wer konnte darauf eine Antwort geben? In dieser Stunde der Dunkelheit und der Gefahr eines möglichen Krieges stellte die Zeitschrift „Samtiden" an Nansen die Frage: Was nun?

Die Antwort kam postwendend: „Was nun? – Für mich ist der Kernpunkt der gegenwärtigen Lage folgender: Wir Norweger zweifeln nicht an unserem Recht auf eigene Konsuln. Dieses Recht scheint von schwedischer Seite bestritten zu werden. Daraus ergibt sich für uns die Notwendigkeit, unsere Selbständigkeit in diesem Punkt zu behaupten."

Und jetzt, da ihn die Öffentlichkeit gerufen hatte, legte er seine wissenschaftliche Arbeit beiseite und zerstreute die Wolken der Zweifel. Er schickte der freisinnigen Zeitung „Verdens Gang" in kurzer Folge vier Artikel: „Der Weg", „Männer", „Mut" und „Leichtsinn". Sie waren das Signal der Einigung. Kein Mann, keine Frau, gleich, welchen Standes, konnte sich der Sprache Nansens verschließen, die klar und einfach sagte, was jeder im Lande fühlte und erhoffte. Nichts und niemand trug zu einer schnelleren Einigung und zu schnellerem Handeln bei als der Mann, der Norwegen war.

„Haben wir Norweger vergessen, daß es auch in diesem Land etwas gab, was mehr galt als das mutigste Wort – nämlich die Tat! Große Worte vermögen wahrlich die Stellung nicht mehr zu bessern ... Im Laufe von fünfzehn Jahren ist die anfängliche Lappalie zu einer Sache des ganzen Volkes geworden. Noch wichtiger jedoch ist, daß es jetzt um unsere Selbständigkeit und um unsere Ehre als Nation geht, und da kann weder das Volk noch der König einer Bedenkzeit bedürfen."

Die Begeisterung für Nansens Worte schlug hohe Wogen. Die Verantwortlichen in der Regierung zögerten noch immer und traten weiterhin für Kompromisse ein. Was jetzt? Nansen schickte einen neuen Artikel in die Öffentlichkeit.

„Man sucht uns damit einzuschüchtern, daß es ernst werde, wenn wir den geraden Weg gehen – den einzigen, den wir klar und annehmbar finden. Als ob jemand daran zweifelte! Sie wollen uns damit erschrecken, daß wir dann in Europa isoliert dastehen würden – vielleicht mehrere Jahre lang –, daß wir uns dann auf einen

Überfall der Schweden gefaßt machen müßten. Als ob wir das nicht erwogen hätten und darauf vorbereitet wären! Furcht – damit stehen sie alle bereit; doch wer spricht von Mut? Gibt es nicht auch den Mut eines ganzen Volkes? Das gab es wenigstens früher in Norwegen. – Ein Volk, das sich mit Tagesordnungen und großen Worten begnügt, wenn sein Recht und seine Selbstständigkeit gekränkt werden, macht sich zum Gelächter der ganzen Welt, und, was schlimmer ist: es verliert die Achtung vor sich selbst. Mit jedem feigen Kompromiß, mit jedem krummen Weg nimmt ein Volk Schaden an seiner Seele –."

Mehr und mehr Wankelmütige schwenkten in das Lager Nansens ab; die Ängstlichen vergaßen ihre Angst, die Vorsichtigen schämten sich ihrer eigensüchtigen Motive, die Feigen wurden mitgerissen, und von Hammerfest bis Christiania blickte das Volk vertrauensvoll auf seinen neuen geistigen Führer, auf den Forscher und Wissenschaftler, auf den freiheitsliebenden, haßlosen Gerechtigkeitssucher.

Als er vor dem Studentenbund sprach, forderte er zu sofortigen Handlungen auf. Er verkündete den Weg der Freiheit, der Selbstbestimmung, der die Grundlage war, auf der Einzelmenschen sowie Völker in Frieden miteinander und nebeneinander leben könnten.

Die Antwort auf diese Rede kam spontan, war begeisterte Zustimmung zu Nansens Vorschlag. Der Vorsitzende durchschrie den stürmischen Jubel: „Sie haben geschrieben, daß wir Männer brauchen. Dazu besitzen Sie ein Recht, denn Sie sind ein Mann! Und Sie haben das Recht zu rufen: Mut! Denn Sie haben selbst Mut bewiesen. Sie sagen: Sie können nicht Staatsminister werden, weil Sie aus der Staatskirche ausgetreten sind. Doch ich bitte Sie, denken Sie an die Worte Heinrich IV.: ‚Paris ist eine Messe wert!‘ Nehmen Sie das Ruder in die Hand! In diesem Augenblick sind Sie Norwegens Fahne."

Nansen lehnte ab. Er wollte nur Wegweiser sein, zum Politiker fühlte er sich nicht berufen. Gunnar Heiberg, der einflußreiche Schriftsteller, forderte Nansen gleichfalls auf, den Staatsapparat in die Hand zu nehmen: „Nansen hat in diesen Tagen bewiesen, daß er auch der Politik seinen eigenen Mut, seine Tatkraft, die mit großer Verantwortung verbunden ist, einflößen kann. Es ist nicht die verstaubte Büroverantwortung, nicht die kriecherische Bedenklichkeitsverantwortung, es ist die große Verantwortung des geistigen Heerführers."

Nansen lehnte wieder ab. Er hatte vor, zu seinen Arbeiten zurückzukehren, sobald Norwegens Weg klar entschieden war – und dann wartete noch immer der Pol auf ihn. Jetzt brauchte ihn das Vaterland, und er stellte seine persönlichen Interessen zur Seite und kämpfte mit ganzer Kraft für das Recht.

Das norwegische Kabinett stürzte durch den Austritt eines aufrechten Mannes, des Schiffsreeders Michelsen, zusammen. Michelsen nahm nun die Zügel selbst in die Hand. Seine erste Amtshandlung führte ihn zu Nansen, um den Polarforscher für die Staatsgeschäfte zu gewinnen. Doch Nansen lehnte die Stellung eines Ministerpräsidenten endgültig ab. Michelsen, gestützt auf das gesamte norwegische Volk, bildete eine neue Regierung, deren Programm auf Nansens ausführlichen Unterlagen basierte. So war es doch Nansen, wenngleich er im Hintergrund blieb, der das Schicksal seines Volkes lenkte.

Als Nansen behauptet hatte, seinem Vaterland auf andere Weise besser dienen zu können, als sich als Politiker zu betätigen, hatte niemand eine rechte Vorstellung gehabt, was er damals meinte. Jetzt, in den Tagen der neuen Regierungsbildung, brauchte Norwegen die Sympathien des Auslandes, Verständnis für seine Lage und einen Fürsprecher, der mit überzeugender Kraft die friedliche Umwälzung in Norwegen darzustellen vermochte. Hier trat nun Nansen auf den Plan. Er wurde zum Mittler jener Gedanken, die sein Volk bewogen hatten, so zu handeln, wie es in diesem Jahre 1905 handelte.

Sein Name als Polarforscher öffnete Nansen alle Türen. Man kannte den vertrauenerweckenden Mann noch von früher, als er mit seinen sensationellen Ergebnissen aus der Nacht des Eises heimgekehrt war. In London hatte er die öffentliche Meinung nach einem einzigen Artikel gewonnen, der in der „Times" erschienen und von einem wohlwollenden Leitartikel unterstützt war. Die „Temps" in Paris, die „Kölnische Zeitung" in Deutschland und viele führende europäische Blätter übernahmen die Darstellung Nansens über den Unionsstreit. Europa wurde erstmals über den stillen Kampf eines kleinen Volkes um seine Selbständigkeit informiert. Jetzt war alles ausgesprochen, nichts konnte mehr verborgen bleiben, nichts konnte mehr beschönigt werden. Schweden mußte nun Farbe bekennen, mußte zustimmen oder protestieren; schweigen konnte es nicht mehr, durfte es nicht mehr. Die letzte Phase des Ringens begann.

Schweden antwortete durch die Feder Sven Hedins. Die Schärfe, mit der Hedin zu Felde zog, die persönlichen Ausfälle und maßlosen Übertreibungen wirkten unangenehm gegenüber den sachlichen und objektiven Darlegungen Norwegens. Der Gegenschlag des Tibetforschers war ein Schlag ins Wasser. Schweden hatte mit der Wahl seines Wortführers einen Mißgriff getan, und der Standpunkt Schwedens fand wenig Sympathien.

Der 17. Mai kam, der Tag verheißungsvoller Freiheit, Norwegens National- und Verfassungstag. Diesmal erhielt er besondere Bedeutung, und es war selbstverständlich, daß Nansen in der Hauptstadt die Festrede vor Zehntausenden Menschen halten mußte. Er wußte, welches Instrument er in der Hand hielt. Er gebrauchte es klug und maßvoll. Er sprach von Stärke und stolzem Selbstbewußtsein, er beschwichtigte die Fanatiker, die gerne mit Haßgesängen auf den Lippen gegen die Grenzen des Brudervolkes gezogen wären.

„Unser 17. Mai ist eine einzige große Frühlingshymne an die Idee der Freiheit, an den Lebensmut der Schöpfung und den Drang, die Fesseln zu sprengen und die Kräfte zu entfalten. *Recht und Freiheit nach innen können allein die Grundfeste sein für Recht und Freiheit nach außen.* Wir klagen oft darüber, daß wir ein armes, kleines Volk sind. Ob wir wohl Grund haben, die mächtigen Staaten zu beneiden? Ich glaube nicht. Streicht die kleinen Völker aus der Weltgeschichte, und was bleibt übrig? Die großen Fortschritte der Menschheit sind immer von den kleinen Völkern ausgegangen, von der Zeit der Juden und Griechen über die kleinen italienischen Republiken der Renaissance bis in unsere Zeit. Und das hat tiefe Ursachen. Nicht die Zusammenballung großer Mächte und Menschenmassen fördert wahre Kulturen. *Die großen Staaten verschwenden ihre Kräfte für ihr ‚Prestige‘, für die Zerstörungsmaschinen, mit denen sie ihre Macht behaupten und vermehren müssen.* Wir Kleinen verwenden diese Kräfte, um an uns selbst zu arbeiten.

Eines stimmt: in Schornsteinen, Warenhäusern und Kriegsschiffen können wir niemals mit den großen und reichen Ländern konkurrieren.

Aber das Wachstum des Geisteslebens ist von ganz anderen Dingen abhängig als von der Einwohnerzahl, von der Menge des Kapitals und der Anzahl der Kanonen.

Das Erfreulichste, was wir jetzt erleben, ist ohne Zweifel die vom ganzen Volk bewiesene Fähigkeit, groß zu denken, über die kleinen Tagesforderungen hinauszublicken, *ist der zielbewußte Zu-*

sammenschluß, der ohne Rücksicht auf Parteischranken und frühere Standpunkte sich Tag für Tag stärker ausgewachsen hat. –

Jetzt sind alle Rückzugs- und Ausweichwege versperrt. Jetzt gibt es nur noch *einen* Weg. Aber dieser Weg führt vorwärts, vielleicht durch Mühsal und Schwierigkeiten, aber er führt zu uns selbst, zu einem freien Norwegen . . .‟

Zu dieser Rede sagten alle ja. Der Bauer aus Telemarken verstand sie, die Freigeister der Universität bekannten sich zu ihr, die reichen Schiffsreeder waren einverstanden, der Klerus begrüßte sie. Der Weg war geebnet – niemand trat aus der Reihe. Ein Nichtpolitiker, ein Wissenschaftler, ein glühender Patriot hatte sein Land vor innerpolitischen Wirren bewahrt und es stark und frei gemacht für die Auseinandersetzung mit dem Nachbarn. Nansen hatte einen Weg durch schier unwegsames Gelände gefunden, und nun, da am Horizont das Ziel der Freiheit winkte, trat er zurück und überließ den Staatsmännern den Rest der Arbeit.

Am 7. Juni erklärte der Storting die Union mit Schweden für aufgelöst. Der schwedische König hatte aufgehört, als norwegischer König anerkannt zu werden. Nansen sandte ein dringendes Telegramm nach London, um die Weltöffentlichkeit über den letzten Entscheid des norwegischen Volkes zu informieren. Die Zeitung „Standard‟ brachte den vollen Wortlaut:

„Was gestern geschehen ist, konnte nicht länger vermieden werden. Die Krone mußte dem Konsulatsgesetz die Zustimmung versagen, sonst hätte sie Schweden verloren. Wir verstehen das ohne Bitterkeit. Kein Norweger aber kann die Verantwortung für einen Entscheid dieser Art gegen die Verfassung und den Willen der Nation auf sich nehmen. Da kein Weg zurück führt, so hoffen wir, daß auch das schwedische Volk verstehen wird, daß dies die beste Lösung darstellt und daß die Unionsauflösung im Ausland keinen Protest hervorrufen wird. Ich kann hinzufügen, daß wir keinen Unwillen gegen Schweden hegen. Das geht klar daraus hervor, daß wir einen Prinzen aus dem Hause Bernadotte auf dem norwegischen Thron zu sehen wünschen.‟

In fliegender Hast schrieb Nansen eine Broschüre „Norwegen und die Union mit Schweden‟ in norwegischer, englischer, deutscher und französischer Sprache. Damit informierte er ziemlich scharf, aber durchaus lauter und objektiv die einflußreichen Regierungen Europas über die Lage in Skandinavien.

Schweden versuchte noch einmal seinen Einfluß geltend zu machen und forderte eine Volksabstimmung über den Beschluß der

Regierung, die Union zu verlassen. Der Volksentscheid wäre besser unterblieben, denn er brachte Schweden einen weiteren Prestigeverlust. 368 202 Norweger gaben ihre Stimme für die Auflösung der Union, 185 Wähler stimmten dagegen. Dieser Entscheid ließ niemanden in Schweden und in Europa länger im Zweifel, welchen Weg das norwegische Volk zu gehen wünschte.

Nansen verließ die Stadt. Er stieg auf die Fjelle, um sich wieder auf seine eigene Welt zu besinnen, er suchte Ruhe nach dem Kampf, er suchte die Stille nach dem Lärm – er glaubte, seine Aufgabe erfüllt zu haben. Die Schlichtheit der Natur, die Einfalt des Jägerlebens führten ihn wieder zu sich zurück; Klarheit und Übersicht der Gedanken kamen wieder, die Erregung und die patriotische Überempfindlichkeit fielen von ihm ab.

Während er das Leben auf seine Weise genoß, tobte in der Hauptstadt der politische Kampf weiter. Schweden forderte Verhandlungen. Die Verhandlungen wurden hinter verschlossenen Türen in Karlstad geführt, doch die Gerüchte, die durch das Land schwirrten, vergifteten die Atmosphäre. Und dann wurde es Gewißheit: Schweden forderte, daß alle norwegischen Grenzbefestigungen geschliffen werden müßten. Es forderte eine Antwort in zwei Tagen. Das glich einem Ultimatum und einer versteckten Kriegserklärung. Die Empörung unter den Menschen wuchs. Norwegen verlangte als Garantie für abgetragene Grenzbefestigungen eine neutrale Zone. Nun war die Erbitterung auf der Seite der Schweden, und die Lage spitzte sich zu. Truppen wurden in Bewegung gesetzt, der Augenblick des Friedensbruchs wurde stündlich erwartet.

Als Nansen von einem Telegraphenboten zur sofortigen Rückkehr in die Hauptstadt aufgefordert wurde, saß er eben über seinem Tagebuch.

„Die Stimme in uns aber, die Vernunft und Gewissen in die Bahnen der Wahrheit zwängt, schwingt im Einklang mit der Symphonie der Sterne. Durch sie sind wir mit der Ewigkeit des Weltalls verbunden. Sie ist unser wahrer, unser letzter Gesetzgeber. Nur ihr gehorchend, erhalten unsere Menschengemeinschaften ihr Daseinsrecht –."

Hier unterbrach ihn der Telegraphenjunge.

„Doktor Nansen – ein Telegramm."

Er riß es auf, starrte auf die Zeilen, schlug das Tagebuch zu und rannte das Tal hinunter, sprang in das Boot, radelte durch die Nacht und stand am nächsten Morgen vor Michelsen.

Die Dinge standen schlecht. Michelsen wünschte, daß Nansen sofort nach London ginge. Nansen machte sich sogleich auf den Weg. Zuerst fuhr er nach Kopenhagen, verhandelte mit den Botschaftern Dänemarks, Deutschlands und Englands. Am Abend, als er nach London unterwegs war, besprachen bereits die Botschafter die Lage mit ihren Regierungen. Auf dem Schiff erreichten Nansen betrübliche Nachrichten: Der Krieg schien einer bestimmten Gruppe von Menschen durchaus willkommen zu sein und sie schürten in ihrer nationalen Begeisterung immer mehr die Flamme des Unheils. Nansen zögerte keinen Augenblick und schrieb hastig und voll Sorge einen Aufruf an seine Landsleute, der Stunden später in den zwei größten norwegischen Tageszeitungen erschien und den haßerfüllten Kriegsfreunden den Wind aus den Segeln nahm:

„Wir haben unser Selbstbestimmungsrecht in eigenen Angelegenheiten behaupten wollen. Was wir nun vor allem wünschen, ist eine friedliche Auflösung der Union. Über zwei Dinge sind wir uns alle einig: auf der einen Seite Norwegens Selbständigkeit mit Würde ohne Feilschen zu behaupten; anderseits aber die Vorbedingungen für ein gutes und freundschaftliches Verhältnis zu unserem Nachbarvolk für die Zukunft zu schaffen. Wir wünschen keinen Krieg und Unfrieden auf der skandinavischen Halbinsel. Das wäre ein politisches Verbrechen, das die Möglichkeit des gegenseitigen Verstehens und der Freundschaft zwischen den Völkern zerstören müßte. – Das Selbstvertrauen darf uns nicht zu Kopfe steigen. Haben wir an Kraft gewonnen, dann ist es um so leichter, entgegenzukommen und Zugeständnisse zu machen. Man redet von demütigenden Bedingungen für Norwegen. Aber vergißt man denn ganz, daß *wir* die große, wesentliche Bedingung gestellt haben: die Auflösung der Union? Das größere Schweden hat vor unserem einstimmigen Volksbegehren nachgeben müssen. Das ist der wahre Sachverhalt, den wir nicht übersehen dürfen. *Und ebensowenig, wie wir gedemütigt werden möchten, ebensowenig wünschen wir andere zu demütigen. Solche Gelüste sind Zeichen niedriger Kultur – und außerdem schlechte Politik –.*"

Der Frieden war gerettet. Während Nansen in London verhandelte, beruhigten sich die erhitzten Gemüter in Norwegen. Schweden bekam mittlerweile zu spüren, daß die Sympathien auf der Seite Norwegens waren. Frankreich, Rußland und Deutschland empfahlen Schweden, den Konflikt friedlich zu lösen. Im September kam es zu einer Verständigung zwischen Norwegen und Schweden, im Oktober verzichtete der König von Schweden offiziell auf den norwegischen Thron. Jetzt war Norwegen endgültig frei. Es war Nansens größter vaterländischer Triumph.

Noch durfte sich Nansen nicht zurückziehen. Man vertraute ihm die Frage an, welche Staatsform das freigewordene Norwegen wählen sollte. Nansen gab zu, daß ihm die republikanische Staatsform fortschrittlicher erschien – trotzdem entschied sich der Freigeist für die konstitutionelle Monarchie. Er nannte die Gründe. Die meisten lagen auf außenpolitischer Ebene; vor allem England, das Norwegen am stärksten unterstützt hatte, ließ durchblicken, daß es mit einem revolutionären republikanischen Norwegen nicht gerne Sicherheitsverträge abschließen wollte. Das Kabinett schloß sich Nansens Meinung an. Wer aber sollte König werden? Norwegen trat an Schweden heran und bot dem Haus Bernadotte die Königskrone an.

König Oskar lehnte ab. Was nun? Immer mehr Stimmen wurden laut, die Nansen zum König krönen wollten. Nansen lehnte entschieden ab, verwarf dieses Ansinnen als absurd und wiederholte, daß er weder die Fähigkeit noch den Wunsch hegte, die politische Laufbahn zu betreten. Er sehnte sich nach seiner Arbeitsstube, nach den Planken seines Schiffes, nach der freien Welt des geistigen, des wissenschaftlichen Abenteuers.

Norwegen fühlte vorsichtig in Dänemark vor. Dort schien man dem Gedanken, Prinz Carl zum norwegischen König zu machen, nicht abgeneigt. Sofort wurde Nansen – immer wieder Nansen – beauftragt, als „privater" Vermittler nach Kopenhagen zu reisen und den Prinzen für den Königsthron zu gewinnen. Die erste Reise schlug fehl, die zweite Reise brachte keine Ergebnisse, der dritte Besuch in Dänemark schien Erfolg zu versprechen. Der dänische Hof, die dänische Regierung sagten zu. Nur einer war dagegen: Prinz Carl selbst. Nansen versuchte, den Prinzen zu überreden, doch der Prinz fand Einwände, argumentierte scharf gegen Nansens Darlegungen und rief bei Nansen dadurch Achtung und Bewunderung hervor.

„Ich sagte ihm, alle seine Worte überzeugten mich nur tiefer, daß er der rechte Mann für Norwegens Thron sei; er huldige den freisinnigen Anschauungen, die zu einem König der Norweger paßten. Da gab er zur Antwort, er sei der Ansicht, daß das Volk ein Recht besäße, in einer so wichtigen Frage mitzureden, und er glaube, hierin sei er noch freisinniger als ich."

Der Prinz hatte recht, Nansen sah das ein: Das norwegische

Volk sollte selbst entscheiden, ob es den Prinzen zum König haben wolle.

Die langwierigen Verhandlungen hatten aber noch ein Gutes: Sie machten die beiden Männer zu Freunden für ihr ganzes Leben.

Die Volksabstimmung im November 1905 brachte eine überwältigende Mehrheit für den dänischen Prinzen. Am 18. November zog er als Haakon VII., König von Norwegen, in die Hauptstadt ein. Sein Triumph war auch Nansens Triumph. Die Fahnen wehten für beide.

Nun schien die Zeit gekommen, von der politischen Bühne abzutreten. Nansen hatte genug getan. Sechs Monate lang hatte er das Banner Norwegens getragen, nun sehnte er sich zurück in sein Turmzimmer. Aber das „merkwürdige Jahr" 1905 ließ ihn noch immer nicht los. Der Sportsmann, der Wissenschaftler, der Künstler hatte eine Veränderung erfahren, die ihm selbst noch gar nicht klargeworden war. Er war Staatsmann, „Königmacher", Freiheitskämpfer geworden, ohne daß er es wollte. Er, der mit aller Kraft sein Volk zur Empörung aufgerufen hatte, um es sodann im gegebenen Augenblick vor verblendetem Kriegs- und Siegestaumel zurückzureißen, er war nicht mehr Norwegen allein. Über die Wünsche einer Gruppe, sogar über die seines Volkes, setzte er die unumstößlichen Menschenrechte, die weder von Einzelpersonen noch von Parteien oder Staaten verletzt werden durften. Ein Mann, der den Mut besaß, das Unrecht der eigenen Mitbürger anzuprangern, befand sich auf dem Weg, ein Mahner des Weltgewissens, ein Friedenskämpfer zu werden.

Haakon VII. wußte keinen besseren Mann seines Vertrauens als Nansen. Er konnte auf ihn nicht verzichten. Norwegen brauchte in der Zeit des Aufbaus Männer wie ihn. Noch ehe das Jahr 1905 schloß, fuhr Nansen als erster Gesandter Norwegens nach London. Er sperrte seine Pläne in die Schreibtischlade: Nordpol – Südpol. Er sagte ja zur neuen Aufgabe, er empfand dieses Geschäft nicht als Ehre, er fühlte sich verpflichtet. Norwegen brauchte ihn, er folgte widerspruchslos. Trotzdem nahm er seine Träume mit. Er träumte von einem Aufbruch in das Eis in längstens zwei Jahren.

London empfing ihn wie einen Freund. Er kam als das, wofür er sich nie befähigt hielt: als Diplomat. Er hatte keine Erfahrung und er bemühte sich nicht, die verschlüsselte Sprache der Diplomaten zu erlernen. Er redete wie immer und sein Ja hieß ja und sein Nein bedeutete unwiderruflich nein. Wenn er über das spiegelnde Parkett der Palais schritt, dann lächelte in ihm der Skiläufer, der Halbwilde, der rußverschmierte Höhlenmensch. Er trug seine glänzende Uniform und sein Barett mit der Sicherheit eines Königs, aber er haßte sie. Er haßte den Flitter und das Getue, und er machte kein Hehl daraus. Ihn störte, daß er nicht lange genug an seinem Diplomatenschreibtisch sitzen konnte, auf dem sich Tabellen, wissenschaftliche Aufzeichnungen und die ersten Blätter seines neuen Buches „Nebelheim" befanden.

Es fiel Eva nicht leicht, Nansen in diesem Sommer allein zu lassen. Er war müde und seine Gesundheit angegriffen. Trotzdem hielt er es für besser, Eva mit den Kindern nach Sörkje zu schicken, wo er eine Jagdhütte gekauft hatte. Sie trösteten einander mit Briefen, die täglich die Nordsee kreuzten.

Er hatte zu Haakon ja gesagt, aber er sehnte seine Ablösung herbei. Manchmal fuhr er auf Besuch nach Lysaker, zu Eva, zu seinen Kindern. Er füllte seine Lungen mit der Luft Norwegens, er atmete tief in diesen Tagen, voll von zitternder Unruhe vor dem nahen Aufbruch in das Polarmeer, ehe er in den Nebel Londons zurückkehrte. Die Tage in Norwegen gaben ihm Kraft, Kraft für seine Mission in England. Er schämte sich, daß er seine Arbeit nicht freudvoller antreten mochte. Er ging doch zu Freunden, zu vielen verwandten Geistern. Englands König schätzte ihn, die Gelehrten brachten ihm Vertrauen und Hochachtung entgegen. Er arbeitete an dem Integritätsvertrag zwischen England und Norwegen und erwirkte damit die Unverletzbarkeit norwegischen Territoriums. Er wartete auf das Ende seiner Mission mit brennender Ungeduld, obwohl niemand seinen Platz hätte besser ausfüllen können.

„Dieser Mann bedeutet für sein Land mehr als eine ganze Armee", sagte der schwedische Finanzmann und Politiker Kurt Wallenberg.

„Ich sehne mich, diese Fesseln zu zerreißen", schrieb Nansen nach Hause; „ich sehne mich nach dem Wald und meinem freien Fjell. Ich bin nicht zu zähmen!"

Noch wartete er. Er wollte so lange bleiben, bis der englische König seinen offiziellen Besuch in Norwegen abgestattet haben würde.

Verzicht – Verlust

Er zählte die Tage, er, der nie Politiker sein wollte und doch der weitestblickende Staatsmann seines Volkes war, der keine Begabung zum Diplomaten in sich fühlte und doch der beste Gesandte Norwegens war. Er wartete auf den Abschied und auf den Aufbruch. Er flüchtete immer wieder aus der turbulenten Hauptstadt des britischen Weltreiches nach Hause, nach Lysaker, in das Haus Polhögda auf dem Hügel. Er blickte über den Fjord. Schiffe kamen und gingen. Er kramte in seinen Plänen, die fertig dalagen und auf die Durchführung warteten. Er freute sich auf sein Meisterstück, auf die Südpolexpedition.

Roald Amundsen kam zu ihm. Er legte dem Meister einen waghalsigen Plan vor, zum Nordpol vorzudringen. Nansen riet ihm ab. Ohne „Fram", nur mit Zelt und einer Hütte – aussichtslos! Aber die „Fram" brauchte er selbst; das heißt, vielleicht könnte er sie entbehren. Vielleicht – in einem halben Jahr könnte er sich entscheiden. Der junge Amundsen ging mit Hoffnungen fort, wenn nicht die „Fram" zu bekommen, so doch mit Nansen zum Südpol zu gehen.

Der junge Amundsen ging fort – Nansen blieb zurück. War er zu alt geworden? War es Zeit, den Jungen Platz zu machen? Was wollte er noch? Er hatte den Ruhm, mußte er ihn mehren? War es für Norwegen nicht wichtiger, das Polarmeer bis in den letzten Winkel zu erforschen?

Aber sein Plan – der sein Leben, seine innere Flamme war –, die Eroberung des Südpols an die Fahne Norwegens zu heften, war auch Norwegens Plan. Auch Amundsen war Norweger. Nansen kannte niemanden, der geeigneter war, sein Erbe anzutreten. Wieder das Wort: Erbe. Also war er doch schon zu alt? Sechsundvierzig Jahre – begann sein Abstieg schon jetzt? Es wollte nicht in sein Hirn, und er wehrte sich gegen die Vorstellung, das Steuer aus der Hand zu geben. Und doch – mußte er nicht einmal aufhören? Er schob die Gedanken von sich und stieg hinunter zu den Kindern, die ihn lärmend umsprangen. Er hatte noch Zeit. Amundsen würde erst in sechs Monaten wiederkommen.

Der September kam und Amundsen kam. Amundsen kam um Antwort, Nansen mußte sie geben. Sollte er nein sagen? Das hieße Amundsen alle Chancen nehmen. Und ja? Damit schob er seinen Lieblingsplan nicht auf, damit entsagte er für immer der Fahrt in die Antarktis.

Amundsen war mit einem Schiffchen, der „Göa", die Nordwestpassage geglückt, er hatte den magnetischen Nordpol geortet, er war ein Mann, geschaffen für große Aufgaben.

Irgend jemand klopfte an die Tür und sagte, Amundsen sei da. Nansen mußte hinuntergehen und Antwort geben. Und während er die Treppe abwärtsstieg, war er sich selbst entzogen, schritt er wie eine Puppe einer Entscheidung entgegen, von der er nicht wußte, wie sie ausfallen würde. Er kam durch ein Zimmer, in dem Eva verstört und blaß dasaß und ihm entgegenblickte.

„Ich weiß, was wird", sagte sie, „du fährst wieder fort."

Er wußte es noch nicht, sah sie wortlos an und ging hinaus. Amundsen saß in der Halle. Sein wettergegerbtes Gesicht mit der kühnen Nase war Nansen entgegengerichtet. Die Spannung blickte aus seinen Augen. Sie standen voreinander, die Hände im Gruß geschlossen. Und dann sagte Nansen in dieses vertrauensvolle Gesicht hinein:

„Nehmen Sie die ‚Fram'."

„Und Sie? – Sie wollten doch zum Südpol?"

Nansen blickte hinaus auf den Fjord.

„Ich? – Ich habe hier mehr als genug zu tun."

Die Spannung fiel von ihnen ab. Das fassungslose Staunen wich einer fassungslosen Freude.

Nansen hatte sich entschieden. Sein Verzicht wurde ihm leichter, als er Eva wieder sah; er sah die strahlenden Augen einer um ihn besorgten Frau. Sein Verzicht wurde für ihn ein stiller Sieg, den er sich bewahrte wie ein kostbares Geschenk.

Nansen ging wieder zurück auf seinen Platz nach London. Eva blieb in Lysaker, obwohl ihr Nansen oft den Vorschlag gemacht hatte, mit den Kindern zu ihm zu ziehen. Doch konnte er Eva von London aus trösten, daß die Verpflichtungen und die Geselligkeiten nicht nach der Art waren, wie sie beide sie liebten. Er berichtete ihr täglich, was es an Neuigkeiten gab.

„Morgen muß ich in den St.-James-Palast zum Levée des Königs, Freitag abend zum Empfang im Buckingham-Palast; dazu habe ich mir weiße Kniehosen und weißseidene Strümpfe anschaffen müssen, wie die übrigen Affen."

Aber auch die anderen wollten immer etwas von ihm. Die Gelehrten, Regierungsmitglieder, Literaten und Diplomaten nahmen ihn in Beschlag, und er berichtete darüber Eva:

„Ansprache morgen, Ansprache Dienstag bei meinem Dinner für Roald Amundsen, Ansprachen am Mittwoch, wo ich präsidieren muß, und wahrscheinlich Rede am Freitag. Auch heute abend bin ich eingeladen."

Manchmal gönnte er sich eine Pause voller Ungezwungenheit bei zwei norwegischen Bergsteigern, Rubenson und Schjelderup, deren Wohnung einige Häuser von der Gesandtschaft entfernt war.

Am Freitagabend, an dem Nansen bei König Edward zu Tisch geladen war, machte er wieder eine Schnaufpause bei den beiden Himalaja-Bergsteigern. Sie alle hatten einander viel von den Tükken des Eises zu erzählen und die Zeit verflog schnell.

„Herr des Himmels!" rief Nansen plötzlich, als er auf seine Uhr blickte, „ich bin um eine halbe Stunde zu spät dran."

Auf dem Weg zum Buckingham-Palast hatte er Zeit, eine Ausrede und eine Entschuldigung zu formulieren. Er trat mit unbekümmerten Lächeln unter die wartenden Gäste, verneigte sich vor dem Königspaar, zog seine Uhr und sagte: „Tatsächlich, die Uhren hier im Hause müssen falsch gehen. Dieser Chronometer hat mich übers Eismeer begleitet und hat sich nie auch nur um eine Minute geirrt."

Der König und die Königin schmunzelten und begrüßten ihn herzlich. Die Stimmung war gerettet, und sie schritten vergnügt zu Tisch.

Drei Monate später rief ein Telegramm Nansen nach Hause.

„Frau leider heute nacht sehr schlecht. Zustand äußerst ernst. Doktor Jenssen."

Eva Nansen war schwer erkrankt.

Nansen reiste unverzüglich ab. Er war verzweifelt, daß er es nicht schon früher getan hatte. Doch keines der wenigen Telegramme Dr. Jenssens hatte so ernst geklungen, so beunruhigend, so erschreckend.

Dr. Jenssen hatte die Hoffnung aufgegeben. Unten in der Halle saßen sie alle und warteten: Liv und die übrigen Kinder, dann die Freunde: Torup, Werenskiold, Moltke Moe.

„Ich habe keine Angst vorm Sterben", sagte Eva zu Jenssen, der ihr eine Morphiumspritze gab.

134

Jenssen hielt ihrem starken Blick stand, und er wunderte sich über die geistige Stärke der Frau.

„Nansen ist unterwegs", sagte Jenssen, der keine andere Antwort darauf wußte.

„Der Ärmste, er kommt zu spät", sagte sie.

Einige Tage nach ihrem Geburtstag, im Jahre 1907, starb sie. Nansen kam zu spät. Er betrat ein stilles Haus. Seine Tochter Liv empfing ihn in der Vorhalle. Sie erschauderte vor seinem verzweifelten Blick und den von Trauer verdunkelten Augen. Liv verstand noch nicht die Größe des Verlustes, der ihren Vater betraf. Er aber, der immer ein wohlbereitetes Haus vorfand, wenn er heimkehrte, er verstand das Unglück nicht und er litt. Und die Jahre, die er mit Eva zu leben versäumt hatte, drückten doppelt schwer auf sein Gewissen. War er ein guter Mann gewesen?

Nansen vergrub die Asche seiner geliebten Frau unter einem Rosenbusch. Es gab viele im Garten von Polhögda. Niemand wußte den Ort. Es war Nansens Geheimnis, er teilte es niemandem mit. Der Platz war ihm heilig.

Das alte Jahr ging seinem Ende entgegen. Was mochte die Zukunft bringen? Nansen saß tagelang in seinem Turmzimmer, nicht, um zu arbeiten, sondern nur, um vor seinen Papieren zu sitzen und ins Leere zu starren. Was war geschehen? Das Unfaßbare war geschehen. Eva war nicht mehr. Seine Gedanken irrten im Kreis, fanden keinen Durchschlupf in die Welt. Er erkrankte, fieberte, er lag wie in einem Alptraum. Seine mühsam errichtete Welt wankte. Er suchte zu begreifen, was unbegreiflich war.

„Der sternenübersäte Himmel ist der wahrste Freund des Lebens. Immer ist er da, immer gibt er Frieden . . ."

Wie kalt waren ihm in diesen Monaten die Sterne erschienen. Was er gedacht und geschrieben hatte, unterzog er einer neuen Prüfung. Würde er dem Schmerz erliegen? Das Leid hatte tiefe Spuren in seinen Zügen hinterlassen, seine Hände glitten fahrig durch das Haar und seine Blicke irrten von den Gegenständen ab in ungewisse Fernen.

Wo lag der Sinn des Lebens? Seine Gedanken kehrten unaufhörlich zu diesem Punkt zurück, getrieben von dem Schmerz über Evas Tod. Woran sollte er sich aufrichten, er, der Halt und Stütze eines Volkes war? Die Religion, der Glaube an das Fortleben nach dem Tode, hätte so viel Tröstliches für ihn gehabt. Aber in seinem naturwissenschaftlichen Denken war dafür kein Platz, er konnte seine Weltanschauung nicht ändern. Fand er keinen Trost in der

Natur, wo er ihn immer fand? Fand er keinen Trost in der Pflichterfüllung? Er wußte es nicht. Die Natur glotzte ihn lieblos an.

„Ob wirklich noch irgendwo die Sonne auf dieser Erde scheint? Aber nie für mich."

Noch war er wie gelähmt, seine Arbeit tat er mit Unlust, bei ihm ein untrügliches Merkmal gestörter Gemütsverfassung.

„Was für bleibenden Wert hat es, womit ich mich beschäftige? Die Lösung von ein paar Problemen, die bald vergessen ist; politische Fragen, die die nächste Generation wegfegt; in diesem nutzlosen Jagen, Spuren zu hinterlassen, nicht umsonst gelebt zu haben, in diesem nutzlosen Jagen, das in einen leeren Namen ausmündet, wird der Reichtum des Lebens verschwendet . . ."

Aber nach und nach trat er aus dem wilden Feuer des Schmerzes geläutert hervor, und die Prinzipien seiner Weltanschauung – Wahrheit und Sittlichkeit – standen wieder klar umrissen vor ihm:

„Vergiß nie, daß nicht die Anschauung eines Menschen oder die Dogmen, an die er glaubt, für seine Mitgeschöpfe Bedeutung haben, sondern seine Handlungen. Selbst die höchsten Träume über den Wolken besitzen wenig Wert, wenn sie nicht zur Tat führen."

Er erinnerte sich seiner fünf Kinder. Nicht, daß er sie vergessen hatte. Er war rührend und unbeholfen um sie besorgt gewesen. Aber jetzt spürte er sie als Aufgabe.

„Doch, die Kinder. Alles, was vertan und versäumt worden ist, das soll doch in ihnen wieder aufleben, und vielleicht – wer weiß es – dort in Erfüllung gehen. Du kannst an ihrem Leben teilnehmen und es besser gestalten. Ach – vielleicht auch verpfuschen."

Über seine Kinder fand er schrittweise in das Leben zurück, der Schmerz aber blieb. Es war für ihn ein Segen, daß er noch einmal nach London mußte, um die Gesandtschaft seinem Nachfolger zu übergeben. Als er wieder heimkam, übernahm er abermals den Lehrstuhl für Ozeanographie.

Amundsen besuchte ihn. Nansen besprach mit ihm die Reise der „Fram" und unterstützte ihn bei den Vorbereitungen der Polfahrt.

In den Nächten, vor denen er sich noch immer fürchtete, arbeitete er rastlos an seinem Buch „Nebelheim", eine Geschichte der arktischen Forschung. Er sammelte die Mythen und Märchen, die Legenden von den Wegen durch Nebel und Eis nach dem sagenhaften Cathay. Er merzte Fehler und Irrtümer aus, suchte neue Beweise und schuf ein bedeutsames Werk von der Sehnsucht des Menschen, dem Ruf des Unbekannten durch Eis und Sturm nach Norden zu folgen. Er gab dem Buch sein Herz. Er war dort gewesen, worüber er schrieb, er hatte die Sehnsucht noch immer im Blut. Ihm war es, als durchschritte er wieder die flammenden Polarwinter, als spürte er den stumpfen oder körnigen Schnee unter den Skiern.

Eines Tages brach der Sprachstreit aus. Die Vertreter der dänischen Bildungs- und Literatursprache (Riksmål) und die Verfechter der norwegischen bäuerlichen Mundart (Landsmål) lagen einander in den Haaren. Sie überwerteten ihre Probleme und führten einen sinnlosen Streit, der allmählich eine unheilvolle politische Wendung genommen hätte. Hier lag wieder eine Arbeit für Nansen, die für ihn wie geschaffen war. Er griff ein, klärte, besänftigte und zeigte die Möglichkeit eines Kompromisses, das aus zwei Sackgassen in eine gemeinsame breite Straße führte. Nansen war es darum zu tun, beide Sprachen einander näherzubringen und sie nach ein oder zwei Generationen zu verschmelzen.

Langsam wuchs seine Anteilnahme auch an den Dingen des Lebens, die nicht gerade in sein unmittelbares Interessengebiet fielen. Einen empfindlichen Rückschlag bedeutete allerdings für Nansen der 7. Juni 1910.

Er stand auf dem Turm seines Hauses, die Augen unverrückt auf ein Schiff gerichtet, das durch den sonnigen Fjord zum Meer hinausglitt. Die „Fram" zog davon und ließ ihren Erbauer zurück. Der älteste Sohn Kare stand neben ihm und sah sein zuckendes Gesicht.

Die Dampfpfeife sandte einen Gruß. Er kam wie ein Peitschenschlag und traf das Herz. Die „Fram" zog davon. Vorwärts war ihre Parole, Vorwärts war ihr Name; das grüne Wasser schäumte vor ihrem Bug, die Möwen umsegelten schreiend die hohen Maste, auf der Kommandobrücke stand Amundsen, wo Nansen hätte stehen sollen, der einstige Herr des Schiffes.

Was nützte es, wenn er sein Schiff mit dem Fernglas näher an das Auge holte? Die Maschine lief auf vollen Touren, wie ein Seil lief das weiße Kielwasser über den Fjord zu Nansen her, und er tanzte mit seinen Gedanken hinüber, überstieg die Reling, schlich durch alle Räume, durch das Steuerhaus, in den Maschinenraum, hinauf in den Mastkorb.

Dort draußen verschwand sein großer Traum. Er hatte ihn nicht leichtfertig aus der Hand gegeben; aber er hatte es getan. Nicht nur die „Fram" glitt dort draußen. Das, was sein Leben ausmachte, ging von ihm. Er spürte es. Irgendeine Saite riß in ihm – eine zu straff gespannte Trosse; der Schmerz verdunkelte seinen Blick, und er hob die Hand zum Gruß, den nur sein Sohn sah, aber nicht verstand.

Nansen war allein wie damals, als ihn Eva verließ.

Nach Tagen nahm er seine Arbeit wieder auf. Nach einigen Wochen hatte er sein Gleichgewicht wieder gefunden. Er erschrak über die Zeit, die unter seinen Händen davoneilte. So viel war noch zu tun, festzuhalten, zu berechnen, aufzuzeichnen und mitzuteilen. Er suchte neue Anregnungen und startete eine Fahrt nach Spitzbergen auf seiner Jacht „Veslemöy", um neue Messungen und Untersuchungen durchzuführen. Er stach von Bergen aus in See; Liv blieb bei ihm bis Hammerfest. Dann war nur noch Kare bei ihm und fünf Mann. Sie passierten die Bären-Insel, trafen auf die ersten Eisberge, die drohend und schwer an ihnen vorüberzogen. Sie gerieten in einen Sturm, die Maste brachen, und mit Mühe erreichten sie durch Nebel und schwere See das rettende Land. Dann gingen sie wieder auf das Meer, überfuhren den 80. Breitengrad, lagen tagelang bei Verlegen Hoek, der Nordspitze Westspitzbergens, im Nebel fest und wurden vom Treibeis eingeschlossen.

Auch in der Gefahr vergaß Nansen seine Aufgabe nicht. In zwei Tagen machte er 50 Strömungsmessungen, 60 Temperaturmessungen und 30 Beobachtungen mit der Lotleine. Er arbeitete, als wäre er auf der „Fram". Als sie der Wind aus dem Treibeis herausdrückte und der Nebel aufriß, steuerte Nansen noch weiter gegen Norden, bis ihm das Eis endgültig Halt gebot. Er vertäute das Schiff an einer Eisscholle. Er und die Mannschaft schwärmten aus und jagten Seehunde. Alles war wieder wie vor vielen Jahren. Was er hier tat, brachte ihm allerdings keinen Ruhm. Er sammelte wissenschaftliche Daten und Erinnerungen.

Immer wieder stellte er Vergleiche an, die ihn vor die Tatsache stellten, daß er alt zu werden begann. Zwar merkte er nichts davon, wenn er über die Eisblöcke sprang und mit der Flinte auf Robben lauerte. Nur wenn er die Zahl der Jahre betrachtete, überkam ihn ein Gefühl der Unzufriedenheit, und er klagte sich an: „Das Leben liegt wohl in der Hauptsache hinter mir, und dennoch? Immer noch voller Pläne für alles, was getan werden sollte; noch scheint nichts Wertvolles erreicht zu sein, aber es gibt viele Möglichkeiten, daß es erreicht werden könnte – als wäre das Leben immer noch lang genug, und als blieben die Kräfte beständig jung."

Die Pole hatten ihre Anziehungskraft für ihn verloren. Überall und in allen Dingen sah er seine verstorbene Frau. Sein Tagebuch, das er lange nicht angerührt hatte, füllte sich Seite um Seite.

„Ob du wohl im Sturm bist?" schrieb er. „Ja, im Sturm bist du und im Kampf. Aber du bist auch im Sonnenuntergang mit rotglühenden Berggipfeln und verträumten Wolken, in den wogenden Mooren des Gebirges, im unendlichen Meer. Alle Saiten hast du – nur nicht die des grauen Regens."

„Wieder auf See. Das Wetter ist schlimm. Ich schloß die Augen, wurde auf den Wellenkämmen emporgetragen, es klang wie lange, mächtige Bogenstriche, und ich hörte ihre Stimme: Sei guten Muts, ich bin nicht wild, sollst sanft in meinen Armen schlafen."

Nansen lief mit der „Veslemöy" im Hafen von Malöy ein. Er kümmerte sich nicht, was es in der Welt an Neuigkeiten gab, er legte sich zu Bett. Aber die Welt kümmerte sich um ihn. Er wurde von einem Eilboten aus dem Schlaf gerissen: Telephon aus Christiania!

Angst ergriff ihn. Wer wußte, daß er diesen Hafen angelaufen hatte? Die Kinder! Er stürzte an Deck, sprang ins Boot und ruderte, daß er außer Atem das Telegraphenamt erreichte.

„Was ist los? Wer will mich sprechen?"

„Ein Anruf von der ‚Sunnmörspost'. Professor Nansen möge ‚Verdens Gang' rückrufen. Es soll jemand vom Nordpol zurückgekommen sein", klärte ihn der Beamte auf.

„Gott sei Dank! Nichts weiter!"

Freude erfüllte ihn vor Dankbarkeit, daß nichts Schlimmes mit den Kindern geschehen war. Und der Nordpol? Was zum Teufel ging ihn der Nordpol an und daß einer von dort zurückgekommen war! Da die Verbindung mit der Hauptstadt unterbrochen war, entschloß sich Nansen zur Rückkehr auf sein Schiff.

„Vielen Dank. Aber ich will nicht länger warten. Sollte ein neuer Anruf kommen, so richten Sie bitte schöne Grüße aus und sagen Sie, daß ich mich heute nicht mehr an Land begebe."

Am nächsten Morgen lief die „Veslemöy" aus, ohne daß Nansen sich erkundigt hätte, wer vom Nordpol zurückgekommen war.

Als er mit einer Unzahl von neuen Untersuchungen wieder nach Norwegen kam, erfuhr er alle Neuigkeiten: Peary hatte den Nordpol erreicht, Amundsen hatte die norwegische Flagge auf dem Südpol aufgepflanzt.

Der Norweger hatte rasch entschlossen auf offenem Meer seinen Kurs geändert, als er von Pearys Erfolg erfuhr. Er erreichte einen Monat vor dem unglücklichen Scott den Südpol, war 1912 wieder in der Heimat und legte vor Nansen seinen Rechenschaftsbericht ab. Scott kehrte nicht mehr zurück. In England wurde die Handlungsweise Amundsens als unloyal bezeichnet. Nansen verteidigte vor der englischen Öffentlichkeit seinen Freund. Als die Nachricht vom tragischen Untergang Scotts eintraf, nahmen die Vorwürfe scharfe Formen an. Nansen trat den Anschuldigungen, daß nämlich der Anblick der norwegischen Flagge auf dem Südpol Scott demoralisiert und ihn seiner Kraft beraubt hätte, heftig entgegen und erklärte, Scotts unzweckmäßige Ausrüstung hätte Schuld an dem Mißlingen der Expedition gehabt. Als vor Jahren Scott bei Nansen Rat einholte, da hatte ihn Nansen davor gewarnt, Ponies und Motorschlitten zu verwenden; er solle lieber die verläßlichen Hunde und die am Nordpol bewährten Skischlitten mitnehmen. Scott war das Risiko eingegangen, Nansens Vorschläge nicht zu beachten und einer technisch verfeinerten Methode zum Durchbruch zu verhelfen. Er mußte allerdings den Mut zum Neuen mit seinem Leben bezahlen.

Aber ein neuer Schlag stieß Nansen wieder in tiefe Verzweiflung. Sein jüngster Sohn Asmund erkrankte. Der Zustand war schlimm, die Diagnose ein Todesurteil: tuberkulöse Gehirnhautentzündung! Nansen wachte abwechselnd mit seiner Tochter Liv bei Tag und Nacht am Bett des sterbenskranken Kindes. Es war Nansen fast unerträglich, das Kind unter Schmerzen leiden zu sehen. Der bleiche und dünne Asmund wußte das, und jedesmal, wenn er einen Anfall spürte, sagte er zu seinem Vater: „Ich glaube, du mußt jetzt hinausgehen, Vater; denn es wird jetzt wieder schlimmer."

Nansen, der nach dem Anfall wieder das Zimmer betrat, wurde mit einem schwachen Lächeln aus dem schmalen Gesicht empfangen: „Es war nicht der Rede wert. Es dauerte nicht lange, und jetzt geht es mir wieder gut."

Der Weihnachtsabend ging vorüber. Asmund freute sich über alle Geschenke, die er bekam. Aber noch froher war er über die Freude der anderen, die er beschenken durfte. Die rührende Aufmerksamkeit des Todkranken machte die ganze Familie nur noch trauriger, und Nansen berichtete darüber seinem Freund Moltke Moe: „Asmunds Krankheit hat sich als Gehirnhautentzündung herausgestellt, und da besteht wenig Hoffnung. Er ist so ungewöhnlich gut, der Junge, das ganze Leben lang immer freundlich ... Ich ertrage es nicht, ihn zu verlieren."

Im März 1913 starb Asmund. Nansen lag im Kinderzimmer

über den Tisch gebeugt und weinte stundenlang so heftig, daß sich Liv vor ihrem Vater ängstigte. Fassungslos schlich der gebrochene Mann tagelang einher, aß nichts, schlief nicht und erging sich in bitteren Anklagen gegen das Leben. Im Tagebuch fand Nansens Verzweiflung Ausdruck: „Heute vormittag ist Asmund still und friedlich gestorben, wie er gelebt hatte ... Mein liebster, liebster Junge, immer warst du gut. So unaussprechlich lieb und gut wie du warst, habe ich niemanden gekannt. Warst du zu gut und zu fromm, um zu leben? Du mein geliebter Junge – wie unsagbar schmerzt mich dein Verlust."

Der Frühling kam, die Erde brach auf und duftete. Nansen war allein. Asmund war tot, gestorben im Frühling seines Lebens.

Sibirien

Sie waren zu viert: Jonas Lied, Direktor der Sibirischen Gesellschaft, die mit norwegischem, englichem, russischem und sibirischem Kapital gegründet worden war; Stephan Wassiliewitsch Wostrotin, Goldminenbesitzer aus Jenisseisk; Joseph Gregoriewitsch Loris-Melikow, Sekretär der russischen Gesandtschaft in Christiania; Fridtjof Nansen. Sie bestiegen in Tromsö den Dampfer „Correct", der durch die Barents-See und das Karische Meer die Mündung des Jenissei erreichen sollte. Sollte! Zwei Versuche waren gescheitert, der zweite mit dem Schiff „Tulla" im Jahr vorher. Viel stand auf dem Spiel, es galt, für Sibirien einen billigen Handelsweg nach Europa zu finden. Es war ein Wagnis, aber wenn es glückte, eröffneten sich ungeahnte Möglichkeiten, das Innere des asiatischen Sibirien wirtschaftlich zu erschließen.

Die Sibirische Gesellschaft hatte Nansen eingeladen. Er kannte den Weg, ihm war das Karische Meer vertraut. Seine „Fram" war diese Route gefahren, hatte sich dort oben durchs Eis gezwängt und die Barrieren durchstoßen, war bis zu den Neusibirischen Inseln vorgedrungen, um dann nach Norden zu steuern. So weit war das Ziel diesmal nicht. Aber das Karische Meer war heimtückisch genug, deshalb waren drei Eismeerkenner an Bord: Nansen, dann der Kapitän des Schiffes, Samuelsen, ein erfahrener Eismeerschiffer, und schließlich Christian Johansen, der Nordenskiöld auf seiner Expedition begleitet hatte.

Nansen hatte die Einladung begierig aufgegriffen. Er war von der Kühnheit des Planes beeindruckt und von den segensreichen Auswirkungen eines Erfolges begeistert. Die Aufgabe trat zur rechten Zeit an ihn heran: sie entriß ihn der gedrückten Stimmung, aus der er sich seit dem Tod seines Kindes nicht befreien konnte.

Nansen war vom Gelingen der Fahrt überzeugt. Das Schiff war ein moderner Frachter von 1 650 Tonnen, mit einer Eishaut und verstärkten Masten ausgerüstet; man würde sich im wesentlichen an die einstige Route der „Fram" halten.

Wenn Nansen die Mündung des Jenissei erreichen sollte, dann erwartete ihn ein weiteres, verlockendes Angebot: den Jenissei aufwärtszudampfen, nach Krasnojarsk zu reisen und mit der Bahn, so weit sie fertiggestellt war, nach Wladiwostok zu fahren. Eine Reise quer durch Asien, vom Atlantischen zum Stillen Ozean, stand ihm bevor. Wourtzel, der Chefingenieur der gesamtrussischen Eisenbahnen, hatte Nansen im Namen der russischen Regierung zu dieser Reise eingeladen.

Jetzt fuhren sie die norwegische Küste entlang. Das Bild, das er so oft gesehen hatte, nahm ihn wieder gefangen. Wie alt mußte er werden, um dieses rauhe Land, diese zerklüftete Küste ohne Rührung zu sehen?

Das Nordkap blieb zurück, die Sonne schien, und alles war gut. Die einfachen Dinge bekamen wieder ihre große Bedeutung, wurden wesentlich: Wind, Nebel, treibende Schollen. Sie steuerten durch die Karische Straße und stießen auf das erste schlimme Eis. Alles war wie einst; wie vor zwanzig Jahren kroch Nansen in den Mastkorb, das Fernglas in den Händen und rief die Kursänderungen hinunter auf Deck. Sie trieben mit dem Eis, lagen tagelang im Nebel fest, gewannen einige Meilen zwischen den schmalen Eisrinnen, ankerten vor einer neuen Eisbarriere und warteten, warteten.

Alles kam wieder: die öde Küste der Jamal-Halbinsel mit schmutzigbraunen Sandbergen und menschenleeren Ebenen, hin und wieder besucht von umherziehenden Samojeden; die Robben, die Walrosse und die Jagd. Die Jagd erleichterte das Warten. Dann kam wieder Wind, das Eis zerbrach und sie dampften weiter. Das Eis drängte sie vom Kurs, der Lotse lehnte für einen gewaltsamen Durchbruch jede Verantwortung ab, und Nansen ergriff das Steuer. Der Durchbruch gelang, die Stimmung stieg, und es gab keinen Zweifel mehr über das Gelingen der Fahrt. Vor der Teufelsinsel liefen sie auf Grund. Die Bugplatte leckte wie ein Sieb, aber das navigatorische Geschick des Kapitäns brachte die „Correct" wieder in Fahrt. Sie büßten dabei zwar einen Anker ein, den die Schiffsschraube abschlug – aber das waren Nebensächlichkeiten, die zählten nicht.

Ende August erreichten sie die Jenissei-Mündung. Am Ufer hausten in flachen Hütten Samojeden, Juraken und Russen, politisch Verbannte, die vom Fischfang im gelbbraunen Wasser des Stromes lebten. Hier, an der Mündung, war der Jenissei 50 Kilometer breit, und ungeheuer waren die Wassermassen, die in das Eismeer flossen und aus den Weiten des asiatischen Raumes, aus der Mongolei, vom Baikalsee, aus den sibirischen Tiefebenen kamen; der Weg des Flusses ist 5 200 Kilometer lang und beginnt in Höhen von über 1 600 Metern.

Währen die „Correct" ihre Ladung auf zwei Leichter umlud, war Nansen unterwegs. Er trank Tee in den Hütten der Verbannten, er besuchte die Zelte der Juraken und Samojeden, die auf ihn eine starke Anziehungskraft ausübten, weil sie in ihrer Ursprünglichkeit fast den Eskimos glichen.

Hier, am nördlichen Ende der Welt, herrschte wahrer Heißhunger nach Neuigkeiten aus dem Leben; die Seefahrer erzählten von dem, was vorgegangen war, und empfingen herzliche und großzügige Gastfreundschaft.

Dann kam das Motorboot, das Nansen nach Jenisseisk bringen sollte. Wostrotin und Loris-Melikow begleiteten ihn. 2 000 Kilometer Flußfahrt lagen vor Nansen, und er freute sich darauf.

Es wurde eine abenteuerliche Fahrt, ein Abenteuer des Geistes und der wissenschaftlichen Besessenheit, denn zahllos waren die Eindrücke, die der mächtige Fluß mit seinen flachen und steilen Ufern und seinem unerweckten Hinterland auf Nansen machte. Die Tiere, die Pflanzen, alles beschäftigte ihn. Sein besonderes Interesse galt den Menschen, ihrer Sprache, ihrer Mundart, ihren Lebensgewohnheiten.

Nachts, wenn das Boot am Ufer entlangtuckerte, wenn die Lagerfeuer in der Ebene brannten und der Rauch aufstieg zu den Sternen, dann ließ er halten, ging an Land, von Wißbegierde und von der Sehnsucht getrieben, unter den heimatlosen Nomaden zu sitzen und ihren schwermütigen Liedern zu lauschen.

Die Tundra begleitete sie bei ihrer Fahrt. Manchmal standen Rentiere am Ufer und nahmen Witterung auf. Stunden – Tage: Tundra, nirgends war ein Halt für das Auge, ein paar Zelte vielleicht, eine ferne Rauchsäule – sonst nichts.

Dann kam der Wald. Er kam zögernd, er schob Vorposten nach Norden: eine verkrüppelte Lärche, kniehoch, ein dünner Birkenstrauch, ein zweiter, und wieder Tundra. Nach weiteren Stunden, in einer Senke, erschienen Bäume, ein Hain mit weißen Stämmen, dahinter eine Tanne ohne Wipfel, festgekrallt im harten Boden, ein paar Erlen. Und endlich wogte er heran wie eine Springflut, der erste nacheiszeitliche Wald: Zedern, Birken, Tannen. Unüberschaubar blieb er von nun an, er quoll bis über die Ufer herab zum Wasser. Hier war sie nun, die sibirische Taiga, die 2 000 Kilometer breite Einsamkeit.

Aus den Zelten wurden einzelne Hütten, aus einzelnen Hütten kleine Dörfer mit weißen Holzkirchen, hineingestellt in quadratische Rodungen am Ufer des Flusses. Eine Kuh weidete am Ufer, die Früchte des Vogelbeerbaumes leuchteten durch das dunkle Grün der Tannen. Das Schiff fuhr durch das Land der Ostjaken und Tungusen.

Dann kamen wieder Kirchen und ein Kloster – Swjato Troizkij Monastir – und ein Besuch des Ufers, um das Boot aufzutanken, um einen Gang durch die Räume des Klosters der heiligen Dreieinigkeit zu machen, um politisch Verbannte zu besuchen, Klagen der Bauern über zu hohe Steuern zu hören und durch die Einsamkeit zu wandern.

Weiter ging die Fahrt nach Süden. Boote trieben vorbei; einzelne Baumstämme waren auf ihrer Fahrt in das Eismeer, um vielleicht in die große Drift zu kommen, die ihren Weg an Grönlands Küste vorbei nahm.

Die Zeit wurde knapp. Sie fuhren auch nachts. Der Mond wurde ihr Begleiter, der gleich einem gelben Ball über der dunklen Taiga auftauchte. Die Bäume flüsterten im Wind, die Bugwellen glitzerten, die Kolbenschläge der Maschine pulsten gleichmäßig. Nansen saß an Deck und gab sich ganz dem Zauber der Weite hin, die bis zu den schimmernden Sternen reichte. Die Einsamkeit des Landes machte ihn frei und gelöst. Er saß bei einem Windlicht und schrieb: „Man fühlt die ungestörte Stille der großen Waldeinsamkeit, wo der Mond gedämpft auf den Waldboden scheint und die Bäume tiefe Schatten werfen ... Heute nacht ist es kalt an Deck. Die Segel sind zum erstenmal auf dieser Reise steifgefroren und bereift. Der Herbst naht. Über dem Wasser im Süden glänzt eine Bank aufsteigenden Flußnebels weiß im Mondschein."

Der Wald, die Erde, die russische Erde und Weite beeindruckten ihn, ließen ihn Vergleiche ziehen mit den Tundren und Wäldern seiner Heimat.

„Ja, der Wald! Hier ist er größer, endloser als alles, was ich je zuvor an Wald sah – die unendliche Taiga! *Die Menschen sind wahrhaftig nicht erschaffen worden, um in Städten zu leben ...*"

Zukunftsland nannte Nansen Sibirien, Land der Zukunft, reich an Bodenschätzen, an Holz, an fruchtbarer Erde, bereit, aus übervölkerten Gebieten Eurasiens Menschen aufzunehmen. Mit großer Genugtuung stellte er fest, daß ein fleißiges und gutmütiges, mit vorzüglichen geistigen Gaben ausgestattetes Volk in Sibirien seiner Pflicht nachkam. Gewiß, viele waren nicht freiwillig hier. Aber

145

Menschen, die eher in Sibirien leben wollten als ihre politische oder religiöse Überzeugung aufgeben, waren sicher besonders charakterfest und mit einem Sinn für höhere Ziele ausgestattet. Nansen hatte das aus den Gesprächen immer wieder herausgespürt. Er vertraute dem Land, er vertraute dem gastfreundlichen Volk, das ihm Begeisterung entgegenbrachte, als hätte er bereits eine neue Epoche in der Geschichte Sibiriens eingeleitet.

Als sie nach wochenlanger Fahrt Jenisseisk erreichten, war der Kai schwarz von Menschen. Wostrotin schien ihre Ankunft telegraphiert zu haben. Es gab zahllose Begrüßungsansprachen, Festessen, einen Besuch der Knabenschulen, der Mädchenschulen und des Gymnasiums; Dankreden wurden gehalten, und Nansen hielt einen Vortrag über die Fahrt der „Fram" durch das Eismeer, den Wostrotin Satz für Satz übersetzte. Sein Buch war hier in Sibirien ebenso bekannt, wie in den Städten Mitteleuropas, und seine Reise zu den Vergessenen am Rande der Welt war für die Einwohner Jenisseisks eine Sensation. Er wurde von ihnen gefeiert wie ein Held, wie ein Verkünder eines neuen Geistes, der die finsteren Schatten ihres Lebens vertreiben würde.

Drei Tage dauerten die Festlichkeiten, dann eilten sie weiter. Ihre Kalesche, eine Tarantass mit Troikavorspann, tauchte ein in die Nacht, rumpelte durch Löcher und fuhr spritzend durch knietiefen Morast, während der Regen pausenlos vom Himmel stürzte.

Sie schliefen kaum. Der Wagen war nicht gefedert. Sie hielten nur an, um die Pferde zu wechseln, einen Schluck Tee zu trinken und die steifen Gelenke zu strecken. Die frischen Pferde galoppierten weiter, der Kutscher auf dem Bock feuerte sie an, heulte, schnalzte, schrie, hielt Zwiesprache mit ihnen, beschimpfte sie und jammerte wie ein sterbender Hund, wenn sie nicht parierten.

Nacht und Tag, Tag und Nacht fuhren sie; wo sie kurz hielten, wurden sie umringt, gefeiert, mit Aufmerksamkeiten bedacht und mit Ehrungen überhäuft. Nacht und Tag fuhren sie, fielen in Löcher, rollten durch die Einsamkeit, rumpelten durch Felder und Brachland, galoppierte das Gespann über sanfte Hügel nach Süden.

„Hoi!" schrie der Kutscher und knallte mit der Peitsche. Die Nacht überraschte sie, ehe sie Krasnojarsk erreichten. Bevor sie in der Stadt einfuhren, sahen sie vor den Toren Freudenfeuer auf den Hügeln, die ihnen den Weg wiesen. Sie trabten durch pechschwarze Finsternis näher, passierten einen Triumphbogen, von dem norwegische und russische Fahnen regennaß im Wind schlugen, und dann überraschte sie der Blick auf die Stadt mit ihren Tausenden Lichtern, die dunkle Masse von unzähligen Menschen, Fackeln, brennenden Holzstößen und der brausende Hurraruf der geduldig Wartenden. Ihr Wagen war in Jubel und Herzlichkeit festgekeilt.

Am 28. September hielt Nansen in der Stadt einen Vortrag in der Geographischen Gesellschaft. Er zeigte Lichtbilder, erklärte den Weg durch das Kara-Meer und die nahe Möglichkeit, einen dauernden Handelsweg von den weitverzweigten Flußsystemen Sibiriens durch das Eismeer nach Europa aufzubauen. Das Interesse war nicht nur ortsgebunden: aus Irkutsk und anderen Teilen Sibiriens kamen Telegramme, die Nansen dafür dankten, ein vergessenes Land in den Blickpunkt der Wirtschaft gerückt zu haben.

Von Krasnojarsk fuhr Nansen in Begleitung Ingenieur Wourtzels weiter. Im Expreßzug der Transsibirischen Bahn, der von Petersburg (Leningrad) nach Wladiwostok, Peking und dem Stillen Ozean führte, hatte man ihm einen Salonwagen zur Verfügung gestellt. Der Salonwagen hing am Ende des Zuges; die großen Fenster gestatteten einen Rundblick auf das gewaltige Land, das wie eine bunte Drehscheibe an ihm vorbeiflog. Und während Nansen mit dem unermüdlichen Wourtzel alle Probleme der Schiffbarmachung des Jenissei, des Bahnbaues, der Flugüberwachung und des Telegraphennetzes besprach, zogen die unbebauten Landstriche draußen vorbei, Wälder, Steppen, die unerschlossenen Einöden, der Baikalsee, und schufen in ihm ein neues Gefühl von einer Weite und Leere, die etwas Bedrückendes hatte. Aber nach Tagen war ihm, als wachse er mit der Landschaft, und die Bedrückung wich dem herrlichen Bewußtsein, daß die Erde noch Platz habe für die hungernden Menschen und daß Europa, das sich für den Mittelpunkt der Welt hielt, nicht ahnte, was hinter dem Ural auf eine Auferstehung wartete. Ein neues Zentrum wirtschaftlicher Macht lag noch brach, die Zukunft würde es erschließen.

Irkutsk, Tschita – Empfänge auch dort, Dankesreden, Trinksprüche auf den „großen Nansen". Nansen war beschämt; die Größe Rußlands, die mit den Sinnen eines aufgeweckten Menschen selbst in vielen Jahren nicht erfaßbar war, machte den „großen Nansen" bescheiden.

Die Bahn durchschnitt die Berge Transbaikaliens, kurvte hinab in den nordöstlichen Zipfel der Mongolei, überschritt das Chingan-Gebirge, rollte hinein in die Mandschurei – China endlich, Reich des Himmels. Braune, kahle Höhenrücken, spärliches Gras, baum- und strauchloses Land, keine Hütte, kein Haus, kein Zeichen menschlicher Tätigkeit. Nur das glänzende Schienenpaar, darüber die donnernden Räder, Staubfahnen – und wieder das Schweigen von Horizont zu Horizont, aufgefädelt auf den eisernen Strängen der Transsibirischen Bahn.

Endlich tauchten die ersten chinesischen Siedlungen auf, daneben die Häuser russischer Militärstationen. In den Stationen, in denen sie haltmachten, fielen auf: schlafende Chinesen auf den Bahnsteigen, neben ihnen die unvermeidliche Teekanne auf dem Boden, Offiziere in russischen Uniformen, eingehüllt in dickwattierte Jacken und Pelzmützen mit Ohrenklappen.

Dann erschien wieder Vertrautes: Tannen, Lärchen, Birken, einige Wiesen und magere Kühe, Schafherden und braunes, duftendes Heu.

Die Grenzstation Pogranitschnaja, rotweißer Monsterbau aus Stein und Holz, blieb hinter ihnen, sie befuhren die Küstenprovinz, deren typisches Merkmal der mächtige Gebirgszug Sinchataalin ist, und liefen am 4. Oktober mit dreistündiger Verspätung in Wladiwostok ein.

Das Japanische Meer lag vor ihnen. Der Ferne Osten war erreicht und Nansen trat in eine neue Welt, die sich vor ihm aufschloß wie ein buntes Buch und ihn anhielt, seine Reisenotizen zu vervollständigen und Betrachtungen anzustellen über kommende machtvolle Völker, die hier ihre ersten Gehversuche auf dem Parkett der Politik machten. Japaner, Chinesen, Koreaner, Russen – ein Völkerbabel von eindrucksvoller Vielfalt versuchte sich hier im Zusammenleben, ohne nationale Eigenheiten aufzugeben. Nansen beschäftigte sich eingehend mit der „gelben Frage", mit geologischen und wirtschaftlichen Problemen, und betrieb, soweit ihm Zeit blieb, ethnographische Studien. Die Stämme der Orotschonen, Golden, der merkwürdigen Giljaken und der eigenartigen Aino regten ihn zu völkerkundlichen Untersuchungen an.

Weiter fuhr Nansen, nach Norden zu, bis Chabarowsk. Er besuchte die Museen, besichtigte den Bau einer riesigen Eisenbahnbrücke und speiste in einem Lokal, in dem ein deutscher Klavierspieler und ein italienischer Geiger schwermütige russische Lieder spielten. Und plötzlich erklang eine Melodie, die vor Nansens Augen die blauen Berge Norwegens erstehen ließ: Solveigs Lied. Nansen, der in den Weiten dieses Kontinents die Existenz Europas vergessen hatte, diese kulturmüde Halbinsel, die flächenmäßig zweimal in Sibirien Platz finden könnte, wurde an Norwegen erinnert, an das „Märchen aus Stein", fern nun, entrückt von hier wie auf einem anderen Himmelskörper.

Als die Reise weiterging, war Nansen freudig bereit. Der Weg führte nach Westen, durch das Amur-Gebiet – ein Stück Bahnfahrt, ein Stück mit der Draisine, dann mit dem Auto auf einsamen Straßen, durch noch einsamere Wälder, in denen Bären, Elche, Wildschweine und der sibirische Tiger zur Jagd lockten. Aber das Leben war zu kurz, um alle Wünsche zu befriedigen, und eine Verzögerung der Fahrt hätte in der nächsten Station größte Unruhe und Bestürzung hervorgerufen.

Am 12. Oktober waren sie wieder in Transbaikalien. Die Gleise waren bereits verlegt und konnten von Bureja an befahren werden. Dann kam eine kurze Unterbrechung, die wieder eine Autoreise notwendig machte. Nansen erreichte auf der Höhe von Sawitinsk das nächste Stationsgebäude und die festverlegten Schienen, von wo er ohne Unterbrechung nach Petersburg reisen sollte. Der Zug stand bereit. Aber der Distriktingenieur des Amur-Gebietes versammelte alle Ingenieure und Arbeiter und hielt eine Rede in deutscher Sprache. Er ehrte Nansen und meinte, da Nansen als erster Reisender das Amurgebiet durchquert habe, möge diese Station, die vorläufig östlicher Endpunkt der Bahnlinie war, den Namen Nansens tragen. Nansen war einverstanden.

In sein Tagebuch schrieb er: „Es war eine völlige Überrumpelung und ich konnte mich nur aufs herzlichste für diese ebenso große wie unerwartete Ehre bedanken." Und stolz schrieb er weiter: „Es ist eine hübsche, kleine Station, die in einer fruchtbaren, zum Teil schon angebauten Ebene liegt."

Am 25. Oktober kehrte Nansen über den Ural nach Europa zurück. Die Flüsse führten Treibeis, die Felder waren schneebedeckt. Reich beschenkt betrat er europäischen Boden. In fliegender Eile strebte der Zug Petersburg zu, und Nansen wurde wehmütig zumute, da er den Abschied nahen spürte. Einen Monat lang hatte er den Wagen bewohnt, hatte in ihm gearbeitet und mit Wourtzel entscheidende Überlegungen angestellt. Jetzt war die Reise zu Ende, Petersburg war erreicht.

Benommen stieg er aus dem Zug, als erwache er aus einem Traum. Noch standen vor seinen Augen die schwermütigen Wälder, die ernste Natur mit den einfachen klaren Linien. Das endlose Land wogte in ihm nach, die Ebenen, die Gebirge, die öde, freie Tundra – vor allem aber die geheimnisvolle, unerschlossene Taiga, der dunkle Urwald. Während ihn der Lärm einer großen Stadt umflatterte, zogen noch einmal die vielen Gesichter an ihm vorbei, die ihn angestarrt hatten wie ein Wunder, wie eine Hoffnung, Gesichter von der arktischen Küste Sibiriens, von Krasnojarsk, Irkutsk, Wladiwostok, Gesichter von den baumlosen Ebenen hinter den Ufern des Jenissei, Gesichter aus den mühsam geschlägerten Lichtungen der Taiga, aus den verbrannten braunen Steppen und eisigen Höhen der Gebirge. Er nahm sie mit nach Hause; es war das größte Geschenk: das vielfältige Menschenantlitz voll Vertrauen und Hoffnung.

Krieg und Hunger

Lysaker, 24. Oktober 1914.

„Es ist bald ein Jahr her, seit unter dem überwältigenden Eindruck der endlosen Länderstrecken Ostasiens, die noch unausgenützt der Menschen harren, der größte Teil dieses Buches geschrieben wurde. Es gab mir Mut und Glauben an das Leben, mit eigenen Augen zu sehen, wieviel Raum noch die Erde birgt für Millionen Heimwesen glücklicher Menschen.

Einen furchtbaren Gegensatz dazu gewährt das Bild des jetzigen Weltbrandes, das sich von Tag zu Tag weiter vor unseren Augen aufrollt: Europa scheint den Völkern zu eng geworden zu sein, und sie bieten ihren äußersten Scharfsinn auf, um einander zu vernichten.

Welch eine unselige Verschwendung edler Kräfte! Welch ein unersetzlicher Verlust für Europas Kultur! Was hätte sich alles schaffen lassen, wenn diese Summe von Kraft und organisatorischer Tüchtigkeit, diese Begeisterung und selbstlose Aufopferung, die sich in diesem Völkerkrieg so großartig entfalten, auf das eine Ziel wäre gerichtet worden, sich die Erde dienstbar zu machen – dort im Osten ist noch Raum in Fülle!...

Den Ausgang dieses großen Weltkrieges kann heute noch niemand von uns übersehen. Er kann zu einer ganz neuen Gestaltung aller Lebenswerte führen, und das alte Europa muß eine völlig neue Rechnung aufmachen, von der wir nicht wissen, wie sie ausschauen wird. Eines aber wissen wir: Sibiriens große Wälder, die endlose Taiga mit ihren mächtigen Strömen und wogenden Steppen, liegen unberührt vom Kampfgetöse und warten wie bisher der Menschen, bis sie mit ihrem Zerstörungswerk fertig sind...“

Das schrieb Nansen als Vorwort zu seiner deutschsprachigen Ausgabe des Buches „Sibirien ein Zukunftsland“. Als es erschien, tobte der Erste Weltkrieg.

Aber „Sibirien ein Zukunftsland“ wurde gelesen. Nansens Wort war noch nicht verstummt. Das Buch erlebte im Jahre 1916 eine zweite Auflage. Sibirien, das Land der Zukunft, lag unberührt. Wo aber lag die Zukunft Europas? Die Flammen schlugen aus den Scheunen, wo das Brotgetreide lag, die Äcker wurden zerrissen und mit Menschenblut getränkt. Der Haß verblendete, der Schmerz verbitterte die Menschen. Die Verkehrung aller Werte riß die Völker in einen selbstzerstörerischen hysterischen Taumel, und kein Ende war abzusehen.

Norwegen war nicht in den Völkermord miteinbezogen worden. Die Menschen arbeiteten, lachten, gingen ihrer Freude nach. Sie blieben verschont von Flammenwerfern, Giftgas, Granaten und Maschinengewehrfeuer. Trotzdem war vieles anders geworden, und Menschen mit Weitblick erkannten, daß noch einiges sich wenden würde – und zwar zum Schlechteren.

Noch im Februar 1914 gab der norwegische Ministerpräsident die Erklärung ab: „Der politische Himmel ist wolkenlos."

Nansen war entsetzt. Daher sprach er kurz nach Kriegsausbruch in zahllosen Versammlungen über die Notwendigkeit, eine Landesverteidigung zu Wasser und zu Land aufzubauen. Er warnte davor, es bei einer Neutralitätserklärung bewenden zu lassen und die Hände in den Schoß zu legen. Niemand würde sich um die Neutralität Norwegens kümmern, wenn die Besetzung des Landes einen strategischen Vorteil für eine Kriegsmacht brachte. Er sprach sogar von einer Rationierung der Lebensmittel, der Ausgabe von Brotkarten und Fettkarten. Er griff die Verteidigungsverneiner ebenso an, wie die hysterisch gewordenen Kriegsverdiener, die aus dem Völkermord tausendfachen Nutzen zogen. Er widerlegte auch ein gefährliches Argument, daß nur die besitzenden Klassen von einer Verteidigung des Landes Gewinn haben würden.

„Etwas Schlimmeres habe ich nie gehört", sagte er. „Die besitzenden Klassen kommen immer durch, aber ich will ihnen die Zukunft des norwegischen Arbeiters zeigen, wenn das Land unter dem fremden Joch liegt, wenn Freiheit und Selbstbestimmungsrecht verloren sind und das freie Wort verschwunden ist. Dann ist auch die Zeit der Gewerkschaften vorbei. Der norwegische Arbeiter mag sich selber fragen, was es heißt, zwei bis drei Jahre Militärdienst unter fremdem Joch, in einem fremden Land, um eine fremde Macht zu verteidigen. Ist das eine Zukunft, die ihr euren Kindern bereiten wollt?"

Aber es zeigte sich, daß das norwegische Volk noch keine Ahnung von der tragischen Weite des Geschehens in Europa hatte. Es applaudierte vielleicht zu Nansens Vorträgen und ging doch ungerührt nach Hause; oder man pfiff ihn aus, manchmal flog ein Stein aus dem Hinterhalt.

Krieg in Europa! Begriff niemand, was das bedeutete? Nansen verfaßte Flugschriften, warnte die Welt und prangerte den Völkermord an. Aber was er sagte, ging unter im Lärm der Kanonen.

Verbittert, enttäuscht, hilflos floh er in seine Berge. Hier heroben schien das Leben wieder einfach. Vorübergehend schüttelte er das Grauen ab. Er schritt durch die Hochmoore, er lag im knietiefen Gras und spürte die warme Sonne auf den geschlossenen Augen. Die Erde, die Kräuter, die Blumen dufteten wie einst. Nichts hatte sich in der Welt verändert, die wahrhaftig war. Der Wind sang in den Föhren, die Bäche stürzten hell in die Täler, und die Abende zauberten milchweiße Nebelseen über die Wiesen.

„Wie die Bergweiten wogen! Sie steigen und sinken und steigen höher an – das ist Musik. Unwillkürlich ertönt im Herzen das Preislied . . . Ja, das Preislied: Ist es denn möglich? Kann eine Kultur, die eine Welt geschaffen hat, so erhaben schön wie die Musik, eine Kultur, die im Preislied höher und höher steigt, bis sie in strahlenden Schönheitsjubel ausbricht – kann diese Kultur dieselbe sein wie die, welche jene brutale Machtgier entfaltet, jenes Jagen nach äußerem Glanz?"

Es half nichts. Nansen konnte die Augen nicht schließen vor dem, was in der Welt vorging. In die Lieder der Singvögel mischte sich der Jammer leidender Menschen, der Blick über die nordische Landschaft wurde von grauenvollen Vorstellungen getrübt.

„Da unten zieht sich der Wald mit den Mooren sachte hinunter zum Sölensee, der sich weit nach Nordwesten erstreckt, mit waldigen Landspitzen und Inselchen mit Bäumen – gleich spähenden Kriegsschiffen. Das erinnert unheimlich an die Kriegsschiffe, die draußen auf der Nordsee lauern, um einander zu vernichten."

Er wanderte weiter. Aber er wußte bereits, daß es für ihn kein Entrinnen gab. Klarheit suchte er noch; er versuchte Fuß zu fassen in sich selbst. Wie konnte er dem Unheil Halt gebieten, wie konnte er in das Rad der Kriegsmaschine eingreifen, er, ein einzelner? Hatte er so viel geistiges Gewicht, den abendländischen Kulturen einen Spiegel vorzuhalten?

Du sollst nicht töten! steht geschrieben.

Wohin hatte sich das christliche Abendland verirrt? War niemand da, der den erlösenden Satz sprach: Es ist genug! Hatten die Menschen ihre Herzen verloren, ihren Verstand eingebüßt, waren sie taub und blind?

„Eine Kraftprobe ist der Krieg, heißt es. Kraft worin? In Machtgier? Kraft der Vorbereitungen, den anderen niederzuknüppeln und die Macht im günstigen Zeitpunkt an sich zu reißen? Ist das die Kraftprobe? Sind das die Eigenschaften, die die Zukunft bauen sollen?"

Du sollst nicht töten! steht geschrieben.

Wo war der Ausweg? Nansen grübelte. Er schrieb nicht mehr Tagebuch. Auf Zettel warf er flüchtige Notizen, Einsichten und Gedanken über das Kulturleben und die Zivilisation.

„Schon erbeben die Grundlagen der Gesellschaft. Die Völker Europas – die ‚Träger der Kultur' – fressen einander auf, zertrampeln die Kultur, legen Europa in Trümmer – zu wessen Gewinn? Wir alle, alle verlieren!" –

„Es mußte so kommen! Europas Kultur hat versagt. Sie ist im Kern verrottet. Wie der kranke Baum im Wald stürzte sie zusammen, sobald der Sturm losbrach.

Kultur? Ja, was ist sie denn, wenn sie das wilde Tier in uns nicht zu bändigen vermag, wenn sie uns nicht herausführt aus der Barbarei? Sittlichkeit ist ihr innerstes Wesen. Ohne Sittlichkeit ist die Kultur eine leere Schale. Jetzt aber rast das wilde Tier zügellos . . ."

Nansen trabte über das Plateau von Valdresfly. Sein Hemd war offen, der Hut saß ihm schief auf dem Kopf und seine blinzelnden Augen blickten nach Jotunheim, zu den Bergkämmen und den bekannten Gipfeln. Und während die Sonne die stillen Schneefelder beglänzte und die Wolken ihr lustiges Zerrspiel trieben, starben auf den Schlachtfeldern die Menschen. Es war unbegreiflich, hier zu stehen, die würzige Luft zu atmen, frei zu sein, das Gebimmel einer fernen Rinderherde zu hören und zu wissen, jetzt stirbt ein Mensch, und jetzt, jetzt, jetzt – sinnlos, jung, nicht wissend wofür – jetzt, jetzt, jetzt – bei jedem Pulsschlag, bei jedem Atemzug, den er hier ruhig und schauend stand, sterben sie drüben in Europa an der Marne, an der Somme, am Isonzo, vor Verdun, bei Ypern – jetzt, jetzt, jetzt – einer, hundert, tausend unwissende, unschuldige Männer.

Noch immer glaubte er an die Besinnung, an eine Umkehr, an die Vernunft, an die Liebe. Im Jahre 1916, zusammengetragen aus geläuterten Erkenntnissen und überzeugender Seherkraft, erschien Nansens Buch „Freiluftleben". Er versuchte den Menschen einen Weg zu zeigen, menschlicher zu leben, sie zurückzuführen zu den wesentlichen Dingen, zu den einfachen Gesetzen der Natur, die sie in den Steinwüsten der Städte verloren hatten.

„Eine Wiedergeburt muß kommen, eine neue Zeit mit neuen Idealen, in der die geistigen Werte wieder das Ziel sind und die materiellen nur noch die Mittel – in der nicht länger Mob und Mittelmäßigkeit die Welt regieren, sondern die großen Geister die Menschheit zu lichteren Höhen führen – in der jede geistige Errungenschaft, jeder Sieg in der Welt des Geistes mit derselben Begeisterung begrüßt wird, wie heute die materiellen – wo die Menschen für ein höheres, schöneres, einfacheres Dasein leben.“

Das waren nicht Worte eines Außenstehenden, eines Mannes, der nie Leid erfahren hatte, das waren Worte eines Menschen, der das Leid der Welt zu seinem machte und der bereit war, seine Überzeugungen nicht nur zu predigen, sondern auch zu leben. Er war es, der durch die Wälder wanderte, entsetzt und verzweifelt, weil niemand sah, was er sah, weil niemand hörte, was er hörte – und er wäre in stummer Verzweiflung weitergewandert, wären nicht aus den Tälern die ersten Rufe um Hilfe zu ihm gedrungen.

Er bereitete sich darauf vor, den Kampf gegen die Unvernunft aufzunehmen. Wer ihm in jener Zeit begegnete, erschrak über die tiefen Furchen auf seiner Stirn, staunte über den nach innen gekehrten Blick, über die Weltabgeschlossenheit. Liv, die damals Mitte zwanzig war, bekam in schwierigen Situationen, in denen sie ihren Vater um Rat fragte, von ihm zu hören: „Frag dich selber, was jetzt Mutter von dir erwartet hätte, dann wirst du den rechten Weg schon finden.“

Liv empfand den Verlust ihrer Mutter gerade jetzt schwer, und sie war davon überzeugt, daß die Mutter viele Dinge mit größerer Nachsicht behandelt hätte als Nansen. Sie vertrat auch die Ansicht, daß man das Leben nicht völlig abschreiben sollte, und sie bedauerte den Vater, der immer allein zu Hause saß und keinen Menschen zu Gesicht bekam.

„Mußt du immer so allein sein, Vater?“ fragte Liv. „Du solltest das Unglück nicht noch damit vergrößern, daß du keine Leute zu dir einlädst.“

Nansen hob verblüfft den Kopf. Dann verfinsterte sich sein Gesicht und er verließ wortlos den Raum. Irgend etwas trieb ihn jedoch wieder zurück. Er öffnete die Tür und steckte den Kopf ins Zimmer.

„Glück, das ist für die verschiedenen Menschen so verschieden. Für manche bedeutet es sozusagen das größte Unglück, allein zu sein. Aber das ist ein Armutszeugnis. Es zeigt nur, daß sie selbst nicht genügend Tiefe und Hintergrund haben.“

Er schloß die Tür, eilte mit langen Schritten die Stufen zum Turm empor und ließ Liv mit dem Gefühl zurück, daß ihr jede Tiefe abgehe. Doch Nansen fand keine Ruhe in seinem Turm. Wenn er schon alt genug war, um Einsamkeit ertragen zu können, war es die noch so junge Liv? Unruhig schritt er hin und her, dann gab er seinem Herzen einen Stoß und stieg wieder in die Halle hinunter, noch immer ernst, aber sanfter gestimmt.

„Würde es dir Freude machen, wenn ich dir etwas vorläse?" fragte Nansen.

Und ob es Liv freute! Sie lief und holte Shakespeares Dramen, und Nansen las aus dem „König Lear".

Solche Abende im Familienkreis gab es selten. Bald sollten sie ganz aufhören. Denn wieder rief das Vaterland nach ihm. – Der Kampf, zu dem Nansen sich jetzt stellte, war unblutig, aber er forderte nicht geringeren Mut: der Kampf gegen die öffentliche Meinung.

Die Vereinigten Staaten waren 1917 endgültig in den Krieg eingetreten. Mit dem Kriegseintritt kam aus Amerika die Aufforderung an Norwegen, die Lieferung von Fischen an Deutschland einzustellen, sonst würden die Vereinigten Staaten jeglichen Export von Getreide nach Norwegen abbrechen. Und 99% des eingeführten Getreides kamen aus Amerika!

Deutschland erklärte fast gleichzeitig den uneingeschränkten U-Boot-Krieg und setzte damit Norwegen unter Druck. Eine Kündigung des Fischabkommens mit Deutschland bedeutete Krieg – eine weitere Belieferung Deutschlands: Hunger! Die norwegische Regierung war ratlos, versuchte zu jonglieren, tanzte Seil über einem unheimlichen Abgrund und zögerte, schob Erklärungen hinaus, konnte sich nicht entscheiden. Wie auch? Zwischen Hunger und Krieg?

In den Läden herrschte Warenmangel, die Kohlenvorräte waren zu Ende, die Kirchen schlossen ihre Tore, Petroleum für Beleuchtung wurde gesperrt. 30 000 Arbeiter demonstrierten in der Hauptstadt und protestierten gegen die Versorgungspolitik der Regierung.

Als Nansen vor drei Jahren von Rationierung gesprochen hatte, war er verlacht worden. Jetzt saßen die Minister bang auf ihren Plätzen im Verhandlungssaal und warteten auf ein Wunder. Aus Washington kam von der norwegischen Gesandtschaft eine Aufforderung, doch eine Kommission hinüberzuschicken, die mit Amerika verhandeln sollte. Die norwegische Regierung schwieg aus Angst und Respekt vor dem näheren Deutschland. Eine neuerliche Aufforderung kam über den Telegraphen, endlich etwas zu unternehmen, da Amerika ab sofort zu weitgehenden Einschränkungen seiner Ausfuhr an Neutrale gezwungen sei. Um diese Zeit lagerte in den Silos Norwegens nur mehr für einige Monate Getreide.

Das Kabinett, festgefahren in einer Sackgasse, sah keinen anderen Ausweg und bat Nansen, die Führung der Kommission zu übernehmen. Nansen willigte ein; allerdings stellte er zur Bedingung, daß er als „bevollmächtigter Minister im besonderen Auftrag" verhandeln dürfte, und zwar direkt mit dem „War Trade Board", denn der Weg über die norwegische Gesandtschaft in Washington schien ihm ein Umweg. Die bürokratische Verhandlungsweise war ihm verhaßt, hielt ihn zu sehr in Formen der allgemeinen Diplomatie, von der er nichts hielt. Er versprach sich von seiner Arbeitsweise größeren Erfolg und bestand darauf, allein verantwortlich zu sein und völlige Handlungsfreiheit zu haben. Man hatte Angst vor Nansen, man versuchte seine Rechte zu beschneiden. Doch Nansen blieb hart. Jetzt, da es nicht um ihn, sondern um Norwegen ging, fand er seine Spannkraft wieder. Sein Wille wurde schließlich respektiert, und man bedeutete ihm, sofort abzureisen. Aber auch hierin war Nansen anderer Meinung. Er informierte sich vorerst über Warenverbrauch, den Bedarf und die eigenen Versorgungsmöglichkeiten Norwegens, über Preise und Warenmarken. Mit Professor Torup errechnete er Kalorien und Nährwerte, plante und stellte Verbrauchertabellen auf, bis er genügend vorbereitet den schweren Weg antreten konnte. Am 13. Juli 1917 reiste er mit seiner Kommission ab.

Der Name Nansen öffnete alle Türen. Man hörte Nansen an, man bewunderte ihn, man trat ihm mit Achtung entgegen – aber man zuckte bedauernd die Schultern und verwies darauf, daß Krieg war. Die Wochen verstrichen, die Verhandlungen zogen sich in die Länge.

Amerika verlangte von Nansen, die Fischlieferungen an Deutschland sofort zu unterbinden. Nansen lehnte ab. Er sagte auch warum, er gebrauchte keine Ausflüchte, er umschrieb den Weg Norwegens zwischen den Machtblöcken nicht mit diplomatischen Phrasen, er sagte in wenigen Sätzen die Wahrheit. Seine Verhandlungspartner staunten über den Vertreter des kleinen europäischen Landes, der ihnen ungeschminkt seine Nöte, seine Forderungen, seine Zugeständnisse mitteilte. Seine Offenheit entwaffnete sie, seine Wahrheitsliebe durchlöcherte die Paragraphen und Klauseln. Amerika war zu Zugeständnissen bereit, es forderte jedoch die Rationierung der Lebensmittel in Norwegen. Nansen schickte Telegramme, beschwor den Storting, dem Wunsch des War Trade Board in diesem Punkte nachzukommen. Was zurückkam, waren ausweichende Antworten, Verschiebungen, nichts.

Monate verstrichen. Nansen entschloß sich nach langem Zögern, Liv nachkommen zu lassen.

„Komm. Aber es wird nur für vierzehn Tage sein", telegraphierte er. Aus den vierzehn Tagen wurden für Nansen noch sechs Monate, für Liv mehrere Jahre.

Die Lage in Norwegens Lebensmittelbelieferung war trist wie zuvor. Die Schwierigkeiten nahmen zu. Die USA beschlagnahmten alle Schiffe Norwegens, die in ihren Häfen lagen. Die Kommission reiste geschlagen ab, entmutigt, resigniert. Nansen blieb. Sein Volk hungerte. Er konnte nicht aufgeben, er durfte nicht aufgeben, er wollte nicht aufgeben. Jetzt erst recht nicht! Telegramme jagten durch den Draht, kreuzten einander, sagten zu, widerriefen – sie zeigten deutlich die verworrene Situation in der Heimat. Auf Nansens Schreibtisch häuften sich die Briefe aus Norwegen, die ihn anflehten, sein Land aus der zunehmenden Verzweiflung herauszuführen. Die Vorschläge, die von der norwegischen Regierung kamen, waren absurd, waren unreal und zeigten eine völlig falsche Einschätzung der Lage. Nansen schrieb schärfer zurück, als es einem „Minister im besonderen Auftrag" zustand. Gleichzeitig fand er mit Hilfe Herbert Hoovers, dem amerikanischen Lebensmittelverwalter, einen Weg, um Norwegen 86 000 Tonnen Getreide zu senden: amerikanisches Getreide für norwegische Schiffe – norwegische Schiffe für amerikanische Lebensmittelhilfe an Belgien.

Aber Nansen brauchte die unbedingte Vollmacht der Regierung. Er telegraphierte, er wartete, er wartete voll Ungeduld. Die Antwort blieb aus. Amerika drängte. Warum zögerte Norwegen? Das War Trade Board wurde mißtrauisch und zeigte gute Lust, das Versprechen zurückzuziehen. Warum zögerte die Regierung?

Norwegen hungerte. Nansen unterschrieb. Am 30. April 1918 unterzeichnete er den Vertrag ohne Vollmacht, ohne Zustimmung der Regierung, er unterschrieb in seinem Namen, er nahm die Verantwortung auf sich und bemerkte nicht ohne Bitterkeit, daß die Regierung den Rücken frei haben wollte, um dem Volk gegenüber als unschuldig dazustehen, falls das Abkommen daheim ungünstig aufgenommen würde.

Das „Amerika-Abkommen" war Wirklichkeit geworden. Während die führenden Politiker in Washington Nansen mit einer kleinen Feier ehrten und ihm zu seinem Erfolg gratulierten, trat das Storting in Norwegen zu einer feierlichen Sitzung zusammen, diskutierte den amerikanischen Vorschlag und stimmte zögernd einer bedingten Vollmacht für Nansen zu. Als die bedingte Zustimmung und weitere Änderungsvorschläge der Regierung Nansen erreichten, wurden die ersten Schiffe längst mit Weizen beladen. Norwegen war gerettet, der Hunger war ausgesperrt, das Kriegsgespenst vertrieben.

Mit diesem Sieg kehrte Nansen still und unauffällig nach Norwegen zurück. Ihm war in letzter Minute ein Abschluß geglückt, der keinem anderen neutralen Land gewährt wurde. Seine Diplomatie der Offenheit und Wahrhaftigkeit, von den Berufsdiplomaten mit Nasenrümpfen und abfälligem Lächeln bedacht, eröffnete eine neue Form von Verhandlungen zwischen den Völkern.

„Die Klassenpolitiker und die Staatsmänner müssen endlich entdecken, daß es nicht nur Menschen gibt, sondern auch Mitmenschen. – Es muß eine Welt kommen, in der Menschen nicht nur einander mit den Lippen anerkennen, sondern einander wirklich helfen."

Er kehrte zurück, ein siebenundfünfzigjähriger Mann, er kam heiter, er kam aus Amerika, er hatte einen neuen Lebensstil kennengelernt.

Wer ist dieser Narr?

Er kam in die alte Heimat. Es war gut, wieder zu Hause zu sein, in Lysaker, wo so viel Arbeit auf ihn wartete. Die Wissenschaft und die Familie warteten auf ihn. Wartete sonst nichts? Hatte es noch Sinn, den Meeresströmungen nachzuspüren? Das russische Land wurde erschüttert von der Revolution; die österreichische Monarchie zerfiel; von den Totenfeldern des Westens erhoben sich Gestank, Wehklagen und Verzweiflung. Das Haus in Lysaker wurde umbrandet von den Wellen der Hoffnungslosigkeit, des Leides, der Erschöpfung und dem Racheschrei der Sieger.

Es gab also Wichtigeres für Nansen zu tun, als der Wissenschaft zu dienen. Das konnten nötigenfalls auch andere. Die Welt wieder ins Gleis bringen, den Frieden verwirklichen, das war *seine* Mission.

Nansen schob die Blätter mit Zahlen und Tabellen wieder in die Lade. Er nahm seinen Koffer aus dem Schrank und reiste nach Europa. Er betrat Europa wie ein Leichenschauhaus, und er erwartete Betroffenheit, Zerknirschung, Selbstanklage, Bestürzung – und er fand sie; und er fand Trauer. Er traf aber auch den Haß, den unausrottbaren Haß, den kein noch so fürchterliches Grabmal mäßigen konnte, ein Grabmal von 13 Millionen Toten.

Nansen machte seinen Anspruch als Vertreter eines neutralen Landes geltend. Er trat auf als Repräsentant der „Norwegischen Vereinigung für den Völkerbund". Dem Amerikaner Wilson war es hauptsächlich zu verdanken, daß der Plan vom „Bund aller Völker" im Jahre 1919 verwirklicht werden sollte. Aber schon zu Beginn des hoffnungsvollen Auftakts schob sich das Recht des Siegers in die Statuten. Die Besiegten in die Vereinigung aufnehmen? Niemals! Die kleinen Völker? Die Neutralen? Vielleicht, aber mit weniger Rechten, vielleicht nur mit beratender Stimme. Der Plan Wilsons wurde fast Zeile für Zeile gestrichen, der Vertreter der Unversöhnlichkeit, Clemenceau, gewann an Boden.

Nansen erschien in Paris, er drang ein in die Atmosphäre der Arroganz, des Hochmuts und der politischen Blindheit. Er sprach von Recht und Gerechtigkeit, er prägte die einfache Formel: Wer Haß sät, wird Haß ernten!

„Die erste und wichtigste Aufgabe für den Bund wird sein, die beste Ordnung zu finden, die einen dauernden Frieden auf Erden sichern und Krieg sowie jegliche Wiederholung des Elends dieser Jahre verhindern kann... Die natürliche Voraussetzung für den Völkerbund muß selbstverständlich sein, daß sich *alle* zivilisierten Völker darin vereinigen mit dem gemeinsamen aufrichtigen Willen, eine neue Welt zu gründen... Es würde den Bund schwächen, wenn irdendeine Nation außerhalb bliebe. Nehmen wir an, zwei Länder wie Deutschland und Rußland würden aus irgendeinem Grund nicht aufgenommen. Sie könnten dann allmählich in ein Bündnis *gegen* die Liga hineingezwungen werden..."

Wie sollten sich Nansens Worte später bewahrheiten! Gerade das sollte sich als verhängnisvoll erweisen, daß Amerika dem Völkerbund ferngeblieben ist und Deutschland und Rußland vorerst nicht beitreten durften!

Die Leute aber sagten: Wer ist dieser Narr? Und manche lachten heimlich über Nansen, viele offen und zynisch. Nansen wußte es, er hörte, wie sie ihn verspotteten und einen weltfremden Idealisten und Schwärmer, einen komischen Vertreter gefühlvoller Menschlichkeitsduselei nannten. Aber er gab nicht auf, er redete, beschwor und demonstrierte; er schloß die kleinen Staaten zusammen, nein, sie scharten sich um ihn und bildeten einen Stoßtrupp.

Nächstenliebe als Vergeltung

Diese kleinen Staaten waren es, die die „Großen" – groß nicht an höherer Einsicht und Vernunft – sofort durch eine echte Friedenstat beschämten. Sie griffen Nansens Vorschlag auf, einen winzigen Bruchteil dessen, was Kriegswaffen kosteten, den Waffen des Friedens zu überweisen. Als erstes Land öffnete Dänemark seine Grenzen, und Tausende hungriger, entkräfteter Kinder aus Deutschland und Österreich fanden großzügige, verständnisvolle und liebebereite Zieheltern, die die unschuldigen Opfer vor dem Untergang retteten. Ganz Skandinavien schloß sich an. Unaufhörlich rollten die Züge nach Norden, nach Dänemark, nach Norwegen, nach Schweden, und bald waren es 60 000 Kinder, unterernährt und kränklich, unschuldige Büßer einer Schuld weniger machtgieriger Staatsmänner, verblendeter Politiker, irregeführter Volksvertreter: sie konnten gerettet werden*.

Nansens Realpolitik hieß Nächstenliebe. Sie begann zu wirken, sie spannte ihre Fäden von Mitteleuropa nach Skandinavien, sie knüpfte Bande zwischen Familien verschiedener Nationen, die einander nie gesehen hatten, die aber eines gemeinsam empfanden: Nie wieder Krieg, unseren Kindern zuliebe!

---

* Von der nordischen Hilfe für deutsche und österreichische Kinder sei erwähnt: in Dänemark wurden 30 000 Kinder für Monate, oft bis zu einem Jahr und länger aufgenommen. Dänemark – mit seinen dreieinhalb Millionen Einwohnern – hat übrigens zur Hilfe für Kriegsgefangene und Notleidende 51 Millionen Kronen aufgewendet! Schweden nahm 21 000 Kinder auf. Die norwegische Hilfe umfaßte anfangs (1919) nur deutsche Kinder, 1920 im wesentlichen österreichische und 1922 deutsche und österreichische. In Wien und Berlin wurden große Küchen eingerichtet. Später ging man dazu über, den Kindern in der Schule Frühstück mit Brot, Kakao und Lebertran zu verabreichen. Die Zahl der in Norwegen aufgenommenen Kinder betrug 8 000. (1934 befanden sich noch 100 deutsche und österreichische Kinder in Norwegen.)

Hunger in Rußland

Noch war die Welt weit davon entfernt, genesen zu sein. Staaten zerfielen, neue erstanden, Grenzen wurden verschoben, den Besiegten Lasten auferlegt, die unsinnig erschienen, Politik der Vergeltung und der Bereicherung wurde betrieben, aber ein erster Funke neuer Menschlichkeit fiel hell in die dunklen Intrigen der neuen Mächtegruppen. Nansen schöpfte Hoffnung. Wenn der einfache Bürger einzusehen begann, daß es reine Menschenpflicht war, dem Hungernden ein Stück Brot zu geben, gleichviel, ob er Deutscher, Österreicher, Russe, Katholik, Protestant, Nationalist oder Kommunist war, um wieviel größer müßte das Verständnis dafür bei den Staatsmännern sein, die sich politischen Weitblicks rühmten!

Wieder in Paris, erfuhr Nansen das Gegenteil. Die Großmächte des Völkerbundes wandten Unsummen dafür auf, in die russische Revolution einzugreifen. Sie unterstützten die Weißen Truppen in Polen, in der Ukraine und in Sibirien, um Moskaus neue Regierung niederzukämpfen. Was daraus entstand, war neues Elend, Millionen Tote auf den Schlachtfeldern, hunderttausend tote Frauen und Kinder, ahnungslose Kinder, dahingerafft von Seuchen und Hunger.

Nansen verhandelte sofort mit Herbert Hoover, dem Präsidenten der amerikanischen Hilfsorganisation American Relief Administration. Nansen setzte den Obersten Rat der Siegermächte von ihrem Vorhaben in Kenntnis und schlug vor, eine humanitäre Kommission zu bilden, die die Hilfslieferungen nach Rußland durchführen sollte. Aber die Großmächte waren damit beschäftigt, den Kommunismus in Rußland zu stürzen. Am 3. April 1919 schickte Nansen an Wilson, Lloyd George, Clemenceau und Orlando gleichlautende Briefe: „... möchte ich von einem neutralen Gesichtspunkt und nur aus menschlichen Gründen einen Vorschlag zur Linderung des riesigen Elends machen. Ich halte es für möglich, eine rein humanitär arbeitende Kommission zu organisieren... die aus Norwegern, Dänen, Schweden, möglicherweise aus Holländern und Schweizern bestehen würde... die nur das menschliche Ziel hat, Leben zu retten.

Ich sehe die politischen Schwierigkeiten durchaus ein, und ich würde mich freuen zu hören, unter welchen Bedingungen Sie ein solches Unternehmen befürworten könnten und ob diese Kommission auf finanzielle Unterstützung durch Ihre Regierung hoffen kann..."

Am 17. April kam die Antwort. Sie brachte kein klares Nein. Sie drückte sogar Mitgefühl aus. Aber sie stellte Bedingungen: die Feindseligkeiten innerhalb Rußlands, der Transport von Truppen und Kriegsmaterial müßten sofort eingestellt werden.

Das bedeutete einen Eingriff in die innenpolitischen Vorgänge in Rußland und war für die neuen Machthaber in Moskau unannehmbar. Aber Rußland hungerte, und Nansen wagte einen letzten Vorstoß. Er versuchte, an Lenin zu telegraphieren; sein Telegramm wurde von den Ämtern nicht angenommen und einem Kurier wurde die Einreise verweigert; endlich gelang es Nansen, ein Telegramm von Berlin aus abzuschicken.

Die Antwort des Volkskommissars für Äußere Angelegenheiten kam prompt. Georgij Tschitscherin schrieb: „Angesichts des weltweiten Vertrauens zu Ihnen würde die russische Regierung gern mit Ihnen in Verbindung treten, um Ihren Plan durchführen zu helfen, den Sie ausdrücklich einen rein menschlichen nennen..."

Nur eines lehnte Rußland nach wie vor ab: die Einmischung in seine inneren Angelegenheiten. Nansens Plan war daher gescheitert. Die vier Großmächte bestanden auf dem sofortigen Abbruch der revolutionären Auseinandersetzung. Für die Sowjets hieß das aber, den Weißen Truppen Vorschub leisten. Moskau lehnte ab. Der Westen bedauerte. Die Seuche griff um sich, Kinder und Frauen starben weiter, verhungerten in ihren Hütten, in denen das Feuer längst erloschen war. Die Mauern des Schweigens wuchsen an Rußlands Grenzen zu den Wolken empor.

Nansen war bedrückt. Er bangte bereits jetzt, im Jahre 1919, vor einer neuerlichen Auseinandersetzung zwischen Ost und West. Er war überzeugt, daß eine menschliche Annäherung ohne politische Rücksichten das neue Rußland leichter mit Europa verknüpft hätte. Er wußte es, denn er kannte Rußland, er kannte Sibirien, er kannte das Volk, er erinnerte sich der Gesichter am Jenissei, in Irkutsk, in Wladiwostok. Er durchschaute die Zusammenhänge, die zur Revolution geführt hatten – daß, was heute unverständlich scheint, die Bauern bis zur Revolution leibeigen waren. Nansen begrüßte die Revolution nicht, aber er hatte ebenso wenig Verständnis für das ausbeuterische Zarentum. Er dachte auch jetzt nicht im entferntesten daran, mit seinen Hilfsmaßnahmen irgendein politisches System zu unterstützen, er dachte nur an die hungernden Menschen. Die „hohe Politik" dachte anders. Nansen war überzeugt, daß die Blockade gegenüber Rußland abwegig war und daß sie von konservativen Emigrantenkreisen gefördert wurde. Und er warf all jenen, die unbewegt zusehen konnten, wie Kinder verhungerten, mit dem Gewicht seiner Persönlichkeit eine andere Parole entgegen: Nicht mitzuhassen, mitzulieben bin ich da! Aber er stand ziemlich allein. Sollte das schmale Licht, das er im Verein mit den skandinavischen Ländern entzündet hatte, von Mißgunst ausgelöscht werden?

Rußland erzitterte unter den Anstrengungen der Revolution. Die Alliierten unterstützten die Gegenrevolution. Zwischen den Fronten verdarb die Erde. Hunger, Hunger überall. Nansen war verzweifelt und gab doch nicht auf. Er war schon durch dichteres Eis vorgedrungen. Er hielt die Augen offen. Er wartete wachsam auf einen Riß, einen schmalen Durchschlupf, um sein Rettungsboot durch die eisige Wüste verhärteter Herzen durchzuschleusen. Er war nicht untätig. Er arbeitete im Völkerbund. Er legte Steinchen zu Steinchen und baute mit, die zerschlagene Welt zu einem neuen Gebäude zusammenzusetzen.

Vorhof der Hölle

Der Friede war vor eineinhalb Jahren geschlossen worden. War nun Frieden in der Welt? Die Erde atmete ruhig; sie barst nicht mehr unter den Granaten, kein Gas vergiftete die Staaten. War deshalb nun Frieden in der Welt? Die Toten schliefen; lebendig waren nur die Zahlenkolonnen in der Statistik; sie wuchsen noch immer, täglich: vermißt, Verbleib unbekannt, vielleicht gefangen, vielleicht auch tot, gefallen auf dem Felde der Ehre. Und die Namen der Toten zogen durch die Erinnerung von Müttern, Frauen und Kindern.

Die Stille war wiedergekehrt, eine unheimliche, lähmende, unheilschwangere Stille. Das war nicht die Stille des Friedens; irgendwo lauerte verborgen das Unheil.

Nansen saß zu Hause. Er war heimgekehrt, um Atem zu schöpfen in einer Luft, die kristallklar über den Bergen stand. Er war müde. Es machte ihn immer müde, machtlos zusehen zu müssen, wenn die Vernunft unterlag. Nansen brauchte die Stunden der Stille, die Unbewegtheit der Natur, in der nur die Wolken wie wehende Fahnen vorbeizogen. Er sammelte Kraft für neue Aufgaben. Er war 60 Jahre alt, sein Haar war weiß geworden. Seine zweite Frau, Sigrun Munthe, die er im Juli des Jahres 1919 geheiratet hatte, umsorgte ihn. Seit dem Tod seiner ersten Frau waren dreizehn Jahre vergangen. Oft hatte er mit Liv über die Möglichkeit einer Wiederverehelichung gesprochen, aber diesen Gedanken verlegen lächelnd immer verworfen. Er hielt es für besser, wenn seine Tochter Liv endlich in den Hafen der Ehe käme, denn er sehnte sich nach Enkelkindern. Trotzdem war er nun früher in den Stand der Ehe getreten als Liv.

Auch in der friedlichen Atmosphäre des Heimes verließen Nansen nicht die quälenden Gedanken – er fühlte sich verantwortlich für das Leid in der Welt, das Menschen lindern konnten, wenn sie nur willens wären. Den hungernden Russen zu helfen, verboten ihm politische Schranken. Aber in den Weiten Rußlands lagen die

166

Kriegsgefangenen, die immer noch auf ihre Heimführung warteten. Daß sie bei der Hungersnot und durch die Revolutionswirren in der allerschrecklichsten Lage waren, daß sich die russischen Behörden um sie am wenigsten kümmerten und die Lager einfach ihrem Schicksal überließen, das ging aus vielen Berichten hervor, die ihm in die Hände kamen. Konnte er nicht wenigstens hier eingreifen? Mit grauenvoller Deutlichkeit schrieb die Rot-Kreuz-Schwester Elsa Brandström:

„Gefangenenlager Novo-Nikolajevosk. In zwei Erdbaracken, ‚Kirchhofsbaracken' genannt, lagen 2300 Gefangene, Gesunde und Kranke. Von Eiszapfen tropfte Schmelzwasser, die Pritschen waren ständig naß. Die Fieberkranken erhielten keine Hilfe, nur die ihrer Kameraden. Schwerkranke krochen in den Schnee hinaus, um den höllischen Durst zu löschen. Täglich starben 70 bis 80 Mann. Weitere Gefangene wurden in das Lager gestopft. 8600 waren es im Winter, davon starben 4500 an Flecktyphus. Die Toten wurden zu Haufen gestapelt, bis sie von den Wagen, die die Gefangenenkost brachten, irgendwohin transportiert wurden ...

Lager Totzkoje. Auch hier Flecktyphus – aber keine Arzneien, kein Stroh, kein Waschmittel, kein Holz, kein Wasser. 800 Mann lagen in einer Baracke, krank, hungrig, fast unbekleidet, dafür voll von Ungeziefer. Niemand half, konnte helfen. Der Arzt hatte den Kampf längst aufgegeben: er teilte die Fieberkranken in ‚Leichtkranke', die noch einige Tage zu leben hatten, in ‚Schwerkranke', bei denen es in Stunden vorbei sein würde, und in ‚Gesunde', die Tuberkulose, Nierenentzündung, Dysenterie hatten, nur Flecktyphus und Pocken noch nicht. Insgesamt starben in Totzkoje 17000 Gefangene.

Viele versuchten, freiwillig in den Tod zu gehen, ehe sie vor Durst und vor Grauen wahnsinnig wurden, und stürzten sich in den nahen Fluß. Der Lagerkommandant stellte Posten auf, um die Verzweifelten an der Selbsterlösung zu hindern, und ließ sie in die Pesthöhlen der Baracken zurücktreiben.

Lager Krepost. 16000 Tote; auch hier griff der Wahnsinn um sich. Heulend krochen die Irrsinnigen zwischen Toten umher und spielten mit den Ratten. Einer versuchte, seine Kameraden zu erwürgen, und viele wagten nur mehr zu schlafen, wenn andere wachten."

25 Lager des Grauens, Vorhöfe der Hölle, in Turkestan, am Kaspischen Meer, in Persien, Afghanistan und in China beherbergten 200000 Menschen. Sie beherbergten auch Malaria, Ruhr, Skorbut,

Cholera und Flecktyphus. Dazu kam die unerträgliche Hitze bei Tag, oft bis 55° Celsius, und die klirrende Kälte der Ödlandnächte.

Am Baikalsee starben 11 000 Menschen.

Am Schwarzen Meer starben 5 000 Menschen.

Beim Bau der Murmanskbahn starben 25 000 Menschen.

Schwerkranke wurden oft in Güterwagen verschickt, oft bei –60° Celsius. Bei der Ankunft am Bestimmungsort lebte keiner mehr.

Von 3 000 Kranken auf der Insel Nargin überlebten 90. Sie hatten sich von Schlangen ernährt.

Rußland, Sibirien und Turkestan waren die letzten Ruhestätten für eine halbe Million Menschen!

Und es war doch Frieden in der Welt!

Die Oktoberrevolution 1917 hatte die Drahtverhaue vieler Kriegsgefangenenlager und der Gefangenenlager für politische Häftlinge aus der Zarenzeit niedergelegt. Die Freiheit stand auf rachitischen Beinen vor den Gefangenen und lockte sie hinaus in die verbrannte Steppe. Ein unermeßlicher Strom halbverhungerter Menschen wälzte sich nach Westen, irgendwohin, wo es vielleicht noch ein Strohdach aufzufressen gab. Viele gerieten zwischen die Fronten der „Roten" und „Weißen", wurden hin und her geschickt, manchmal bewaffnet, um für eine Partei noch einmal das Leben zu riskieren, oder sie wurden zum zweiten Mal interniert. Aus diesen neuen Lagern gab es kein Entrinnen mehr. Hunger und Seuche wurden von den Weißen Truppen planmäßig eingesetzt, um diese Lager systematisch zu vernichten.

Die Kommunisten eroberten dann zum zweiten Mal Sibirien, zum zweiten Mal wurden die noch lebenden Gefangenen „freie Bürger", sich selbst, ihrem Geschick und dem Hunger überlassen.

Und wieder starben Menschen, Menschen. Aber was war ein Mensch in einer Zahl, was war einer unter 500 000? War ein Gefangener noch Mensch? War es ein Wunder, daß jeder nur an sich dachte? Rette sich, wer kann – überleben, um jeden Preis überleben –, und erneut setzte sich der Gefangenenstrom in Bewegung nach Westen, nach Osten, durch die Taiga bis nach China, durch Wüsten und Steppen, durch Schnee- und Sandstürme hinein in die weiten Gefilde des Hungers, hinein in den Tod.

Das Jahrhundert der Greuel hatte begonnen. Die Gefühle wurden getötet, die Verantwortung auf den Mist geworfen. Die Menschen unterschieden nicht mehr zwischen gut und böse, sondern zwischen nützlich und unnütz.

Sorgenvoll beobachtete Nansen von Lysaker aus die Vorgänge in Rußland und Europa. Was sollte aus dieser Welt werden? Niemand schien bereit, in das Chaos Ordnung bringen zu wollen. Nansen fühlte die Verpflichtung zu helfen, wie immer, wenn es zwischen den Völkern Differenzen gab. Aber er war auch verzagt und enttäuscht, wenn er an seine jüngsten Bemühungen beim Völkerbund zurückdachte. Wäre es nicht besser, überlegte er, die unterbrochene wissenschaftliche Laufbahn wieder zu betreten?

Der Weltverband des Roten Kreuzes versuchte nun aber, den Völkerbund in Genf für das Problem der Heimsendung aller Kriegsgefangenen zu interessieren. Und diesmal interessierte er sich. Die Hohe Versammlung beratschlagte und kam zu dem Schluß, daß man „einen Menschen beauftragen könnte, der allgemeine Achtung und Anerkennung für seine Organisationstüchtigkeit, Tatkraft, Begabung und Seelengröße besitzt, die nötigen Bestimmungen zu treffen, um die Aufgaben zu lösen, die der Völkerbund auf sich genommen hat".

Viele andere Worte fielen und reihten sich geschmeidig aneinander, erwärmten die Sprecher und Zuhörer, bis zwischen zwei selbstgefälligen Reden der Völkerbundsekretär Philip Noel Baker einen Namen vor dem versammelten Forum nannte: „Fridtjof Nansen."

Lord Curzon, der englische Außenminister, fügte hinzu: „Fridtjof Nansen ist der einzige lebende Mensch, dem sich die Türen aller Ministerien öffnen werden; auch jene in Rußland!"

Die Versammlung war mit der Nominierung Nansens einverstanden. Jeder erinnerte sich an Nansen, jeder in anderer Weise, manche nur mit einem Gefühl der Scham. Keiner zweifelte an der Lauterkeit, an dem Heldenmut, an der Opferbereitschaft, an den umfassenden Kenntnissen dieses Mannes. Ein Telegramm wurde verfaßt und nach Lysaker abgeschickt, viele atmeten erleichtert auf und waren froh, für eine unangenehme, anstrengende und undankbare Aufgabe, für eine Herkulesarbeit einen schrulligen Idealisten gefunden zu haben, der an die Standarte des Völkerbundes ein Ruhmesblatt heften würde.

Die Antwort aus Norwegen brachte dem Völkerbund eine Enttäuschung. Nansen hatte gedrahtet: Nein! Nun war die Ratlosigkeit echt. Wenn ein Nansen ablehnte, war die Lage aussichtslos. Aber war sie aussichtslos? Was hatte den Mann aus Lysaker bewogen, dem Hilferuf kein Gehör zu schenken?

„Warum müssen sie gerade einen Professor dazu haben?" fragte Nansen verzweifelt seinen Freund Werenskiold. Er stand vor seinem Schreibtisch und blickte auf die halbbeschriebenen Blätter. Warum ließen sie ihn nicht in Ruhe sein Lebenswerk beenden? Die Politik, die Diplomatenzeit in London, Verhandlungen in Paris, in Amerika und Genf hatten ihm Zeit und Kraft genug geraubt. Jetzt wollte er wieder Wissenschaftler sein. Sein Nein war keine Absage an die bedauernswerten Gefangenen, es war ein Schlag gegen eine Anzahl bestimmter Politiker und Diplomaten, die nach Nansens Meinung an dem Elend, an den Leiden unschuldiger Menschen mitschuldig waren. Er war verärgert, weil man ihm jetzt eine bereits unlösbare Aufgabe zuzuschieben versuchte, weil man ihm eine Last aufbürdete, die alle zu tragen hätten: der Völkerbund, alle Nationen, die gesamte Menschheit. Aber hier schloß sich der Kreis, der ihn miteinbezog: alle Nationen, die Menschheit! Konnte er demnach abseits stehen?

Er zögerte, er zweifelte, und sein Nein, das alle ernüchternd in das Sekretariat des Völkerbundes gekommen war, verlor bei ihm zu Hause in Lysaker, in Nansens Herzen allmählich seine Schärfe.

Ratlosigkeit herrschte in Genf, neue Männer wurden genannt, aber keiner für fähig befunden, das Amt zu bekleiden und es mit Leben zu erfüllen.

In dieser ausweglosen Situation bat Noel Baker um die Vollmacht, nach Norwegen reisen zu dürfen, um ein persönliches Gespräch mit Nansen zu führen. Vorschlag, Abstimmung und Zustimmung kamen in unglaublich kurzer Zeit zustande. Noel Baker reiste noch am selben Tag. Er wußte, daß jede Stunde Zögern Menschenleben kostete.

In der großen Halle von Polhögda wartete Noel Baker. Nansen wurde in seinem Turmzimmer trotz wichtiger Arbeit gestört. Er brauchte nur hinunterzugehen und sein Nein zu wiederholen. Dann konnte er wieder hinaufsteigen, die Feder ergreifen und weiterarbeiten, als wäre nichts geschehen. Das würde er machen. Dann käme endlich Ruhe in sein Haus, Ruhe in seine Arbeit, und sie, die Männer in Genf, würden ihn zufrieden lassen in Zukunft.

Käme aber auch Ruhe in seine Seele? Man würde sehen. Er schritt die Stufen hinab, entfernte sich von seiner Arbeit, stieg hinunter in das Zimmer, wo einer mit hoffnungsvollem Blick ihm entgegensah, stieg hinunter und war mitten in tiefste menschliche Not geraten.

„Werden Sie helfen?" waren Bakers erste Worte.

„Die Lösung Ihrer Fragen steht mir nicht zu. Ich bin Wissenschaftler", sagte Nansen.

„Nur zwei Monate", bat Baker. „Soll ich Ihnen schildern, was an Leid über uns hereingebrochen ist?"

Nansen blickte erstaunt auf Baker.

„Das können Sie sich ersparen", antwortete er mit bebender Stimme, „ich kenne die Berichte der Brandström, der Quäker und des Roten Kreuzes. – Zwei Monate? Zwei Monate? Glauben Sie, daß so viel unsinniges Leid in zwei Monaten repariert werden kann?"

Baker blickte zu Boden. Er begann von etwas anderem zu sprechen: „Der italienische Vertreter der vierten Sitzung des Völkerbundrates, Longare, sagte, daß zweierlei getan werden müßte: erstens müßte man Hilfe bringen, um die Leiden der Gefangenen zu verringern und sie vor dem Untergang zu retten. Zweitens müßte man Mittel für die Heimführung finden."

„Um wie viele Gefangene handelt es sich und wo befinden sich die Lager?"

„Genaue Zahlen kennt man nicht. Man schätzt, daß sich eine halbe Million Gefangener in den Lagern befindet. Wo die Lager sind ...?" Baker hob die Hände.

„Ist die Sowjetregierung bereit, Beistand zu leisten?"

„Ich weiß es nicht."

„Wer wird Transportschiffe zur Verfügung stellen?"

„Ich weiß es nicht."

„Ich frage Sie, wer wird Auffanglager errichten, Quarantäne- und Desinfektionsstationen organisieren, wer wird Kleidung und Nahrung für die Gefangenen beschaffen?"

„Ich weiß es nicht."

„Wer wird die erforderlichen Geldmittel auftreiben?"

Schweigen, Achselzucken; der niedergeschlagene Noel Baker fühlte seine Hoffnung dahinschwinden; er spürte aus den gezielten Fragen, auf die es keine Antwort gab, eine riesige Anklage gegen die Institution, deren Generalsekretär er war.

„Ja, wäre ich denn allein?" fragte Nansen schließlich und tat erstaunt.

„Jetzt sind Sie allein", gab Baker zu. „Aber wenn Sie ja sagen, wird sich ein Strom von Hilfsbereiten und Opferwilligen um Sie scharen. Wenn *Sie* sich an die Spitze des menschlichsten Samariterwerkes stellen, wird die Welt Ihrem Beispiel folgen."

Nun wußte Nansen Bescheid. Dort ein Chaos, hier eine gähnende Leere, ein Nichts; ein bodenloses Nichts, in das jederzeit das Chaos stürzen kann. Das hatte er befürchtet. Er wußte schon, wie weit der Weg war von Worten des Mitgefühls bis zur hilfreichen Tat.

Er wäre in dieser Kraftprobe der Menschlichkeit allein. Bei seiner letzten hatte er Schiffbruch erlitten. Konnte diesmal etwas erreicht werden? Diese Fragestellung war falsch. Nansen sah es immer klarer: Es gab hier überhaupt keine Frage, denn es *mußte* versucht werden. Eine halbe Million Gefangener! Wie viele Mütter, Väter und Kinder, die der Wiedervereinigung harrten, mochte das ergeben? Auch die geringste Chance mußte ergriffen werden! Und Erfolg war doch möglich! Vielleicht ließen sich doch Haß, Neid und Mißtrauen der Völker in Versöhnung, Verstehen und Hilfsbereitschaft umwandeln? Würde nicht vielleicht sogar der Völkerbund, diese schwächliche Vereinigung, durch eine solche Tat doch noch ein echter Bund der Völker werden können?

Aber allein? – War er nicht immer allein gewesen? Hatte er plötzlich Angst? Er, der gelernt hatte, im Schoß der eisigen Ewigkeit zu warten und in die Stille des Universums zu lauschen, er zögerte? Scheute er sich, die Verantwortung auf sich zu nehmen, das Friedensschiff durch das kalte Meer des Hasses zu lotsen? War es nicht seine Sehnsucht gewesen, die Arktis zu erobern, den Südpol anzusteuern mit seiner „Fram"? Damals hatte er verzichtet, war zurückgetreten, um dem Jüngeren Platz zu machen. Jetzt bot man ihm, dem alten, erfahrenen Kapitän, ein Schiff an, um ein neues Meer zu erforschen. Hinein in das Meer der Tränen sollte es gehen. Noch lag es ohne Dampf im Hafen, die Mannschaft war noch nicht bestimmt, und der Kurs würde – gestört von Neidern und politischen Drahtziehern – die verrückteste Zickzacklinie ergeben. Unter welcher Flagge sollte das Schiff auslaufen? Unter der norwegischen? Unter der Flagge des Völkerbundes? Gleichviel, es würde unter der Flagge der Liebe in See stechen!

„Ja, Baker. Ich sage zu!"

Über dem Fjord lag das Mondlicht. Das Meer schimmerte silbern, und einige Fischkutter liefen in den Hafen ein nach eines Tages friedlicher Arbeit. Noel Baker stand auf und drückte Nansen die Hand. Nansen hatte ja gesagt! Damit war die Hoffnung wieder geboren!

Wie immer ging Nansen mit wissenschaftlichem Ernst an die Arbeit, auch an diese Arbeit, Diener leidender Menschen zu sein. Nansens Sieg lag stets in der Kunst der Vorbereitung. Zuerst galt es, Geld zu beschaffen, Geld und wieder Geld. Der Transport, die Kleidung und die Nahrungsmittel würden Unsummen verschlingen. Der Völkerbund hatte fast keine Mittel. Die Heimatländer der Gefangenen, das waren Staaten, die sich teilten, auflösten oder sich neu bildeten – sie hatten noch weniger. Aber Nansen erfuhr, daß einige Regierungen Kredite zum Wiederaufbau Mitteleuropas bekommen hatten, und daß diese Kredite noch nicht aufgebraucht waren. Temperamentvoll beanspruchte er die Restsummen für seine Zwecke und begründete seine Forderung damit, daß heimgeführte Gefangene der Wirtschaft zugute kämen. Nach hitzigen Verhandlungen siegte Nansen und hatte vorläufig eine Summe von 8 500 000 Goldmark zur Verfügung. Und wieder waren es die kleinen Staaten, die zuerst ihre Hilfe zusagten und Nansen unterstützten: Norwegen, Dänemark, Schweden, Holland und die Schweiz.

Doch der Betrag war zu gering. Er würde kaum die Hälfte der Ausgaben decken. Trotzdem zögerte Nansen nicht, die Menschentransporte, gewaltiger als die Völkerwanderung, in Gang zu setzen. Man mußte sparsam sein, die Mittel strecken und rasch handeln, rasch, denn jeder Tag kostete Verpflegung, Arzneien – und Menschenleben!

Die Organisation, die Nansen auf die Beine stellte, verzweigte sich über ganz Europa. Neben Nansen stand Philip Noel Baker; Nansens Sekretär war der norwegische Kapitän Finne. Sie und andere arbeiteten unentgeltlich; Liebe, Opfermut und Selbstaufgabe sind immer unbezahlbar gewesen.

Nansen reiste in die Länder, die an der Heimführung der Kriegsgefangenen interessiert waren, verhandelte mit den Regierungen, erhielt Vollmachten und Vertrauen, jagte zum Bahnhof und rollte mit dem Zug in die nächste Stadt. Er hetzte von Land zu Land, reiste in ungeheizten Zügen und wohnte in schäbigen Hotels unter dem Dachboden. Er reiste billig. Seine Organisation hatte zu wenig Geld. Darum sparte Nansen zuerst bei sich. Er war Entbehrungen gewöhnt, und seine physischen Kräfte reichten noch lange aus, denn sie wuchsen stets, wenn es eine große Aufgabe zu bewältigen galt. Und es galt ja, Tausende Menschen zu retten, die verstreut auf dem riesigen Erdteil auf ihre Befreiung warteten, seit vier, fünf, sechs und sieben Jahren.

Über die Grenzen der Länder ging er, als wären sie nicht vorhanden. Die Zollbeamten kannten ihn. Wenn er erschien, wettergebräunt, hochgereckt, mit freundlichen blauen Augen, den kleinen, zerbeulten Koffer in der Hand, ließen ihn die Beamten ohne Formalitäten passieren. Dann zog Nansen den weichen breitrandigen Schlapphut und dankte. Vor dem Zollgebäude stand meist schon ein Wagen mit laufendem Motor, der ihn weiterführte in die Welt des Verhandelns, des Feilschens um Verständnis für die Rechtlosen.

Das Einverständnis der Regierungen für die Einreise der Gefangenen in ihre Heimat hatte Nansen in der Tasche. Schwieriger war es, mit der Sowjetregierung zu einer Einigung zu kommen. Ohne sowjetische Erlaubnis war es ausgeschlossen, den Gefangenen in Rußland und Sibirien Hilfe und Freiheit zu bringen. Europa stand den Sowjets feindlich gegenüber, die Sowjets hatten zum Westen jede Beziehung abgebrochen. Der Schritt, den Nansen nun zu tun hatte, war der entscheidenste und schwierigste. Die Diplomaten der westlichen Welt waren von Nansens Aktion informiert und warteten gespannt auf das Ergebnis, das sie mit düsteren Farben ausmalten.

Die Mauer des Mißtrauens und des Hasses ließ einen Nansen durch! Er saß dem Kommissar des Auswärtigen, Tschitscherin, gegenüber.

„In wessen Auftrag sind Sie heute hier?" fragte Tschitscherin.

„In einer Sondermission des Völkerbundes", antwortete Nansen. Pause. Tschitscherin spielte mit einem Bleistift.

„Die Sowjetregierung kann leider den Völkerbund nicht anerkennen. Wir sind daher außerstande, mit Ihnen zu verhandeln, Herr Professor", bemerkte Tschitscherin ruhig.

Pause. Nansen blieb unbeweglich sitzen und blickte uninteressiert durch das Fenster auf einen unbelebten Platz.

„Schade", sagte er. Pause. Dann erhob sich Nansen. „Ich stelle an Sie das Ersuchen, meinen Sonderzug in zwei Stunden zur Rückreise bereitzumachen."

Das wirkte. Tschitscherin lenkte ein und schlug vor, daß Nansen nicht als Repräsentant des Völkerbundes auftreten sollte, sondern als Bevollmächtigter der einzelnen Regierungen, deren Einverständnis man nachträglich einholen wollte. Beide wußten insgeheim, daß dies in keiner Weise notwendig war, aber sie umgingen elegant diesen heiklen Punkt diplomatischer Verhaltensweise und besprachen wie zwei Männer mit nüchternem, gesundem Menschenverstand die Lage. In kürzester Zeit war eine befriedigende Ordnung zwischen der Sowjetregierung und Nansen gefunden. Die Sowjets erklärten sich bereit, wöchentlich zwei Züge mit Gefangenen von Rußland und Sibirien zur Westgrenze zu schicken und dort russische Gefangene aus Mitteleuropa in Empfang zu nehmen.

Als Nansen die ersten Verträge mit Österreich und Deutschland unterzeichnete, jubelte er innerlich auf. Es war ein historischer Augenblick, der einige Staaten, die vor kurzem noch ihre Männer gegeneinander gehetzt hatten, durch ein Stück Papier, einen Vertrag, zu einer menschenwürdigen und friedensfördernden Tat zusammenschloß.

Die berufsmäßigen Diplomaten staunten. Wieder hatte dieser Nansen ein Unternehmen aufgezogen, das so lief, wie er wollte. Was war an diesem Mann, fragten sie sich, was zwang selbst die hartgesottenen Russen in die Knie, wenn er auftauchte, forderte und wünschte? Welche geheime Kraft besaß er, dieser schlacksige Nordländer? Es war keine geheime Kraft in Nansen. Sein Geheimnis lag offen vor den Augen der ganzen Welt: Liebe zu allem, was lebte, Ehrlichkeit und Uneigennützigkeit.

Noch war kein Monat vergangen und die Organisation funktionierte schon reibungslos. In Kowno entstand eine Zentralstelle, an der Vertreter der russischen, deutschen und österreichischen Regierungen, des Internationalen Roten Kreuzes und der YMCA teilnahmen. Hier wurde das geschaffen, was unter dem Namen „Nansenhilfe" in die positive Geschichte der Menschheit aufgenommen wurde. Der Arbeitsausschuß und das Hauptbüro befanden sich in Berlin und standen unter der persönlichen Leitung Nansens. Alle arbeiteten fieberhaft. In Rußland wurden Verteilungsstellen errichtet, und mit Garantie der Sowjetregierung schickte Nansen Züge mit Nahrung, Schuhen, Kleidern und Medikamenten nach Sibirien. Obwohl Rußland hungerte, wurde kein einziger Waggon aufgebrochen.

Dann die Schiffe! Woher die Schiffe nehmen? England hatte die deutsche Flotte beschlagnahmt. Die Schiffe lagen in deutschen Häfen und verrosteten. England weigerte sich, diesen Schiffsraum für Gefangenentransporte freizugeben. Nansen versprach, die Schiffe repariert zurückzugeben, wenn man sie ihm überlassen wollte. Er reiste nach London, verhandelte, setzte seinen Willen durch, erhielt 14 Schiffe und führte den ersten Transport am 19. Mai 1920 von Narwa nach Swinemünde. Nansen bezahlte mit englischen Pfund, beschäftigte deutsche Werften und deutsche Matrosen und konnte daher die Überführung äußerst billig halten, weil englisches Geld in Deutschland begehrt war.

Alles lief reibungslos. Obwohl der Nansenhilfe spärliche Mittel zur Verfügung standen, bewältigte sie eine Aufgabe von einer Tragweite, wie sie zwischen Völkern bisher nicht geleistet worden war.

Die Russen schickten wöchentlich zwei Züge zu den Grenzen oder zu den Ostseehäfen. An den Grenzen wuchsen die Auffanglager aus dem Nichts; dort wurden die Gefangenen verköstigt, entlaust, eingekleidet und untersucht. Auch hier war Nansen, griff zu, verteilte Brot, munterte auf, sprach Trost zu, erweckte in den leeren Gesichtern einen Schimmer Hoffnung, flößte den Erschöpften Kraft ein und erntete einen Lohn, der ihn ermutigte: er sah das Leben sich erneuern, er sah Lächeln in Augen, die jahrelang nur in den Wahnsinn geblickt hatten. Bereits nach einem halben Jahr konnte Nansen auf der ersten Völkerbundsitzung den staunenden Zuhörern mitteilen, daß bereits 150 000 Gefangene heimgekehrt waren. Zwar hatte er gehofft, *alle* Gefangenen vor einem weiteren russischen Winter und dessen Schrecken zu bewahren, aber das gelang nicht. Was fehlte, war Geld, Geld, Geld. Das bedeutete für die bedauernswerten Menschen ein sechstes oder siebentes Jahr hinter Stacheldraht, für Tausende bedeutete es den Tod*.

Vom östlichen Sibirien waren Gefangenenarmeen zu einem Verzweiflungsmarsch nach Osten angetreten, um dem Hunger zu entfliehen. Ihre Absicht war gewesen, sich zur Küste des Stillen Ozeans durchzuschlagen. In Wladiwostok wurden 10 000 von ihnen gesammelt. Doch der Transport schien unerschwinglich; daher wandte sich Nansen an das amerikanische Rote Kreuz und andere amerikanische Hilfsorganisationen. Eine Million Dollar wurde in kürzester Zeit aufgetrieben; Nansen heuerte Schiffe, nahm Fracht nach Asien mit und brachte auf den gelöschten Schiffen die Gefangenen zurück.

Die größte Verwirrung herrschte jedoch auf dem Balkan. Hier, wo die Staaten kaum neugegründet wieder in chaotische Zustände gerieten und unter dem politischen Ränkespiel verschiedener Gruppen zu leiden hatten, war das Los der Gefangenen am schlimmsten. Griechenland hielt 10 000 Bulgaren zurück und verwendete sie als Landarbeiter; zwei Jahre nach Kriegsschluß und entgegen der Genfer Konvention wurden Gefangene zur Zwangsarbeit angehalten. Auf Nansens Einspruch gab Griechenland nach. Doch 800 Gefangene sollten als Geiseln zurückgehalten werden, bis 500 griechische Kinder ausgeliefert seien, die von Bulgaren ver-

---

* Es befanden sich Gefangene in so entlegenen Gebieten Sibiriens, daß sie erst nach 10 bis 11jähriger Gefangenschaft erfuhren, daß der Krieg zu Ende sei. Einige von diesen kamen 1930 nach einer Wanderung von 15 Monaten zurück.

schleppt worden waren. Sofort organisierte Nansen einen Such-dienst, der die Kinder aufspürte und zurückbrachte.

15 000 Bulgaren warteten in Jugoslawien auf ihre Entlassung. Die jugoslawische Regierung weigerte sich, die Menschen nach Hause zu lassen, außer gegen ein bestimmtes Quantum Kohle! Ein Gefangener – eine Tonne Kohle; 15 000 Gefangene – 15 000 Ton-nen. Nansen schritt gegen solch ein Verhalten ganz energisch ein und drohte mit einem öffentlichen Skandal, bis die Regierung ein-sah, daß ihr Vorgehen menschenunwürdig sei.

1 000 Türken, die lange genug in der Gefangenschaft gelitten hatten, wurden auf ihrer Heimfahrt aus Wladiwostok von einem griechischen Kriegsschiff aufgebracht und neuerlich in ein Lager gesperrt. Nansen schlug Alarm und prangerte diese Art des Pira-tentums an. Er erreichte, daß die Türken auf neutralen Boden ge-bracht wurden.

Das Jahr 1921 ging zu Ende. Was hatte Noel Baker gesagt? Zwei Monate, zwei Monate Hilfe hatte Baker von Nansen damals erbe-ten. Zwei Jahre waren wie im Fluge vergangen. Was Nansen gese-hen hatte, war Entsetzen, Hunger, Bosheit und Unverstand. Er hatte der leidenden Menschheit in das Gesicht und in das Herz geblickt. Er behielt nicht für sich, was er gesehen hatte, er schrieb in seinen Berichten immer wieder von dem Antlitz des Hungers, der alle Gesichter gleichmacht.

In seinem Abschlußrapport hieß es: „Nie in meinem Leben bin ich mit einem so entsetzlichen Übermaß von Elend in Berührung gekommen wie hier, wo ich lindern sollte. Diese Leiden sind aber nichts anderes als die unausbleiblichen Folgen eines Krieges, der das Unterste zuoberst kehrte. Der Völkerbund tut recht, daß er Fragen wie diese aufnimmt; was ich aber vor allem bei meiner Ar-beit gelernt habe, ist dies: daß es eine Hauptaufgabe des Völker-bundes werden muß, für alle Zeiten die Wiederholung einer derar-tigen Katastrophe zu verhindern, die unweigerlich solche fürchter-liche Leiden für die Menschen im Gefolge haben muß."

Dann kam die Vollversammlung in Genf, der Rechenschaftsbe-richt, die wohlgesetzten Reden und Dankadressen an den beschei-denen Mann, der das, was er getan hatte, als seine Pflicht betrach-tete. Dann sprach Nansen. Er gab keiner „Hoffnung Ausdruck", er sprach auch nicht davon, daß einem „zwingenden Bedürfnis Rech-nung getragen werden müßte"; was er der Versammlung sagte, wa-ren Fakten, waren Zahlen, waren Ergebnisse einer Arbeit, die kei-ner von den Zuhörern, der nicht dabei war, voll erfassen konnte.

Was Nansen erzählte, war eindrucksvoll ohne hochgestochene Worte.

„Die Arbeit, mit der ich betraut wurde, beschränkte sich auf die Zurückführung von Kriegsgefangenen, aber meine Arbeiten im Zusammenhang damit überzeugten mich, daß Europa nicht nur unter der Abwesenheit dieser Männer litt. Ich möchte in meinen Bericht keine Angelegenheiten bringen, über die gestritten werden könnte, doch möchte ich unbedingt sagen, daß es eine beträchtliche Zahl von Menschen gibt, die als Flüchtlinge in fremden Ländern leben und denen nur zum Vorteil für Europa und die Beruhigung seiner Lage geholfen werden müßte. Viele von ihnen sind unfähig, sich selber zu helfen, da sie an Orten leben, die ihnen keine Lebensmöglichkeiten geben. Aber wenn man ihnen helfen könnte, entweder in ihre Heimatländer zurückzukehren oder in den Ländern, in denen sie sich befinden, Arbeit und Lebensunterhalt zu finden, würde eine schwierige und gefährliche Situation gelöst sein. Das ist meine persönliche Auffassung, aber ich hoffe, daß der Völkerbundrat dieser Frage seine Aufmerksamkeit schenkt."

Das war ganz Nansen. Kaum hatte er eine Aufgabe bewältigt, zerrte er ein neues Problem ans Licht, das einer dringenden Behandlung bedurfte. Das von ihm Geleistete schob er beiseite, hielt es nicht für wichtig, darüber zu reden, oder nur soweit, als er für das ihm anvertraute Geld und dessen Verwendung Rechnung legen mußte.

Das fünfte Komitee des Völkerbundes reagierte anders. Es verfaßte einen Bericht, den es der Weltöffentlichkeit vorlegte und worin es die Leistung Nansens würdigte:

„Der Völkerbundrat beauftragte am 11. April 1920 Dr. Nansen, den Kriegsgefangenen zu helfen und ihre Rückführung zu sichern. Dr. Nansen, dessen tätige Menschenliebe niemals umsonst angerufen wurde, übernahm die schwere Aufgabe. Zu jener Zeit hielten ihn viele, die Erfahrung genug besaßen, für voreilig und unbesonnen; die Aufgabe war überwältigend schwer, und Hilfsquellen waren kaum vorhanden. Diejenigen, die optimistisch dachten, glaubten, daß nur ein Teil der Soldaten zurückgeführt werden könnte und daß auch diese Arbeit sich bei riesigen Kosten über Jahre erstrecken würde. Dr. Nansen hat die Heimführung der Gefangenen beendet, und die Geldmittel, die ihm zur Verfügung gestellt worden waren, überschritten nicht achteinhalb Millionen Mark ... Nichts war vorhanden, aber Nansens erfinderische Fähigkeiten improvisierten alles ... Es gab keine Schiffe. Nansen fand Schiffe.

Das Mißtrauen der Sowjetregierung mußte überwunden werden, und Nansen versicherte sich ihres guten Willens. Das International Committee for Relief Credits konnte nur begrenzte Geldmittel zur Verfügung stellen – *weniger als ein Pfund Sterling für jedes gerettete Leben!* – und das nur in Form von Anleihen. Nansen sicherte sich soviel Hilfe, soviel guten Willen, soviel Zusammenarbeit, daß der Mangel an Geld ihn nicht hindern konnte ...

Einen Monat nach seiner Ernennung zum Hohen Kommissar setzten die Transporte ein. Am 15. September 1920 waren schon 100 000 Männer in ihre Heimatländer zurückgekehrt. Im Juni 1921 wuchs ihre Zahl auf 350 000, und das Rettungswerk war zu drei Vierteln vollendet ...

427 386 Gefangene, die 26 verschiedenen Nationalitäten angehörten, sind in die Heimat zurückgekehrt, dank der Arbeit des Hohen Kommissars des Völkerbundes, unterstützt vom Internationalen Roten Kreuz und anderen Wohlfahrtsorganisationen ...

Wir hoffen, daß die Geschichte dieses großartigen Unternehmens bald geschrieben wird. Sie würde Berichte von heroischer Ausdauer enthalten, die den Erzählungen von der Durchquerung Grönlands und der großen arktischen Reise würdig wären. Sie würde enthüllen, was Menschenfreundschaft, verbunden mit unbeugsamem Willen, erreichen kann."

Der Berichterstatter hatte recht. Niemand ahnte, welche heroische Anstrengung die Kreuzfahrt im Namen der Liebe gewesen war. Nur mit der Durchquerung Grönlands und der Fahrt durch arktisches Eis konnte diese Leistung verglichen werden. Und Philip Noel Baker sagte: „Es gibt nicht ein Land auf dem Kontinent, wo nicht Frauen und Mütter vor Dankbarkeit für Nansens Arbeit geweint haben."

Jetzt saß Nansen im großen Saal des Konferenzgebäudes in Genf, überschüttet von Ehrungen, Beifall und schönen Worten. Es war nicht Hochmut, daß nichts von dem ihn tief berührte. Seine Gedanken konnten nur nicht stillhalten bei den Worten wie Liebe, Verständnis, Dankbarkeit, Friedensarbeit. Sie wanderten über Drahtverhaue und verrostete Tore zu den Grenzstationen zwischen West und Ost, zu weinenden Männern, die auf dem Boden ihres Vaterlandes in die Knie sanken, er dachte an die Tatsache, daß das stolze Ergebnis durch die Zusammenarbeit vieler Länder und Regierungen erzielt worden war, die kurz vorher noch miteinander Krieg geführt hatten; er war von der Hoffnung durchdrungen, daß der Völkerbund sich vielleicht zu etwas Größerem entwickeln könnte, als Samariter für die Opfer des Krieges zu sein: zu einer Macht, die den Krieg ausmerzt und diese Schande des Menschengeschlechts ächtet

Versperrte Grenzen

Die Friedensverträge waren unterzeichnet worden, die Kanonen schwiegen. Grenzen wurden neu gezogen, oft sinnlos und ohne Rücksicht auf das einzelne Menschenschicksal. Statt aus dem qualvollen Kampf der letzten Jahre, aus dem Tasten durch geistlose Verblendung die Erkenntnis zu gewinnen, daß es Menschen sind, die diesseits und jenseits der Grenzen leben, verhärteten sich die Standpunkte, und die Grenzen wurden fester, unübersteigbarer, wurden Bollwerke des Unverstandes. Das, was den Völkern der Besiegten verblieben war, zogen sie noch enger an sich; die Sieger pochten auf ihr vermeintliches Recht, Tribut einzutreiben und Gebiete zu gewinnen: zwei Auffassungen, die nichts neben sich gelten ließen und die alle Einwirkungen von außen mißtrauisch, ängstlich, haßerfüllt ablehnten. Zwischen diesen starren Fronten bewegte sich der Strom von jenen, die weder Besiegte noch Sieger waren: die Flüchtlinge. Sieger und Besiegte hatten eine Heimat, einen Paß, eine Zuflucht in ihrer Sorge, ein Heim für ihre Freude; die Flüchtlinge hatten nichts. Sie waren nicht existent, nur dann, wenn sie die Hände ausstreckten um ein Stück Brot, um ein Paar löchrige Schuhe, um einen zerschlissenen Rock, wenn sie in ihrer ganzen Erbarmungswürdigkeit im Weg standen. Fort mit ihnen, was gehen sie uns an!

Es gab Millionen Flüchtlinge. Der Weltkrieg hatte sie geboren, der Balkankrieg, der griechisch-türkische Krieg, die russische Revolution von 1917, die Gegenrevolution, der polnisch-russische Krieg und der Hunger in Rußland. Wie viele Flüchtlinge es waren, wußte man nicht. Man schätzte sie, wie man Ausschußware schätzt, die man zu Schleuderpreisen veräußert: zwei Millionen Russen, zwei Millionen griechischer und bulgarischer Flüchtlinge, daneben noch Armenier, Ruthenen, Polen, Juden, Galizier und andere Völker, die in der Nähe Rußlands hausten.

Von Land und Hof vertrieben, irrten die Flüchtlinge durch die Länder, verstoßen, ungeliebt, immer noch Kriegsopfer. Oft, wenn die Heimatlosen, vom Glück begünstigt, mit ihren Handkarren und der geringen Habe ihr Zuhause doch einmal erreichten, fanden sie von ihren Wohnstätten nichts als verkohlte Ruinen; ihre Felder waren verwüstetes Ödland geworden. Dann blieb nur der Ausweg umzukehren und über die schwarze Grenze zu schleichen oder zu verhungern.

Das Schicksal der russischen Flüchtlinge war das härteste. Die geschlagenen Armeen der „Weißen" unter den Heerführern Denikin, Koltschak, Judenitsch und Wrangel überfluteten Europa und Asien. Eineinhalb Millionen geschlagene, ausgehungerte, zerlumpte Soldaten waren auf der Flucht vor den „Roten", vor dem Hunger, vor der Sinnlosigkeit eines Kampfes, der von vornherein verloren war. Was hätte erreicht werden sollen, nämlich Friede, das blieb versagt. Hingegen wurde neuer Haß genährt, unnütze Repressalien hier und dort verhängt, und eine erschreckende Einsichtslosigkeit gegenüber humanitären Problemen war die Folge. Die Politik triumphierte über die Humanität! Politik, das Spiel der wenigen auf dem Schachbrett Europa wurde bitterer Ernst für allzu viele auf diesem unglücklichen Kontinent.

Bereits am 20. Februar 1921 bat das Internationale Rote Kreuz den Völkerbund, einen Kommissar zu ernennen, der sich der Flüchtlinge annehmen sollte. Es war ein Hilferuf im Namen der Ausgestoßenen. Am 27. Juni stimmte der Völkerbundrat der Ernennung eines Hohen Kommissars zu. Es stand von Anfang an fest, daß niemand anderer in Frage käme als Nansen. Sir Eric Drummond telegraphierte am 6. August nach Norwegen. Das Telegramm verfehlte Nansen, der sich wieder einmal in den Bergen befand. Als er von seinen Streifzügen nach Lysaker zurückkehrte, zögerte er nicht mit der Antwort. Am 12. August schickte er sein Ja, und am 4. September übernahm er die Arbeit. Noch ahnte er nicht, was ihm bevorstand, noch war er unter dem Einfluß der duftenden Erde und der zitternden Sterne, noch rauschten in seinen Ohren die Baumwipfel, und der Atem grüner Täler belebte ihn. Immer noch war es die Natur, vor der er sich bedingungslos beugte und die ihn aufrichtete, wenn er zweifelte und verzweifelte. In der Stille der Wälder erlangte er den Einklang mit sich, schöpfte er Kraft, den Kampf wieder aufzunehmen und die Welt, wie sie war, ein Stück zu verbessern.

Mit gewohnter Präzision gründete er ein Komitee, dessen Mitglieder ihm über die bisher geleistete Arbeit und über das Problem der Flüchtlinge zu berichten hatten. So erfuhr er, daß viele Hilfsorganisationen schon Millionenbeträge geopfert hatten, um das ärgste Elend abzuwehren. Die Not hatte aber in einem Maße zugenommen, daß sie zu einer sozialen und politischen Gefahr für Europa werden konnte.

Das Rote Kreuz, die Quäker, die amerikanischen Hilfsorganisationen, die Regierungen der betroffenen Staaten – sie standen machtlos einer Lawine gegenüber, die sich rasend schnell ausbreitete und alles Leben gefährdete, wenn es sich nicht rechtzeitig vor der Lawine rettete.

Zwei Dinge nahm Nansen in Angriff. Mit Hilfe des Internationalen Arbeitsamtes wurden Büros in allen Hauptstädten Europas errichtet, Arbeitsplätze gesucht und Flüchtlingen nach ihren Fähigkeiten und Möglichkeiten Arbeit zugeteilt. Dann begann die qualvollste Aufgabe: das Sammeln und Zählen der Flüchtlinge, die in den Arbeitsprozeß nicht einzugliedern waren. Zum erstenmal bekam Nansen von Menschen, um deren Wohl er bekümmert war, Ablehnung, Mißtrauen und Feindschaft zu spüren. Die „oberen Zehntausend" aus der Schar russischer Emigranten setzten Gerüchte in Umlauf, daß die Zählungen nur den Zweck hätten, die Feinde der Bolschewiken an Rußland auszuliefern. Die Lügenpropaganda erreichte schließlich ein derartiges Ausmaß, daß Nansen die Hände gebunden schienen. Schließlich mobilisierte er die Regierungen und setzte durch, daß in 16 Ländern je ein Repräsentant für Flüchtlingsfragen eingesetzt wurde. Doch auch hier stieß er auf Unvernunft. Nansens Bitten um finanzielle und materielle Unterstützungen wurden vorerst glattweg abgelehnt, denn die Regierungen fanden die Bürden groß und schwer genug, die sie zu tragen hatten.

Aber die Tage vergingen und die Not wuchs. Stündlich trafen Hilferufe in Nansens Büro ein, ganz besonders jedoch aus Konstantinopel. Dort herrschte unvorstellbares Elend in den überfüllten Straßen. In der Stadt, die einem Bild aus Tausendundeiner Nacht glich mit ihren nadelspitzen Minaretten und glänzenden Kuppeln, wütete das Verderben. Hunderttausende Flüchtlinge waren in die Stadt geströmt: Russen, Griechen, Armenier und schließlich 135 000 Mann von Wrangels geschlagener weißrussischer Armee.

Was tun? Seuchen drohten auszubrechen, täglich ereigneten sich Tragödien, Gewalttaten, Verzweiflungsausbrüche und Selbstmorde.

Was tun? Woher sollte das Geld kommen, um die versiegten

Hilfsquellen neu zu speisen? Wo sollte Nansen zuerst einschreiten, wo zuerst helfen?

In Deutschland lagen 45 000 Flüchtlinge, in Lettland und Estland hausten 20 000, in Finnland 31 000, in der Tschechoslowakeit 25 000, in Bulgarien 35 000, in Jugoslawien 50 000, in Ostasien darbten 70 000. Zahlen, Zahlen – aber hinter jeder Ziffer stand ein Mensch.

„Sind die Gefühle der Menschen abgestumpft?" fragte Nansen. „Haben sie von so viel Not und Elend genug? Früher bedurfte es keines so großen Unglücks: Brand in einer Stadt, ein Erdbeben, eine Schar obdachloser Menschen – und alle sprangen den Betroffenen bei.

Hunderttausende heimatlose Flüchtlinge, leidende und wie Tiere verreckende Menschen in zahlreichen Ländern rufen nun um Hilfe. Die Leute hören es, aber sie rühren keinen Finger.

Für uns, die wir in bürgerlichen Verhältnissen leben, ist es wohl schwer, im vollen Umfang zu begreifen, was Flüchtlingslos heißt – ganz abgesehen von den Grausamkeiten, denen sie ausgesetzt sind. Heimatlos, ohne bürgerliche Rechte; keine Regierung beschützt sie; jederzeit können sie ausgewiesen werden, selbst wenn kein anderes Land sie aufnehmen will."

Und so geschah es auch. Polen erließ eine Verfügung, daß alle nichtpolitischen Flüchtlinge das Land bis zu einem bestimmten Tag zu verlassen hätten. Tausende von ihnen waren russische Juden. In Rußland erwartete sie der Tod. Polen wies sie aus. Doch die Länder sperrten ihre Grenzen. Man trieb sie schließlich in den Freistaat Danzig wie eine Herde Vieh. Danzig schickte sie bei Nacht nach Polen zurück. Polen trieb sie nach Danzig. Viele von den Ausgestoßenen blieben auf der Strecke, und hätte sich das Spiel oft genug wiederholt, hätte es bald keine Flüchtlinge mehr gegeben.

Nansen rief die europäischen Juden zur Hilfe auf. So wurde im letzten Augenblick für den Unterhalt der Vertriebenen gesorgt und vor der Stadt Danzig für sie ein Lager errichtet, wo sie bleiben durften, bis Amerika ihnen die Einreise gestattete.

Immer wenn Nansen nicht weiter wußte, wandte er sich an die Amerikaner. Sie gaben Geld, wenn alle anderen versagten. Und Nansen verwaltete das Geld vorzüglich. Aber kaum hatte er eine Schlacht gewonnen, stand ein neuer Feind vor ihm. Immer wieder mußte er gegen die Intrigen und Hetzereien der westlichen Welt kämpfen, die ihn als Kommunistenfreund anprangerte. Aber auch gegen den Osten kämpfte er, und zwar, um für die Zurückkehrenden eine Amnestie zu erwirken, eine wirksame Kontrolle einzuführen, die die Behandlung der Heimkehrer zu überwachen hatte. Er kämpfte mitunter gegen die Borniertheit jener Regierungen, die ihn um Hilfe angefleht hatten.

Langsam und zäh machte Nansen Fortschritte; er arbeitete sich durch den Dschungel von Verordnungen und Gesetzen und überzeugte die Regierungen, daß sie im Interesse ihres Landes handelten, wenn sie ihm ihre Hilfe liehen. Er arbeitete Tag und Nacht. Er war Hoher Kommissar, Menschenfreund, Geldverwalter, Organisator, Arbeitsvermittler, Transportführer, Schiffsmakler, er war Präsident eines Volkes ohne Heimat, er war der Führer der Geschlagenen und Hoffnungslosen.

Auf einer seiner Fahrten zwischen Genf und Konstantinopel, vielleicht auch zwischen Sofia und Prag, kam ihm der Gedanke, einen Ausweis zu schaffen, der den staatenlosen Flüchtlingen mehr Recht und Sicherheit geben sollte.

Da die Einreise in ein fremdes Land an einen gültigen Paß gebunden war, die Flüchtlinge zum Teil jedoch mit ihrem Vaterland gebrochen hatten, war es für sie unmöglich, dieses wichtige Dokument zu erhalten. Die Welt war für sie versperrt.

Nansen berief eine Konferenz der Regierungsvertreter ein und legte ihr seinen Plan vor, einen Ausweis für Flüchtlinge zu schaffen. Das war die Geburtsstunde des „Nansenpasses".

Dieser Paß trug Nansens Bild und Unterschrift und wurde von 52 Staaten anerkannt. Er öffnete die Grenzen, er wandelte seinen Besitzer vom vogelfreien Flüchtling zum Bürger einer ungeteilten Welt. Nansen – das hieß Garantie, hieß sicherste Bürgschaft. Die Welt war wieder offen für die, die in ihre alte Heimat zurückkehren oder eine neue aufsuchen wollten, um dort ansässig zu werden.

Der Umsiedlungsprozeß der Flüchtlinge begann. 25 000 Donkosaken, die freiwillig in ihre Heimat zurückwollten, wurde die Erlaubnis erteilt, nach Rußland einzureisen. Nansen hatte für sie eine garantierte Amnestie erwirkt. Nansen gelang es, in Bulgarien 10 000 Flüchtlinge unterzubringen und in Brasilien für 20 000 eine Heimstätte zu finden. Peru nahm 1 000 Menschen auf.

Wrangel weigerte sich gegen die Auflösung seiner Armee und gegen die Verschickung seiner Soldaten in alle Welt. Er hegte noch immer Umsturzpläne, er glaubte noch immer an die Möglichkeit eines vernichtenden Schlages gegen den Bolschewismus in Rußland. Wrangel widersetzte sich den Plänen Nansens. Doch die Armee Wrangels verschlang Unsummen, die zum Teil von den Regierungen Großbritanniens und Frankreichs getragen werden mußten und sich immer deutlicher als nutzlos verschwendet erwiesen. Nach und nach gelang es Nansen, Konstantinopel von der bleiernen Last dieser Armee zu befreien und einen großen Teil der Soldaten in 45 Ländern unterzubringen.

Die meisten der russischen Flüchtlinge kehrten nicht nach Rußland zurück. Sie nützten den „Nansenpaß", um ihrem Leben einen neuen Sinn zu geben, fern von den Weiten der russischen Taiga und den endlosen melancholischen Ebenen ihres einstigen Heimatlandes.

Daß der Paß nach ihm benannt worden war, bedeutete Nansen nicht viel. Ihm war nur wichtig, die Flüchtlingswanderung zu einem Ende zu bringen, die Menschen aus dem Niemandsland zu einer neuen Heimstätte zu führen. Frankreich kam ihm entgegen und erleichterte seine Arbeit. Es nahm 400 000 Flüchtlinge auf. Die Tschechoslowakei, Jugoslawien, Deutschland, Südamerika und Palästina, Australien und Kanada erlaubten gleichfalls eine Einwanderung bestimmten Ausmaßes. Trotzdem schien das Ende nicht absehbar zu sein. In Ägypten und auf Zypern saßen noch Tausende Flüchtlinge von Denikins zersprengter Armee; ihre Aufgabe wäre es gewesen, ebenso wie die Wrangels, die „Roten" zu besiegen. Nun saß der versprengte Haufe unter glühender Sonne, ein ungewisses Schicksal vor sich und kostete das englische Volk noch immer Geld. Die englische Regierung bewilligte Nansen 150 000 Pfund, um diesem Spuk ein Ende zu bereiten. Die Bedingungen allerdings waren grotesk. Nansen mußte nach durchgeführter Übersiedlung der Soldaten nach Jugoslawien die volle Verantwortung für ihr weiteres Schicksal übernehmen und einen möglichen Geldüberschuß mit der englischen Regierung teilen. Es gelang Nansen, die Reise- und Ansiedlungskosten auf 70 000 Pfund zu beschränken. Er ersparte dadurch für seinen Flüchtlingsfonds 40 000 Pfund. Die restlichen 40 000 Pfund schickte er tatsächlich der englischen Regierung zurück.

Viel Leid war gelindert. Die Bauern und Handwerker hatte Nansen untergebracht. Nun galt es auch die Not derer zu lindern, deren Arbeit auf dem Gebiet der Wissenschaften und der Kunst lag. Nansen hatte sie nicht vergessen. In einer Welt, in der das Einzelwesen keinen Wert zu haben schien, fand er Zeit, sich um das Individuum zu sorgen. Er fand Gründe genug, auf das Schicksal der Intellektuellen hinzuweisen, die nicht so leicht in den Arbeitsprozeß eines fremden Landes einzugliedern waren, schon deshalb, weil sie für geistige Arbeit sprachlich zu ungeübt waren. Nansen erwirkte von mehreren Regierungen, daß die geistigen Kräfte der Studenten und Professoren nicht verkümmern mußten. Zwei höhere Schulen und die Universität in der Tschechoslowakei boten 5 000 Studenten Platz. Jugoslawien und Bulgarien, die baltischen Staaten und die französische Regierung waren großzügig genug, zahlreiche russische Schulen zu unterhalten. Deutschland errichtete Studentenheime, und Berlin gründete mit Hilfe des „Joint Distribution Committee" Amerikas eine russische Universität, die zum wichtigsten geistigen Sammelpunkt aller Flüchtlinge wurde. Ein Polytechnikum und ein Lyzeum unterstanden der Universität und schlossen den Kreis vieler Ausbildungsmöglichkeiten. Vielleicht mußte man doch nicht an der Gleichgültigkeit der Welt verzweifeln. Nansen erreichte auch, daß für die Studierenden und Lehrenden ein Kontakt mit der europäischen Wissenschaft hergestellt wurde und entriß so die russischen Intellektuellen der geistigen Isolation.

Bei einer eingehenden Prüfung all dieser Fakten überrascht es mehr und mehr, daß einem einzelnen Mann dies alles zu bewerkstelligen gelungen war. Gewiß, Nansen schlief wenig. Er aß im Zug, im Auto, irgendwann zwischendurch, er kannte keinen Sonntag, keinen Rasttag, sein Leben wurde zu einem immerwährenden Kampf mit der Not, zu einer dauernden Auseinandersetzung mit Regierungsdelegationen und Komitees. Er beschaffte Geld, verhinderte riskante Auslieferungen an die Sowjets, trat dem Mißbrauch, der Ausbeutung von Hilflosen entgegen, kümmerte sich um das Wohl der Heimgeschickten, bahnte Übersiedlungen an, war bemüht, Einreisevisen und Arbeitsbewilligungen zu beschaffen, Kinder zu schützen, Frauen vor Schlimmstem zu bewahren und plötzlich auftretende größte Not rasch zu lindern. Es war eine Genialität in Nansen, wie sie im Laufe der Jahrhunderte nur bei ganz wenigen Menschen zu finden ist. Zieht man in Erwägung, daß Nansens Arbeit im Jahre 1921 dem Völkerbund nicht einen Groschen gekostet hat, daß im Jahre 1922/23 die Ausgaben für das Flüchtlingswerk unter 12 000 Pfund lagen – was 20 Groschen für jeden Flüchtling bedeutet –, so kann man ermessen, mit welchem Geschick und welcher Voraussicht Nansen gearbeitet hat. Er selbst hat für diese Arbeit nie Geld genommen – im Gegenteil. Viele der Reisen, die er unternehmen mußte, bezahlte er aus eigener Tasche. In den Berichten, die er vor dem Völkerbund abgab, erwähnte er nie etwas davon. Er führte nie Klage darüber, daß ihn die auferlegte Arbeit bedrückte, zermürbte, oft an den Rand der Verzweiflung trieb. Er hatte sich damit abgefunden, daß die Rettung der schuldlosen Menschen eine Sache des Bittens, Feilschens, des Geschäftes war. Er ertrug es. Er hatte die Kraft. Es war gut, daß er sie besaß, denn die Hilferufe verstummten auch jetzt nicht.

Während er seine Berichte schrieb, irgendwo unterwegs in einem ungeheizten Zimmer, kroch ein Schatten aus dem Osten über die Grenzen. Er verdüsterte die Welt. Es war wieder ein Ruf um dringende Hilfe, ein Ruf, der nicht in den Ohren schmerzte; seine Gewalt lag in der Stille, die ihm folgte.

Das Sterben in Rußland

Ein Telegramm von G. Ador, Präsident des Internationalen Roten Kreuzes, erreichte Nansen. Als er den Absender las, wußte er, was der Inhalt sein konnte. Tage zuvor hatte ihn ein anderes Telegramm, von Maxim Gorki unterzeichnet, tief erschüttert: „Wir verhungern! Millionen Menschen an der Wolga und in der Ukraine verhungern. Helft schnell! Helft, wenn ihr noch Menschen seid! Dürre hat die Felder verbrannt, die Ukraine ist eine Steppe. Helft schnell, sonst ist es zu spät!"

Nansen überflog die wenigen Zeilen von Adors Telegramm. Sie sagten dasselbe: Der Tod kriecht unaufhaltsam über die dürren Felder Rußlands. Kommen Sie, helfen Sie!

Mit dem Telegramm in der Hand rannte Nansen zu seinem Freund Werenskiold.

„Wenn ich auch hier noch zusage, so bedeutet das, daß ich für alle Zukunft meine eigene Arbeit aufgeben muß", sagte Nansen mit bebender Stimme, denn noch immer hielt er die Wissenschaft für seine eigentliche Aufgabe. Werenskiold antwortete: „So, wie ich dich kenne, wirst du niemals Ruhe finden, wenn du es nicht tust."

Werenskiold hatte recht. Nansen telegraphierte seine Bereitschaft an Ador. Er hatte es vorausgesagt, er hatte bereits im Jahre 1919 mit Herbert Hoover ein Hilfsprogramm ausgearbeitet und Wilson, Celemenceau, Lloyd George und Orlando um Unterstüztung gebeten. Damals hatten sie ihn abgewiesen.

Damals, zur Zeit der russischen Revolution, hatte der Westen auf den Sieg der weißrussischen Armee Wrangels, Denikins und der anderen, kurz auf die Sache der Gegenrevolution gehofft. Man wollte den Notleidenden nicht helfen, um die Revolution nicht zu stärken, die man doch zermürben wollte. Die Armeen der Gegenrevolution waren jetzt geschlagen, die Kampfhandlungen waren beendet: würde der Westen jetzt den hungernden Russen helfen – oder wurde Hilfeleistung noch immer als politische Unterstützung gewertet? Hoffte man noch immer auf den Zusammenbruch des Bolschewismus? Hoffte man, daß durch die Hungersnot das erzielt würde, was den Armeen nicht gelungen war? Wenn die Westmächte so dachten, war Nansens Versuch der Hilfeleistung zum Scheitern verurteilt – das wußte er. Trotzdem schickte er sich an, eine Hilfsaktion zu beginnen.

Die Hungersnot hatte viele Ursachen – Trockenheit, sieben Jahre Krieg, die Blockade, vielleicht auch die Umstellung auf das neue Wirtschaftssystem. Der Bevölkerung eines Gebietes von der doppelten Größe Deutschlands drohte der Hungertod. Im Wolgagebiet hungerten 25 Millionen, auf der Krim, in Kuban, am Schwarzen Meer 4 Millionen, westlich der Wolga weitere 4 Millionen und in der Kornkammer, der Ukraine, 9 Millionen. Seuchen kamen hinzu; es gab 30 Millionen Flecktyphuserkrankte. Die Cholera wütete, 65% der Befallenen starben. Die Säuglingssterblichkeit stieg auf 80%. Millionen litten unter der quälenden Malaria; unter den obdachlosen Kindern verbreitete sich die Tuberkulose.

Die Trockenheit war außergewöhnlich, und überdies fehlten in der Landwirtschaft die Männer, es fehlten die Pferde, die Traktoren, die Maschinen, das Saatkorn. Wie sollten 42 Millionen Menschen den nächsten Winter überleben?

Nansen wählte den kürzesten Weg. Er verzichtete darauf, zum Sitz des Völkerbundes nach Genf zu reisen. In einem Telegramm erklärte er, was vorläufig zu geschehen habe. Er selbst fuhr auf dem schnellsten Weg über Berlin nach Riga.

Während am 15. August 1921 in Genf das Internationale Komitee des Roten Kreuzes mit 48 Rote-Kreuz-Vereinigungen und Vertretern von 13 Regierungen tagte, leitete Nansen mit dem sowjetischen Vertreter Litwinow die ersten Verhandlungen ein. Nansen war skeptisch geworden, was die Herren beim Völkerbund betraf, und er wollte mit genügend Material vor sie hintreten, um sie aus ihrer nationalen Befangenheit herauszureißen. Die Gespräche mit Litwinow schleppten sich über Gebühr lange dahin. Nansen zögerte nicht, brach die Besprechungen ab, reiste nach Moskau und verlangte Lenin zu sprechen. Trotzki empfing ihn, Lenin sei erkrankt, hieß es. Nansen verhandelte mit Tschitscherin, Krassin und Kamoff und wurde von ihnen damit betraut, als Vermittler zwischen der Sowjetregierung und den Westmächten zu wirken. Hierbei erfuhr er auch den wahren Umfang der Katastrophe, die sich auch in der Hauptstadt abzuzeichnen begann. Die ausgemergelten Gestalten, die vergreisten Gesichter, in die er blickte, sprachen für sich. Die nüchternen Zahlen, die er zu hören bekam, machten ihn frieren. Am meisten ergriff ihn, daß 8 Millionen Kinder vor dem Hungertod standen. Zur Beratung zugezogene Augenzeugen und Ärzte gaben sachliche Auskünfte und erwähnten wie nebenbei, daß für Hunderttausende keine Rettung mehr möglich sei.

Nansen begann sofort seine Arbeit, die unter dem Eindruck des grauenvollen Unheils stand. Die russische Regierung verpflichtete sich, den gesamten Transport innerhalb ihres Landes zu besorgen und den Waren und dem Personal des Rettungswerkes Vorzugsbeförderung zu gewähren sowie alles Verwaltungsmaterial, Radiosender, Reparaturwerkstätten, Post, Telephon, Telegraph, Krankenhäuser und Büros kostenlos zur Verfügung zu stellen. Das Berliner Büro sollte die Waren bis zur russischen Grenze bringen. Von dort war beabsichtigt, die Züge plombiert und unter militärischer Bewachung zu den Bestimmungsorten zu führen. Nansen verpflichtete sich, beim Völkerbund für Rußland einen Getreidekredit zu erwirken.

Kommissar Tschitscherin und Nansen unterzeichneten den Vertrag. Nansen brach noch in der Nacht auf und fuhr nach dem Westen, mit dem Mut im Herzen, bedingungslose Hilfe zu holen, wie es ihm sein Gewissen auftrug. In allen Stationen gab er Telegramme auf, sandte Berichte in die Welt, bereitete den Boden für seine Bittgänge, Verhandlungen und Anklagen vor.

„Helft! Hunderttausende Kinder sterben vor Hunger. Millionen werden sterben, wenn nicht sofortige Hilfe gegeben wird. Ich beschwöre alle Männer und Frauen und Kinder, alles zu geben, was sie entbehren können. Jede Minute ist kostbar. Helft!"

Einige Tage später war er in London, verhandelte, schilderte den Umfang der Katastrophe, beeinflußte die Presse, entlarvte Lügen und reiste weiter nach Genf.

Nansen wußte, daß er diesmal mit den stärksten Einwänden zu rechnen hatte. Es galt, von Beginn seiner Rede an, die er vor der Völkerbundversammlung halten sollte, halten mußte, alle Widerstände zu zerstreuen.

Ehe er zum Rednerpult schritt, beriet er sich mit dem Roten Kreuz, den europäischen, amerikanischen, christlichen und jüdischen Hilfsorganisationen, versuchte er, die Presse für sich zu gewinnen, die aufgeschlossenen Abgeordneten zu beeinflussen und für seine Sache zu überzeugen.

Es war der 9. September. Vor 25 Jahren auf den Tag genau war er mit der „Fram" heimgekehrt. Er war aus der Hölle des Eises gekommen, und die Welt hatte ihn gefeiert, hatte ihn im Triumph heimgeleitet. Heute war ein anderer 9. September. Er kam aus der Hölle des Hungers, und die Welt erwartete ihn mit Skepsis, mit Mißtrauen, mit Ablehnung. All das wußte er, und er bereitete sich darauf vor, einen Aufruf zur Nächstenliebe der Welt vorzulegen, den sie nicht überhören konnte, es sei denn, Menschlichkeit hätte in der Konkursmasse eines bankrotten Europas keinen Kurswert mehr.

Die Gespräche verstummten, als Nansen hinter das Pult trat. Er hatte den Kopf gesenkt; dann blickte er eindringlich über die dichtbesetzten Reihen, über die überfüllten Zuschauergalerien und begann.

„Die Hungersnot in Rußland ist derart, daß sie an sich ein Appell ist, und kein Wort vermag diesen Appell zu verstärken. Das war mein Ruf an die Regierungen, doch er fand keinen Widerhall. Wir bitten um keine große Summe, nur um 5 Millionen Pfund. Erhalten wir diese, so glaube ich, ja so bin ich überzeugt, daß wir damit vor Weihnachten bedeutende Arbeit ausführen und die Lage zu einem großen Teil retten können."

Als Nansen die Geldsumme nannte, erhob sich ein unverhohlenes Gemurmel und einige Protestrufe.

„Nur keine Angst! Mit seinen jetzigen Ausgaben wird der Völkerbund 5 000 Jahre brauchen, um die Summen zu verbrauchen, die der Weltkrieg verschlungen hat. Ich erwähne das, damit wir den Tatsachen besser ins Gesicht blicken können. Im Augenblick gibt es allerdings nur *eine* Tatsache, die ich für größer und entscheidender ansehe, als irgendeine andere. Das ist die Lage Rußlands.

Die Regierungen haben gesagt, daß sie die Gelder nicht bewilligen können. Die Regierungen werfen die ganze Verantwortung auf private Organisationen. Ich kann nicht glauben, daß das richtig ist. Trotzdem werden wir die private Liebestätigkeit weiterhin zur Mitarbeit auffordern. Den Anfang haben wir bereits gemacht. Mit Hilfe privater Wohltätigkeit tun wir, was in unseren Kräften steht; doch selbst diese private Liebestätigkeit wird durch Verleumdungen und unzählige Lügen erschwert und verlangsamt.

Die Regierungen reden sich darauf aus, daß es ihnen unwahrscheinlich erscheint, Rußland und die Bolschewiken könnten ihre Versprechen halten. Ich habe mit den Sowjets über ein Jahr im Zusammenhang mit der Rückführung der Kriegsgefangenen gearbeitet, und ich muß sagen, daß die Sowjetregierung, trotz unzähliger Schwierigkeiten, alle Verpflichtungen, Abkommen und Versprechen tatsächlich und pünktlich eingehalten hat. Man redet sich weiters darauf aus, daß die Hilfe an die Hungernden ihren Bestimmungsort nicht erreicht, sondern in die Hände der Roten Armee fällt. Das ist eine Lüge! Ich möchte nur ein Beispiel meiner Erfahrung mit der Kontrolle der nach Rußland geschickten Waren und Lebensmittel anführen. Wir schickten Ausrüstung für 60 000 Gefangene – Kleider, Schuhe, Unterwäsche und so weiter – nach Sibirien, Sachen von höchstem Wert, die man in Rußland für ein Vermögen hätte verkaufen können, weil sie seit Jahren nirgends zu haben waren. Dennoch ging innerhalb Rußlands Grenzen nicht ein einziges Stück verloren.

Was die Regierungen in Wahrheit davon abhält zu helfen, ist eine andere Frage: Haben sie den Willen, zu helfen? Ist es möglich, daß Europa ruhig zusehen kann, ohne das geringste zu unternehmen? Ich kann es nicht glauben. Ich glaube, daß die größte Anzahl der in diesem Saal vertretenen Regierungen sich denen anschließen wird, die bereits gehandelt haben. Schon ist das Hilfswerk in vollem Gang. Die Amerikaner arbeiten großzügig. Die Organisation ‚Rettet die Kinder‘ ernährt in Sartow Hunderttausende, das Rote Kreuz und die Quäker tun ihr Äußerstes. Die Regierungen der nordischen und baltischen Staaten haben beträchtliche Beträge geliefert, das Deutsche Reich und das verarmte Österreich opfern für Rußland; die Regierungen Polens, der Tschechoslowakei sind bereits am Werk. Doch das Unglück ist von so ungeheuren Ausmaßen, daß alles das nicht ausreicht. Wenn die anderen nur das opfern wollen, was ein halbes Bataillon kostet, so würden wir Geld genug haben.

Ich frage Sie: Können Sie das nicht tun? Sagen Sie es geradeheraus, aber berufen Sie nicht Komitees und Konferenzen ein, und diskutieren Sie nicht Tag und Nacht, Monat auf Monat, während die Menschen langsam verhungern.

Wir bitten nicht um Geschenke, wir bitten um ein Darlehen. Rußland leistet Gewähr, und es ist wohlbekannt, daß Rußland, trotz allem, ein reiches Land ist.

Ich will die Sache anpacken und will versuchen, die Völker Europas zu sammeln, um das grauenvollste Elend, das die Geschichte kennt, abzuwenden – möge diese Versammlung nun beschließen, was sie will. Doch es ist ein furchtbarer Wettlauf: wir laufen mit dem russischen Winter um die Wette, der sich bereits von Norden her nähert. Bald werden die russischen Fahrwasser zugefroren sein, bald wird das Eis jeden Verkehr zunichte machen. Wollen wir es zulassen, daß der Winter Millionen Stimmen, die uns um Hilfe anflehen, für immer zum Schweigen bringt?

Noch ist es nicht zu spät – doch viel Zeit ist nicht zu verlieren. Männer, Frauen, Kinder brechen zu Tausenden im Schnee zusammen! Versuchen Sie sich vorzustellen, was das bedeutet! Ich bin sicher, daß Sie hier nicht ruhig sitzen bleiben und mit kaltem Herzen antworten können, es täte Ihnen leid, aber Sie könnten leider nicht helfen.

Im Namen der Menschheit, im Namen alles dessen, was edel und heilig ist, beschwöre ich Sie, die Sie selbst Frau und Kind daheim haben – denken Sie daran, was es bedeutet, Frauen und Kinder zu Millionen sterben zu sehen. Von dieser Stelle aus appelliere ich an die Regierungen, an die Völker Europas, an die ganze Welt: Helft! Beeilen Sie sich und handeln Sie, damit Sie nichts zu bereuen brauchen – wenn es zu spät ist!"

Zuerst war die Stille unheimlich. Nur der Sessel knarrte, als Nansen Platz nahm. Er war bleich und konnte nur mit Mühe seine Erregung verbergen. Dann brach der Beifall so gewaltig, so zügellos von der Galerie nieder, wie ihn dieses Haus noch nie erlebt hatte. Unten im Saal, bei den Delegierten, blieb es still, und nur vereinzelt rührten sich einige Hände, um einen Pflichtbeifall zu spenden.

Dann kamen die Antworten. Sie kamen von Politikern, aber nicht von Menschen; sie kamen von Diplomaten, aber nicht von Menschen; sie kamen von Sachverständigen, aber nicht von Menschen. Alle wanden sich mit schönen Worten über Menschlichkeit und Bruderliebe aus der Zange heraus, die Nansen an sie angesetzt hatte.

Die Niederlage der Sache Nansens wurde jedoch erst offenkundig, als man zur weiteren Tagesordnung überging. Nach mehreren Tagen wurde ein Behandlungsausschuß gebildet, der herausfinden sollte, welcher Ausschuß für die Hungersnot zuständig sei. Eine weitere Woche nachher wurde die Rußlandfrage der 6. Kommission überwiesen. Die 6. Kommission war auf Ablehnung eingestellt und debattierte vierzehn Tage nicht über das Für und Wider, sondern über den Wortlaut der Ablehnung. Mittlerweile verfloß kostbare Zeit. Nansen blieb nicht untätig, er hatte mit der Säumigkeit und dem Widerstand Genfs gerechnet. Er arbeitete mit den bestehenden Organisationen für Rußland weiter und wartete doch immer noch ungeduldig auf das Resultat der Beratungen. Als der Bescheid der 6. Kommission endlich eintraf, bezeugte damit der Völkerbund, daß er die völkerverbindende Organisation nicht war, die er hätte sein sollen. Der Wortlaut des Beschlusses: „Die Kommission hat Dr. Nansen nicht beipflichten können. Die Regierungen lehnen es ab, dem bolschewistischen Rußland einen Kredit zu geben. Mögen private Hilfsorganisationen den Hungernden beistehen. Die weitere Behandlung dieser Sache wird abgelehnt und einer Konferenz in Brüssel überwiesen."

Gewiß hatte Nansen Widerstand erwartet – aber das konnte er doch nicht fassen, daß man auch Kinder und Frauen zum Tod verurteilte, daß eine Institution, die sich Bund der Völker nannte, bei dieser Bewährungsprobe versagte. Nansen wußte jetzt schon, daß er hier auf verlorenem Posten kämpfte, und doch meldete er sich noch einmal zu Wort, um nichts unversucht zu lassen.

„Frei herausgesprochen – ich bedaure tief die Stellung, die man eingenommen hat. In diesem Augenblick sind 40 Millionen Menschen vom Hungertode bedroht. Wenn nicht binnen zwei Monaten Hilfe kommt, ist ihr Schicksal besiegelt. Alles zu ihrer Rettung Notwendige ist nur ein paar hundert Kilometer entfernt. Die Beförderung kann augenblicklich durchgeführt werden. Aber die Regierungen werfen die ganze Verantwortung auf die freiwilligen Organisationen zurück. Ich kann nicht glauben, daß dies recht ist. Ich kann nicht glauben, daß es weise ist. Ich kann nicht anders glauben, als daß es ein verhängnisvoller Fehler ist."

Nansen schrie es in den vollen Saal. Ebensogut hätte er es in den leeren Saal schreien können. Gewiß, er blickte in betretene Gesichter, er sah abgewendete Köpfe, die seinen Blicken auswichen und vor Scham rot geworden waren.

„Jeder von Ihnen weiß, daß Hoovers Organisation bereit ist, drei Millionen Kinder zu ernähren. Unsere Organisation hat schon viele Gaben erhalten. Der Papst sandte eine Million Lire. Der ‚Rette-die-Kinder‘-Fonds Großbritanniens hat sich bereit erklärt, 250 000 Kinder zu ernähren. Die 2. Internationale in Amsterdam hat 10 Millionen Mark gespendet. Beiträge von vielen Gemeinden aus Frankreich sind eingetroffen. Viele private Personen übersenden uns Geld. Wir tun, was wir können. Doch sogar unsere Liebestätigkeit wird behindert durch eine bewußt gesteuerte Verleumdungskampagne. Unzählige Lügen werden in Umlauf gesetzt. Ich wurde beschuldigt, Waffen für die Revolution nach Sibirien gebracht zu haben. Es war eine Lüge! Viele ähnliche Lügenmärchen werden verbreitet. Es ist ganz offensichtlich, daß sie von einer Zentralagentur ausgeschickt werden, um die Hilfe für die Hungernden zu unterbinden. Ich kenne den Gedanken, der diesem Feldzug zugrunde liegt. Es ist die Angst, das Hilfswerk könne die Sowjetregierung stärken. Das ist ein Fehlschluß. Wir stärken die Sowjetregierung nicht dadurch, daß wir dem russischen Volk zeigen, daß es noch mitfühlende Herzen in Europa gibt, daß es noch Menschen gibt, die bereit sind, das russische Volk vor dem Hungertode zu retten.

Aber nehmen wir an, es würde die Sowjetregierung stärken; gibt es ein Mitglied in dieser Versammlung, das es fertigbrächte, zu sagen: Ehe wir die Sowjetregierung stärken, sollen lieber Millionen Menschen verhungern! – Ich fordere die Völkerbundversammlung heraus, auf diese Frage Antwort zu geben!"

Eisiges Schweigen herrschte im Saal. Die Anklage war ausgesprochen von einem, der nicht zu denen gehörte, die im Parkett saßen. Die Blicke der Galeriebesucher hingen an dem einsamen Verfechter der Vorurteilslosigkeit, ihre Herzen waren bei ihm, bei dem Alten des Polareises. Er war ihr Mann, er war der, der ihre geheimsten Wünsche offen aussprach: Friede und Brüderlichkeit für die Welt! Er war der, der sich nicht scheute, den hohen Herren Versagen und mangelndes Gewissen vorzuwerfen. Er allein konnte es und durfte es, denn er war das Gewissen der Welt.

Nach den ersten Augenblicken atemloser Stille brach auf den Zuhörertribünen wieder ein Beifallssturm los; er tröstete Nansen, flößte ihm Mut ein und war ihm neue Verpflichtung. Und gerade Mut hatte er nötig, denn kaum war er auf seinem Platz, als das Schreckliche gesagt wurde, etwas, was den Geist des Völkerbundes entweihte, ihn zu einer Plattform der Machtpolitik stempelte und seinen Sinn, eine Institution der Gerechtigkeit zu sein, Lügen strafte.

Der Vertreter Serbiens sprang auf und schleuderte haßerfüllt die Worte in den Saal: „Ich nehme das Risiko nicht auf mich, die Sowjetregierung zu stützen. Lieber sollen Millionen Hungernde sterben, ja meinetwegen sollen *alle* Russen sterben."

In den Tumult, der sich erhob, schrie ein zweiter: „Ich beantrage eine Verurteilung der Sowjets. Sie sind an allem schuld, auch an dem Hunger."

Mit Mühe gelang es, die Ruhe im Saal wiederherzustellen. Lord Robert Cecil wies den Vertreter Jugoslawiens in die Schranken und gab eine Erklärung ab, die ebenfalls Mut bewies:

196

„Ich hege große Achtung für diese Versammlung. Sie leidet indessen an einem schweren Gebrechen: sie besitzt nicht *einen* Vertreter der Arbeiterklasse. Diese wird den serbischen Vorschlag mit höchster Verwunderung aufnehmen!"

Dann wandte er sich mit einer leichten Verbeugung Nansen zu, der blaß und tief verwundet von dem abgründigen Haß, der aus den Worten des Serben sprach, mit geschlossenen Augen dasaß und das Ende der Versammlung abwartete.

„Es gibt Leute", sagte Lord Robert, „die haben durchblicken lassen, daß Dr. Nansen sich von nationalistischen Gefühlen habe leiten lassen, ja sogar von der Hoffnung auf persönlichen Vorteil. Daher ist es jetzt notwendig, an seiner Statt daran zu erinnern, daß Dr. Nansen diese gesamte Arbeit ohne jedes Entgelt verrichtet. Andere haben Gerüchte ausgestreut, Nansen sei in geheime politische Intrigen verwickelt. Für uns, die wir Nansen kennen, ist dies alles ebenso verächtlich wie absurd. Wir wissen, daß es nicht nur Lüge ist, sondern eine ganz phantastische Lüge! Es zeigt aber, welche Verbitterung unter den Völkern Europas herrscht, wenn solche Dinge von einem solchen Mann überhaupt gesagt werden können!"

Nansen verließ den Palast des Völkerbundes. Jeder andere hätte sich gesagt: Ich habe mehr als meine Pflicht getan, ich bin gescheitert. Kann denn ein einzelner die ganze Welt verbessern?

Jeder andere – aber nicht Nansen. Er hatte ja auch nicht mit dem Beginn seiner Hilfsaktion auf einen offiziellen Auftrag gewartet; er mußte helfen, gleichgültig, wie viele halfen, ihn unterstützten und mitmachten.

Nansen ließ Genf diskutieren und Brüssel tagen – er half. Er sandte Notrufe an alle, an die Armen und Dürftigen mit den unverbrauchten Herzen. Es war etwas Seltsames um die Solidarität der Menschen, wenn sie die tiefe, schauerliche Not ihrer Brüder und Schwestern empfanden. Die rührendsten Angebote trafen im Zentralbüro ein, für alles fand sich eine Verwendung. Kinder schickten ihre Sparbüchsen und Spielzeug. Frauen sandten die Kleider ihrer gefallenen Männer, selbstgestrickte Handschuhe und warme Unterwäsche. Ehe Nansen nach Rußland fuhr, beriet er sich mit Finanzsachverständigen in Paris, kaufte Korn in Warschau und in Helsingfors, Heringe in Norwegen, verteilte seine Mitarbeiter, und die ersten Lebensmittelzüge rollten nach Moskau, wo sie umgeleitet wurden in die Hungergebiete an der Wolga und in die Ukraine. Dann fuhr er selbst hin, und er überzeugte sich, daß die militärische Bewachung der Transporte überflüssig war, denn sein Name gewährte besseren Schutz. Unangetastet erreichten die Waggons ihre Ziele.

Um diese Zeit vernahm er die Ergebnisse der Brüsseler Konferenz. Was er vorausgeahnt hatte, bewahrheitete sich. Aber mehr noch wurde offenbar, und das machte Nansen schaudern. Die Regierungen, so hieß es, verweigern solange alle Kredite, bis die Sowjetregierung die Schulden des Zarenregimes anerkennt und angezahlt hat. – Die 42 Millionen Hungernden, Sterbenden, sollten als Geiseln dienen, um Schulden einzutreiben!

Nansen vergaß es, er mußte es vergessen. Jetzt war er in Rußland – mit verbundenen Augen hätte er es gewußt. Der Leichengeruch war überall und die Stille. Er hatte aber die Augen offen. Was er sah, war das Grauen. Er fuhr in das Hungergebiet Buzuluk, um Einsicht in die Lage zu erhalten und die persönliche Kontrolle bei der Verteilung auszuüben.

Nansen wanderte durch die Dorfstraßen. Er photographierte das Elend, obwohl ihn davor ekelte, zu diesem Mittel greifen zu müssen. Aber er *mußte* die Welt aufrütteln, er mußte ihr das Grauen vor Augen führen, damit sie endlich begreifen lernte, was Hunger war.

Er trat in Hütten ein, in die finstere Kälte einer letzten Nacht. Um den erloschenen Ofen lagen Menschen, notdürftig in Lumpen gehüllt, und erwarteten ihre Erlösung. Er blickte in irre Augen, die aus Totenschädeln fiebrig glänzten, er hörte das Scharren nackter Knie auf dem Fußboden, wenn ein Opfer des Hungers in einen Winkel kroch, um in der Dunkelheit zu sterben.

Nansen besuchte die Spitäler. Er schritt durch ihre Säle wie durch ein Leichenhaus. Tote Kinder lagen neben noch lebenden. Nansen bekämpfte die Übelkeit, die ihn befiel, und zwang sich dazu, in die Gesichter der zwei- bis zehnjährigen Greise zu blicken. Sie lagen still, mit flachem Atem, als er an ihnen vorüberschritt. Nur die Augen, übergroß, folgten ihm von Tür zu Tür, verwundert, daß einer noch gehen konnte. Morgen würden ihre Leiden zu Ende, ihr Leben erloschen sein.

Nansen ging seinen Kreuzweg. Er belud sich mit dem Leid der Welt, er brach unter ihm fast zusammen, aber die verwunderten Kinderaugen brannten in seine Seele die untilgbare Anklage gegen den Egoismus einer brutalen und kurzsichtigen Politik. Zwei Monate in der russischen Hungerhölle verbrannten alle persönlichen Gefühle, und nur die Bilder des tausendfachen Todes hatten Gültigkeit und beherrschten ihn. Retten, helfen, sofort! Er sandte Telegramme in alle Hauptstädte Europas.

Am Weihnachtstag – Friede den Menschen auf Erden, die guten Willens sind! – telegraphierte er einen „Weihnachtsgruß" an den englischen Regierungschef Lloyd George: „Aktion der europäischen Regierungen unbedingt notwendig. Alles hängt vom Beispiel der englischen Regierung ab. Es ist spät. Millionen sterben an der Wolga, doch Millionen könnten durch sofortige Aktion noch gerettet werden. Ohne Hilfe gibt es nächstes Jahr eine noch größere Katastrophe. Das würde die Verlängerung der europäischen Wirtschaftskrise bedeuten und ergäbe außerdem eine Brutstätte künftiger Gefahren. Ich habe in Polen Getreide gekauft, kann aber noch mehr bekommen in Polen, Rumänien, Bulgarien und anderen Ländern. Ein Darlehen von 5 Millionen Pfund kann noch Wunder wirken. Wenn ich gebraucht werde, stehe ich voll und ganz zur Verfügung."

Auf dieses Telegramm, aufgegeben am 25. Dezember 1921, kam keine Antwort. Das Schweigen war unhöflich. Darüber tröstete sich Nansen. Daß es Millionen das Leben kostete, überwand er nicht. Er wurde noch einsamer, und es fiel ihm schwer, die Menschen zu begreifen, die in warmen Stuben die Geburt des Erlösers feierten, während jenseits der Grenzen die unbeerdigten Leichen zu Eisklumpen froren.

H. G. Wells, der englische Schriftsteller und Geschichtsschreiber, griff in einem Artikel die Regierung seines Landes an und stellte abschließend fest: „So wenig hat man also aus der Lektion über menschliche Solidarität gelernt, die der Weltkrieg gegeben haben sollte!"

Die Regierungen schwiegen. Sie legten den Grundstein zu einem neuen Mißverständnis zwischen den Völkern, sie arbeiteten an dem Gebäude der Zwietracht, sie mauerten an der Barriere des Mißtrauens, sie lehnten es ab, das Menschentum höher zu stellen als eine politische Meinung.

Im Winter verließ Nansen Rußland. Er reiste durch Europa, er sprach in Paris, in Genf, London, Manchester, in Stockholm, Berlin, Oslo. Er hatte monatelang geschwiegen. Er hatte das Leid gesehen, das Todesröcheln eines ganzen Landes gehört, die Verwesung gerochen. Er kam nach Europa, um sachlich zu berichten und um anzuklagen. Er versuchte kühl zu bleiben. Er sprach nicht in eigener Sache, er war Anwalt der Menschlichkeit.

Es genügte, wenn er sachlich berichtete. Zahlen, Tatsachen und seine Photographien trafen die Menschen härter als gefühlvolle Schilderungen. Er erzählte, daß kaum *fünf Prozent* der Menschen das Frühjahr erleben würden. Er berichtete von Verzweifelten, die frische Gräber aufbrachen und Leichenteile aßen, von Kindern mit aufgequollenen Bäuchen und spitzen Knochen, er berichtete von dem Zug nach Buzuluk, der seinen Bestimmungsort nicht erreichte, weil Passagiere und Zugpersonal unterwegs verhungerten.

„Alles ist verzehrt worden, Laub, Borke, Unkraut und das Stroh der Dächer. Wer noch kriechen kann, versucht zu fliehen. Viele brechen zusammen und erfrieren, sterben an Cholera. Die Bahnhöfe werden zum Sammelplatz des Jammers. Die Menschen versuchen irgendwohin zu fliehen; auf den Puffern, den Dächern, den Trittbrettern der Waggons hängen sie wie Trauben, um unterwegs entkräftet herabzustürzen und den Tod unter den Rädern zu finden."

„Ich glaube zu wissen, was Kampf gegen den Winter ist. Aber der Kampf, der jetzt in Rußland rast, ist weit, weit entsetzlicher, als ich zu denken wagte.

Was wir gesehen haben, ist mit Worten nicht wiederzugeben. Dabei wird es von Tag zu Tag, von Woche zu Woche schlimmer. Männer und Frauen haben angefangen, im gräßlichen Wahnsinn der Verzweiflung einander zu morden. Mütter haben ihre Kinder umgebracht, Väter töteten ihre Töchter, damit das Leiden endlich aus ihren Augen verschwände. Es ist entsetzlich, grauenvoll, davon sprechen zu müssen. Doch es *muß* geschehen. Ich habe es heute hier erzählt, und ich werde fortfahren, es den Völkern zu erzählen, bis ihnen bewußt wird, welch unfaßbares Unglück in Rußland geschieht. Wir verlangen, daß diese Millionen Menschenleben gerettet werden, so kann es nicht weitergehen."

Oft wollte Nansens Stimme bei der Schilderung der Ungeheuerlichkeiten versagen. Er bezwang sich, zeigte sich unbeteiligt und hart. Wenn er weiterreiste, ließ er fassungslose Zuhörer zurück.

Er war wieder Weltreisender. Diesmal redete er nicht von seinen Plänen, Grönland zu durchqueren, die „Fram" einfrieren zu lassen und mit ihr über den Nordpol zu treiben. Diesmal versuchte er, die Herzen aufzutauen, das Eis wegzuräumen, eine Fahrtrinne quer über die Welt zu sprengen, hinein in das schweigsame Unheil des Hungers. Er, der Weltreisende in Sachen der Liebe, kreuzte die Kontinente und sammelte eine gewaltige Schar hilfsbereiter Menschen für seine Idee. Während die Regierungen noch immer zögerten, begannen die Spenden Bekannter und Unbekannter zu fließen. Männer und Frauen gaben, was sie entbehren konnten und beschämten die Zaudernden.

Mit der Uhr in der Hand raste Nansen durch die Länder, weckte das Gewissen, löste Mitleid aus, hetzte weiter, todmüde, aber der Gedanke an die Augen sterbender Kinder trieb ihn an, und mit festen Schritten kam er in die nächste Versammlungshalle.

Dann zeigte er die Bilder. Männer brachen in Tränen aus, Frauen schluchzten, Nansens Stimme flüsterte Erklärungen zu den Dokumenten des Grauens, bis seine Kraft versagte.

Eine neue Lügenwelle wanderte durch die Zeitungen: Ein Lebensmittelzug über Jamburg von der russischen Armee geplündert! Welche ungeheure, verbrecherische Lüge! Nie hatten Nansen und Hoover einen Zug über Jamburg geschickt, nie war ein Zug beraubt worden. Aber diesen neuen Lügen entgegenzutreten kostete Kraft und Zeit, diese Lügen brachten Zweifler von ihrem guten Willen ab, verhinderten die Rettung unschuldiger Menschen.

Als Nansen in einem Artikel die Lügner aufforderte, seine Bilder zu den leidenden Menschen zu betrachten, wichen sie aus. Eine französische Boulevardzeitung behauptete frech: „Die Bilder sind nicht echt!"

Es erwies sich als unmöglich, gegen gewissenlose Widersacher, die für ihre Lügengeschichten bezahlt wurden, mit ernsten, ehrlichen Vorhaltungen einzuschreiten, sie von ihren verleumderischen Aktionen abzuhalten. Sie waren nie zu fassen, waren um Ausreden nie verlegen und beriefen sich auf geheime Informationen aus bestimmten Regierungskreisen, die ihnen Schweigepflicht auferlegt hätten.

Nansen gab es auf, den Lügen nachzuspüren. Er hatte keine Zeit. Er war dabei, mehr Menschen für seine Hilfsaktion zu gewinnen. Das war ihm wichtiger, das war dringlicher. Als er vor 4 000 Zuhörern in London sprach, erreichte ihn ein Telegramm aus Buzuluk. Dr. Frick, der Leiter des Genfer Zentralbüros, hatte es ihm nachgesandt.

Nansen unterbrach seinen Vortrag, riß das Telegramm auf und las es der Zuhörerschaft vor:

„Die Hungernden haben alle Katzen, Hunde und alles Aas aufgegessen. Sie machen sich über Menschenleichen her. Nachts stehlen sie die Leichen, die in einer Baracke aufgebahrt sind. In den Dörfern liegen große Leichenhaufen. Das Gebiet verwandelt sich in eine Wüste. Dringende Hilfe nötig. – Die Quäker."

Erschüttert schwiegen auch die Menschen im Saal, als Nansen

geraume Zeit vor sich hinstarrte und erst allmählich wieder aus der Versunkenheit erwachte.

„Ich kann Ihnen nicht mehr erzählen, als Sie soeben gehört haben. Aber zu dem, was Sie aus dem Telegramm erfahren haben, möchte ich Ihnen Bilder zeigen."

Der Saal wurde dunkel, dann flimmerte der Alptraum über die Leinwand, riß die Menschen aus Gleichmut und Trägheit, ließ sie erstarren, bis sie Nansen von den Bildern aus dem Land des Hungers befreite.

Als es licht wurde im Saal, stand Nansen schon bei der Tür, dröhnte vor dem Tor schon der Motor des Wagens, der ihn weiterführte, weiter in die nächste Stadt.

„Die Kirchtürme verneigen sich in der Nacht, wenn er vorbeifährt", schrieb eine Zeitung am nächsten Tag über Nansen, „er ist ein Mensch unter Millionen Masken!"

Nansens Appell an die Menschen aller Länder wurde in einer Weise beantwortet, wie es die Geschichte noch nicht erlebt hatte. Norwegen sandte die erste Hilfsgabe, und im Verhältnis zur Bevölkerungszahl die größte. Die anderen nordischen Völker schlossen sich würdig an. Was aber der Aktion zusätzlich Licht und Wärme gab, war der private Opferwille, der nicht gering war. Ein Altersheim sandte 372 Kronen; ein Aussatzkranker 50 Kronen, seinen ganzen Besitz. 48 000 Franc trafen von einem ungenannten französischen Dichter ein; ein Arbeiter aus Montevideo opferter sein ganzes, in einem mühevollen Leben erspartes Vermögen: 12 000 Pesos! Holland schickte 4 000 Tonnen Lebensmittel, die italienischen Sozialisten überwiesen mehr als eine halbe Million Lire, der Papst spendete noch 2,5 Millionen. Der „Manchester Guardian" sammelte 20 000 Pfund. Die Liste ließe sich endlos weiterführen. Noch war Europa nicht verloren, nicht verstrickt im Unverstand und im kalten Zynismus lügnerischer Boulevardzeitungen.

Eine gewaltige Organisation spannte sich um die Erde. In Zusammenarbeit mit den Quäkern, mit Herbert Hoover und der „Nansen-Hilfe" wurden 15 Millionen Menschen versorgt. Die Quäker allein betreuten in 280 Orten 900 Hilfsstationen und verköstigten bis zu 38 000 Menschen, vor allem Kinder. Eine besondere Form der „Nansen-Hilfe" waren die „Nansen-Pakete". Bis zum August 1922 wurden 150 000 Pakete nach Rußland geschickt. Jedes Paket durfte 15 kg wiegen und nur Lebensmittel und Kleider enthalten.

Es müßte ein eigenes Buch darüber geschrieben werden, wer dem Ruf Nansens in menschenwürdiger und uneigennütziger Weise folgte. 32 Verbände und Organisationen aus zehn verschiedenen Ländern stimmte Nansen untereinander ab: Nordländer, Russen, Amerikaner, Deutsche, Engländer, Schweizer, Tschechen, Holländer – vor wenigen Jahren noch grimmigste „Feinde" – verbanden sich zur höchsten Pflichterfüllung. Viele der Mitarbeiter gingen zugrunde, fielen den Seuchen zum Opfer.

Hilfe kam aus fast allen Ländern Europas: Spanien, Italien, Jugoslawien, Österreich, Belgien, Bulgarien, Estland, Lettland. Aber auch Ägypten half, Südafrika, Japan, Kanada und Südamerika. Jedes Land hatte eine bestimmte Aufgabe zu erfüllen. Nansen teilte ein, überwachte, kontrollierte und hielt die gewaltige Maschine in Gang, ohne daß es zu einer ernsthaften Störung kam. Der serbische Professor Georgewitsch leitete die Lebensmitteltransporte, und die zynischen Worte seines Landsmannes in Genf waren vergessen. Die Schweden kümmerten sich um die Schulen und Schulküchen, die Holländer sorgten für die Bekämpfung von Schädlingen, andere für die Eindämmung von Epidemien und die Pflege von Kranken.

Obwohl die „Nansen-Hilfe" nicht die einzige Organisation war, die half, blieb doch Fridtjof Nansen das Herz des gesamten Rettungswerkes. Er war die Person, die universelles Vertrauen besaß, der einzige Nicht-Russe und Nicht-Kommunist, dem die Sowjets vollkommen vertrauten und – gehorchten!

Um diese Zeit kam Liv aus Amerika zurück. Nansens Befürchtungen, Liv würde in Amerika bleiben und dort heiraten, hatten sich als unbegründet erwiesen. Er stahl sich etwas von seiner Zeit ab, um Liv mit seinem Ford im Hafen von Christiania abzuholen. Als Liv ihrem Vater erzählte, daß sie Andreas Høyer zu heiraten wünsche, den Sohn von Nansens altem Lehrer, da war er völlig beruhigt.

Es kam bald zur Hochzeit, bei der Nansen und Werenskiold als Trauzeugen fungierten.

Als Liv von ihrer Hochzeitsreise heimkehrte und erfuhr, daß ihr Vater auf einige Tage in Polhögda sei, rief sie sofort bei ihm an. Da sich das neue Hausmädchen meldete, nannte Liv ihren Namen und wünschte den Herrn Professor Nansen zu sprechen.

„Herr Professor, eine Frau Høyer ist am Telephon, die Sie zu sprechen wünscht", richtete das Mädchen aus.

„Frau Høyer? Wer ist das? Ich kenne keine Frau Høyer, und ich habe gar keine Zeit", gab ihr Nansen geistesabwesend zur Antwort. „Sagt, ich bin nicht zu Hause."

Das Mädchen befolgte den Auftrag: „Der Professor ist im Augenblick nicht zu Hause."

„Dann sagen Sie dem Herrn Professor, da er nicht zu Hause ist, seine Tochter Liv ist am Telefon", bemerkte sie lächelnd.

Als Nansen das hörte, sprang er über die Stufen in die Halle hinunter und strahlte vor Freude. Es dauerte noch sehr lange, bis er sich an den neuen Namen seiner Tochter gewöhnen konnte.

Ein kurzes Wiedersehen folgte, dann reiste Nansen nach Rußland zurück.

Im Frühjahr 1922 erreichte die Hungersnot ihren Höhepunkt, und die zahlreichen Verteilerstellen waren dicht belagert. Das Wunder hatte sich herumgesprochen. Die Menschenschlange schien endlos, obwohl auf der Liste einer Ausgabestelle nur 500 Namen standen.

Brot gab es, ein Stück schwarzes, duftendes Brot, und Suppe. Sie rückten an Nansen vorbei, Schritt um Schritt: Bauern mit guten Gesichtern, müde vom Hunger; Frauen, gebeugt von der Arbeit und der Last der Kinder; Kinder, ernst, schweigsam, mit staunenden Augen.

Namen wurden verlesen, abgestrichen, Brot in große, kleine, zerfurchte Hände gelegt, Suppe in lang unbenützte Gefäße gegossen. 500 Namen wurden abgestrichen, und die Schlange wuchs. Der Tisch war blankgefegt, die Kessel für diesen Tag leer. Sie rückten an Nansen heran, Mütter, die nicht auf der Liste standen, sie fielen stumm auf die Knie und streckten ihm die Kinder und die Säuglinge entgegen, sie ließen sie liegen und schleppten sich davon, um irgendwo im Verborgenen zu sterben.

Nansen brach in Tränen aus. Er hätte ein Gott sein müssen, um diesen Kummer mit Gleichmut zu ertragen. Der Anblick stummer, weggelegter Kinder drückte ihm die Kehle zu.

Alle zu beteilen, bedeutete alle verhungern zu lassen. Die Abgewiesenen flehten nicht um Gnade, sie tobten nicht, sie blickten verständnislos auf die leeren Tische, die noch nach Brot rochen, und gingen langsam fort. Das machte es für Nansen noch schwerer. Wohin sollte er sie schicken? Friedfertig verschwanden sie in die Ebene hinaus, ohne zu murren über das unverständliche Schicksal, das gerade sie auf die Auszähliste setzte. Sie kamen nie wieder.

Erst im Spätsommer 1922 schien die ärgste Hungersnot überwunden zu sein. Doch Nansen ließ sich nicht täuschen. Rückschläge waren möglich und traten auch ein. Von Beginn an war ihm klar, daß Samariterdienste allein nicht genügen würden. Was notwendig war, war Arbeit auf lange Sicht, war Wiederaufbau. Von neuem ersuchte Nansen den Völkerbund und die Regierungen um Hilfe, von neuem blieben seine Bemühungen ohne Erfolg.

Doch Nansens Vortragsreise durch die Welt war auf fruchtbaren Boden gefallen. Von einfachen Bauern bekam er Geräte für die Bauern Rußlands, bekam er Saatgut und Pferde. Er beschaffte Futter, Maschinen, Traktoren und Baumaterial, gründete Organisationen für ärztliche und sanitäre Hilfe, erweiterte den Dienst an Kranken und Invaliden und nahm sich der verwaisten Kinder an. Sieben Millionen „wilde Kinder"! – kleine Heimatlose, Verkommene, von der Not verroht und von Krankheiten verseucht, wanderten als bedrohliche Gefahr in den Weiten Rußlands herum. Ihnen galt nun seine besondere Fürsorge.

Im Herbst des Jahre 1922 stand Nansen wieder hinter dem Pult im Palast des Völkerbundes. Die Männer, die ihn von früher kannten, erschraken, als sie ihn nach einem Jahr wiedersahen. Sein Haar war dünn und schlohweiß geworden, und um seinen Mund lag ein wehmütiger, bitterer Zug.

Nansen gab einen Rechenschaftsbericht vor einem Forum, dem er keine Rechenschaft schuldete. Was er sagte, war auch mehr eine Anklage gegen den Völkerbund und eine Dankadresse an den „kleinen Mann von der Straße", an die zahllosen privaten Hilfsorganisationen, an die Menschen aller Länder, die guten Willens waren. Daher begann er seine Rede mit den Worten: „Die Wahrheit ist schrecklich, aber Sie werden sie hören müssen. Die Brüsseler Konferenz, die Sie, meine Herren, angeregt haben, hat zwei, vielleicht gar drei Millionen Menschen das Leben gekostet!"

Und er endete mit den Worten: „Nächstenliebe ist Realpolitik! Das alte Gebot ist auch das Gebot der Zukunft: Liebe deinen Nächsten wie dich selbst!"

Dazwischen lag eine Aufzählung, was private Tatkraft, was wahre Menschlichkeit geleistet hatte. Es waren nüchterne Zahlen, die er nannte, aber hinter jeder stand ein Geschenk der Liebe; er nannte Zahlen, die er wie Gedenksteine in den Saal stellte, wie Opferschalen, aus denen das Licht einer neuen Zeit leuchtete; er nannte Zahlen, und sie waren Anklage und Vorwurf, Abrechnung und Vergeltung, sie bewiesen, daß die Menschen, die sich von dem aufrechten Manne hatten leiten lassen, reifer gewesen waren, als es die Staatsmänner in Genf wahrhaben wollten. Es war ein eindeutiger Sieg der Menschlichkeit über die Willkür der Politik.

Noch wäre es Zeit gewesen, Rußland an Europa zu binden, ihm den blutigen innenpolitischen Irrweg zu ersparen, den es später gegangen ist, um zu Weltgeltung zu gelangen. Nansen war sein Fürsprecher, Nansen war sein Mittler zur westlichen Welt. Das russische Volk verehrte ihn, erzählte über ihn viele Legenden und Geschichten. So hieß es: „In Rußland gibt es drei heilige Namen: die Heilige Jungfrau, Lenin und Nansen."

Ein bekannter Arzt sagte zu seinem Freund, als er nachts zum Sternenhimmel aufblickte: „Nansens Name steht über ganz Rußland in den Sternen geschrieben."

Der Schriftsteller Emil Ludwig schrieb in einem seiner Bücher: „Was Nansen für das russische Volk bedeutete, erkannte ich an dem Blick einer alten Bauersfrau, als ich drei Jahre nach Nansens Tätigkeit in Rußland unterwegs war. Als ich seinen Namen nannte, schlug sie das Kreuz und fragte mit aufgerissenen Augen, ob ich ihn kenne. Als ich nickte, berührte ihre Hand meine Brust, als solle ich ihren Segen an den Retter weitergeben."

Im Juli 1923 erhielt Nansen eine feierliche Dankadresse der Sowjets, die in der Zeitung „Iswestija" veröffentlicht wurde:

„Der Rat der Volkskommissare erklärt: Zu der Zeit, als gewaltige Teile der verbündeten Republiken des russischen Reiches – ausgeblutet durch Interventionen und Blockaden – einer unerhört verheerenden Hungersnot ausgeliefert wurden und der größte Teil der europäischen Regierungen dem Millionenheer von hungernden Bauern in den Sowjetrepubliken völlige Gleichgültigkeit zeigte, und als auch deren neuerrichteter Völkerbund es unterließ, den Hungernden Hilfe zu leisten, da begann der große Gelehrte Dr. Nansen eine große selbständige Kampagne, um den Hungernden in den Sowjetrepubliken Hilfe zu bringen, und er bekämpfte jene, die sich dieser Hilfe widersetzten. Die Organisation, die Dr. Nansen errichtete, rettete unzählige Leben vor dem sicheren Untergang und linderte die Hungerqualen und die Lage der Bevölkerung in vielen Gebieten, die durch Mißernten verheert waren..."

Das Schreiben war vom Vorsitzenden des Rates der Volkskommissare, L. Kamenew, unterzeichnet.

Damals wäre noch Zeit gewesen, einander die Hände zu reichen. Es wurde unterlassen. Die Fronten versteiften sich – die Völker strebten auseinander.

Der griechisch-türkische Konflikt

Es war Spätherbst. Nansen saß im Orientexpreß, der durch die Nacht rumpelte. Fremde Namen auf zerstörten Stationen, verwundete Gleise, Notbrücken über Schluchten und Flüssen, kontrolliert von Soldaten mit aufgepflanzten Bajonetten, Mißtrauen an den Grenzen, Isolation, wohin er blickte. Die Nachwehen des Krieges hinderten die Menschen, einander näherzukommen.

Herausgerissen aus seiner Arbeit für die russischen Flüchtlinge, aus der Fürsorge für die hungernden Millionen in Rußland, rief ihn die Not der 1,5 Millionen geflüchteter Griechen und Armenier nach Süden.

Der griechisch-türkische Krieg ging im Sommer 1922 zu Ende. Die Niederlage der Griechen war total. Das Heer war in chaotischer Auflösung begriffen und flüchtete von der kleinasiatischen Küste in wilder Panik auf die wenigen Kriegsschiffe und Transporter, die dort noch vor Anker lagen. Hinter dem Heer kam die Zivilbevölkerung, von tödlichem Schrecken erfaßt, denn ihr war die türkische Reiterei auf den Fersen. Die Straßen zur Küste und nach Smyrna waren überfüllt und verstopft. In Sekundenschnelle verließen die Menschen Haus und Hof, rannten davon nur mit dem, was sie am Leibe trugen, ließen das schützende Dach hinter sich, liefen, liefen ohne Geld, ohne Nahrungsmittel, ohne Wasser, ohne bestimmtes Ziel in irrsinniger Angst auf und davon. Wehe dem, der den türkischen Reitern in die Hände fiel! Die Fluchtstrecken wurden Wege des Todes, Schwache stürzten, Greise, Kranke, Kinder und Sterbende blieben zurück, wurden überrollt, niedergetrampelt, in den Staub getreten.

Aber selbst die schnellsten entkamen nicht den türkischen Pferden, die hineinstießen in die graue wogende Masse gehetzter, fliehender Menschen, und die Reiter metzelten nieder, was sie erreichten.

Eine Million Menschen kam auf der Flucht um. Eine halbe Million flüchtete sich auf die nahen griechischen Inseln, 800 000 flohen nach Smyrna, preßten sich zusammen, stauten sich im Hafen – aber die Hafenmole war leer. Das geschlagene griechische Heer hatte sich mit den letzten Schiffen in die Heimat gerettet.

Die Türken erreichten Smyrna. Sie kreisten die Flüchtlinge ein, sie setzten Feuer, rückten vor, drängten die Griechen enger und enger zusammen, bis sie keine Bewegungsfreiheit hatten, bis sie von den Kaimauern ins Meer stürzten. Es blieb ihnen nur die Wahl, im Meer oder in den Flammen umzukommen. Das Hafenbecken färbte sich rot, war voll von Leichen. 1 200 Menschen verbrannten bei lebendigem Leib.

Im Hafenbecken von Smyrna ankerten englische Kriegsschiffe. Sie bargen von den treibenden Frauen, Kindern und Männern, die sich in das Wasser gestürzt hatten, so viele, wie sie vermochten, und brachten sie nach Griechenland.

Heere von griechischen und armenischen Flüchtlingen strömten nach Konstantinopel, das noch unter dem Schutz der Alliierten stand. Oberst Procter, Leiter des Nansen-Büros in Konstantinopel, telegraphierte um Hilfe.

Am 18. September hielt Nansen das Telegramm in Händen. Das war in Genf. Er hatte eben dem Völkerbund über seine Arbeit für die russischen Emigranten berichtet, als er sich neuerlich zu Wort meldete, ohne auf die üblichen Sitzungsformalitäten Rücksicht zu nehmen. Die Delegierten stießen einander an und lächelten bedeutungsvoll, als dieses ewige diplomatische „enfant terrible" wieder einmal über das Ziel hinausschoß und die Tagesordnung auf den Kopf stellte. Doch der Präsident erteilte ihm das Wort, und Nansen verlas vom Rednerpult das Telegramm und den beigefügten Hilferuf der griechischen Regierung. Nansen schlug vor, sofort einzugreifen, denn es ging um das Leben von zwei Millionen Menschen, die der Willkür bewaffneter Horden ausgeliefert waren.

Die Behandlung dieser Frage wurde entgegen jeder Regel sofort auf die Tagesordnung gesetzt, 100 000 Gulden zur Verfügung gestellt, die noch am Nachmittag desselben Tages von der englischen Regierung um eine Million Pfund aufgebessert wurden; allerdings unter der Bedingung, daß auch andere Staaten einen entsprechenden Beitrag aufbrächten.

Die ersten Verhandlungen führte Nansen in Belgrad, sodann in Sofia und schließlich im Zentrum des Elends, in Konstantinopel. 10 000 Flüchtlinge aus unbedrohten Gebieten schickte er sofort zurück; sie sollten die reiche Ernte einbringen, die sie im panischen

Schrecken im Stich gelassen hatten. Er leitete Lebensmitteltransporte nach Samos und Chios und verhinderte vorerst in diesen bedrohten Gebieten eine Hungersnot. Sodann gelang es ihm, 156 000 griechische Flüchtlinge aus Kleinasien nach Griechenland hinüber zu retten, wo sie zuerst in Hilfsquartieren untergebracht wurden.

Jetzt erst war Zeit für endgültige Verhandlungen in Konstantinopel. Nansen traf Vereinbarungen mit dem Roten Halbmond, besprach mit dem türkischen Gesandten den Austausch von Gefangenen und stieß auf heftigen Widerstand.

Mitte Oktober leitete Nansen die Beratungen mit einer Gruppe von fremden Hilfsverbänden, legte die Linie der Arbeit fest, organisierte und brachte ihnen die Einhaltung einer gemeinsamen Taktik bei: „Keine zerstreuten Aktionen, Zusammenarbeit nach einem durchdachten und gleichgeordneten Plan."

Nansens Plan, einen vollkommenen Bevölkerungsaustausch vorzunehmen, bedurfte einer dringenden Vereinbarung mit Griechenland. Nansen und der Sekretär des Völkerbundes, Noel Baker, fuhren mit ihrem Wagen durch Ostthrakien nach Athen. Eben war der Waffenstillstand zwischen Griechenland und der Türkei in Kraft getreten, der besagte, daß Ostthrakien an die Türkei abgetreten werden müßte. Den griechischen Bauern wurde eine Frist von 42 Tagen eingeräumt, innerhalb der sie das Land zu verlassen hatten. Doch die meisten waren des Lesens und Schreibens unkundig und glaubten, auf den Anschlägen etwas von 42 Stunden entziffert zu haben. Außerdem lief ein Gerücht von Haus zu Haus, daß sich türkische Soldaten näherten, an der Grenze standen, schon ins Land einbrachen und die Menschen verjagten.

Angst ergriff die Bevölkerung. Was schnelle Hände erraffen konnten, wurde auf Esel gepackt, auf Ochsenkarren geworfen, auf Schultern gelegt und an den Leib gebunden. Hunderttausende wälzten sich in heilloser Flucht zur griechischen Grenze, ließen die Ernte im Stich, obwohl das Getreide reif auf den Feldern stand.

In diesen zügellosen Strom geriet Nansen mit seinem Auto, wurde festgekeilt von dem Volk auf der Landstraße. Er depeschierte nach Athen um einen größeren Geldbetrag, den er für notwendig hielt, um die kopflose Flucht aufzuhalten; die Bauern sollten erst die reiche Ernte einbringen, um nicht völlig entblößt Griechenland zu betreten. Nansen konnte hier mindestens einen Teilerfolg erzielen.

Nach dieser kurzen Episode jagte er weiter nach Saloniki – nach Athen. Dort, in einem unbeschreiblichen Durcheinander, in einer

Atmosphäre größter Ratlosigkeit, rief er die Gesandten der Alliierten und die Vertreter aller Hilfsorganisationen zusammen und brachte sie dazu, gemeinsame Arbeit zu leisten.

Nansens Tatkraft und Autorität gab der griechischen Regierung neue Hoffnung. Sie stattete ihn mit allen Vollmachten aus und bat ihn, mit den Türken noch einmal zu verhandeln. Es war klar, daß neues Unheil auszubrechen drohte: die türkische Bevölkerung Griechenlands war in Gefahr. Eile war geboten, um eine blutige Racheaktion unter den Türken Griechenlands zu vermeiden; mit einem griechischen Torpedobootzerstörer lief Nansen in Konstantinopel ein, und als er an Land ging, stand sein Entschluß fest. Er hielt einen Völkeraustausch für die einzig richtige und befriedigende Lösung: Europa für die Griechen – Kleinasien für die Türken.

Nach einer Aussprache mit dem britischen Gesandten, der ihn wissen ließ, daß England, Frankreich und die USA wünschten, Nansen möge die Verhandlungen auch in ihrem Namen zwischen Griechenland und der Türkei betreiben, verhandelte er sofort mit Hamid Bey. Doch die Anmaßung des Siegers war zu groß. Die Stunden verliefen ergebnislos, und Nansen, müde jeglichen Ränkespiels, brach entschlossen die Sitzungen ab. Nansen wußte einen anderen Weg; er würde den Türken zur Menschlichkeit zwingen.

Er kehrte nach Athen zurück und unterbreitete der Regierung sein kühnes Projekt des Nationalitätenaustausches. Die griechische Regierung stimmte Nansen in allen Punkten zu. An Boden mangelte es nicht. Woran es fehlte, war ein wohldurchdachter Plan. Den lieferte Nansen. Dann fehlte zugreifende Tatkraft. Die lieferte ebenfalls Nansen. Aber Kapital, woher sollte Griechenland das Kapital nehmen? Der Völkerbund mußte helfen. Warum sollte der Völkerbund Griechenland nicht helfen? Hatte er nicht auch Österreich durch ein Darlehen vor dem Staatsbankrott gerettet?

Wieder war Nansen auf dem Weg nach Genf. Zum wievielten Male schon? Doch das Überraschende trat ein, man lehnte nicht ab. Im Gegenteil: Nansen erhielt Vollmacht, Anordnungen zur Geldbeschaffung zu treffen. Eine internationale Anleihe, die auf seine Anregung geschaffen wurde und die als einzige Garantie die Arbeitskraft der Flüchtlinge eines armen Landes aufzuweisen hatte, war in kurzer Zeit in London um das Zwanzigfache überzeichnet.

Viele allerdings erklärten Nansens Programm für verrückt und eine dauernde Ansiedlung der Flüchtlinge in Griechenland für

„unmöglich". Nansen bewies das Gegenteil. Unter Oberst Procters fachkundiger Leitung hatte Nansen ein Experiment gewagt, das geglückt war. In 15 Dörfern, die neu aus dem Boden gestampft worden waren, hatte er 10 000 Flüchtlinge angesiedelt. Sie betrieben Tabakbau, Seidenwirkerei und Teppichweberei. In weniger als einem Jahr konnten diese Flüchtlinge sich selbst erhalten und fielen niemand mehr zur Last.

„Was uns mit zehntausend gelungen ist, muß auf dieselbe Weise mit einer Million möglich sein", sagte Nansen.

Im Frühjahr begann der Austausch unter Nansens Leitung. 400 000 Türken verließen Griechenland und wurden in Kleinasien auf den ehemals griechischen Höfen angesiedelt, die von den Kriegswirren verschont geblieben waren. 1,5 Millionen Griechen ergossen sich nach einem genauen Plan über das Mutterland. Sie legten Sümpfe trocken, sie entfernten von den Ackerböden Steine, sie kultivierten Gärten, Weinberge, bebauten Plantagen und schufen neue Hausindustrien.

Zwei Millionen Menschen waren umgesiedelt, und das Ergebnis würde ein neues und bald größeres Griechenland sein. Noch sproß das Grün spärlich zwischen den neuen Häusern. Aber es war gut, nach getaner Arbeit an der warmen Hausmauer zu lehnen und auf das bestellte Land zu schauen. Manchmal zwang noch etwas die Augen nach Osten, aber mit jeder Ackerfurche, die der geschenkte Pflug zog, mit jedem Tropfen Schweiß, der in die Erde sickerte, verging das Ziehen im Herzen nach einem fernen Land, das einst die Heimat gewesen war.

Im Dezember 1922 erhielt Nansen den Friedensnobelpreis. Man holte ihn nach Norwegen zurück. Er kam, aber seine Gedanken bleiben in Westthrakien, in den Schlafsälen der Kinderbaracken von Zappeion, in denen der Friede atmete. Er mußte die Arbeit unterbrechen. Er tat es ungern, aber er nahm die Ehrung freudig an, die ihm die Welt bereitete.

Am 10. Dezember 1922 wurde ihm der Preis im Festsaal des Nobel-Institutes in Oslo verliehen. Unter den Gästen waren König Haakon und der Kronprinz, Diplomaten aus zahlreichen Staaten, Politiker aus vielen Ländern, Männer und Frauen der Wissenschaft, Freunde.

Professor Fredrik Stang ergriff das Wort, ehe er den Preis überreichte, und würdigte Nansens fast übermenschliche Leistungen: „*Einen* hungernden Menschen – das können wir fassen, da reicht unser Gefühl aus und wird zum Mitleid. *Einen* Flüchtling, eine

Schar von Flüchtligen mit Kindern und ihrem Hab und Gut auf einem Schubkarren – das vermögen wir uns zur Not noch vorzustellen. Aber Millionen – da stockt der Gedanke. Das gibt keine Bilder mehr, nur Zahlen, unfaßliche Zahlen."

Professor Stang sprach über die große Fahrt in Nacht und Eis und zog zu den Rettungsfahrten in die Notstandsgebiete eine Parallele, die ebenfalls nichts anderes waren als Expeditionen in vereiste Gebiete, um eingefrorene Gefühle und verschüttete Herzen zu erwecken.

„Wieder hat ein Unterstrom, an den nur wenige geglaubt haben, Nansen vorwärts getragen – der tiefe Strom des Menschengefühls, der unter der Eisschicht fließt, mit der sich Staaten und Individuen umgeben. An diesen Strom hat Nansen geglaubt, und durch diesen Glauben hat sein Werk gesiegt."

Die Versammlung erhob sich, Professor Strang überreichte den Preis. 122 000 Kronen! Nansen schritt zum Pult. 122 000 Kronen! Die Hälfte davon wollte er der Hilfsarbeit für griechische Flüchtlinge geben, die andere Hälfte sollten die Versuchsfarmen in Saratow und Jekaterinoslaw in Rußland erhalten.

Nansen begann stockend und langsam zu danken, weil er viel mehr zu sagen hatte, als im Augenblick am Platze war.

„Was Professor Stang gesagt hat, ist allzu viel. Nicht das, was er über die geleistete Arbeit erwähnte, sondern über meinen Anteil daran. Wenn diese Arbeit Anerkennung verdient, so ist das in erster Linie der Hilfe zu danken, die Organisationen und Einzelmenschen mir haben zuteil werden lassen.

Eine Reihe einzelner Persönlichkeiten haben mir wertvollen Beistand geleistet, und von denen, die draußen im Felde arbeiteten, haben mehrere ihr Leben eingesetzt und verloren.

Es war eine humanitäre Arbeit, um die Wirkungen des Krieges zu lindern – nicht aber, um den Krieg zu verhindern. Dies sollte eigentlich das Ziel der Friedensarbeit sein. Man hat den Völkerbund dafür kritisiert, daß er zu heilen versuchte, anstatt vorzubeugen. Doch hat unsere Arbeit, so glaube ich, gewiß auch Bedeutung für die Verhütung künftiger Kriege, weil sie dazu beigetragen hat, Brüderlichkeit und Nächstenliebe zu säen.

Schauen wir uns in Europa um. Verspricht die Zukunft Gutes? Die Gefühle, auf die wir zuerst stoßen, scheinen Haß, Egoismus und Mißtrauen zwischen Klassen und Völkern zu sein. Der große Krieg, der der letzte sein sollte – wo sind alle diese klingenden Worte? Dieser Krieg hat mehr als ein früherer bewiesen, daß Krieg

212

niemals zu etwas Gutem führt, auch nicht für die Sieger. Und trotzdem gibt es Irregeleitete, die vom nächsten Krieg sprechen, obgleich sie wissen müssen, daß dieser Krieg die völlige Vernichtung, den Untergang Europas bedeutet.

Wir sind auf dem Wege zurück zur Barbarei. Wer durch Thrakien reist und ganze Völker mit ihrem Hab und Gut auf der Landstraße sieht, der muß das Gefühl erhalten, daß wir in die Zeit der Völkerwanderung zurückgefallen sind. Wir sind so weit zurückgefallen, daß wir ruhig von der Vertilgung ganzer Volksstämme reden können. Im Wolgagebiet starben ganze Gemeinden aus.

Ja, wir müssen zurück, aber nicht zur Barbarei, sondern zu der alten christlichen Urtugend: zum Brudergefühl. Was wir jetzt am bittersten brauchen, ist opferwillige, aktive Menschenliebe, die wieder aufbauen kann, was der Krieg zerstört hat. Rettung ist schwer zu finden; doch der Völkerbund gibt uns Hoffnung. *Versagt auch der, dann ist alles vorbei. – Es muß uns doch gelingen, uns zu den Vereinigten Staaten der Menschheit emporzuarbeiten!*

Ich habe gehofft, zu meiner wissenschaftlichen Arbeit zurückzukehren. Ich fühle aber, daß ich noch allzu wenig getan habe, und diese große Auszeichnung nagelt mich an die Arbeit fest, die ich begonnen habe."

Nansen verbeugte sich – Beifall; er dankte für den Beifall, er dankte für den Nobelpreis. Aber er trug bereits eine andere Rede in seinen Gedanken, zu der er sich anläßlich der Preisverleihung verpflichtet fühlte. Diesen Augenblick, da die ganze Welt auf ihn hören würde, durfte er nicht ungenutzt lassen. Er würde die Rede vor der gleichen Zuhörerschaft halten, vor gekrönten Häuptern, Staatsmännern, Politikern und Diplomaten. Er zweifelte schon jetzt daran, daß ihn hernach Beifall überschütten würde, aber sie war ja im Grunde nicht an die Zuhörer allein, sondern an alle Menschen gerichtet. Eine Woche hatte er Zeit, an seinem Bekenntnis zu arbeiten, seinen offenen, unverschlüsselten Aufruf zum Frieden vorzubereiten.

Der Weltöffentlichkeit wollte er ein Programm vorlegen, das aus dem Labyrinth der Unduldsamkeit und Ichsucht einen Ausweg zu einem menschenwürdigen Leben und zur wahren Kultur zeigte.

„Friede" hieß die Rede, die er eine Woche nach der Preisverleihung hielt. Sie begann mit einem kriegerischen Symbol, mit dem Bild des „Sterbenden Galliers" – für Nansen das Symbol der Nachkriegszeit in Europa.

„Auf dem Kapitol in Rom steht eine Marmorstatue, die mir in

ihrem schlichten Pathos als die schönste erscheint. Es ist der sterbende Gallier. Er liegt zu Tode verwundet auf dem Schlachtfeld hingestreckt. Der sehnige Körper, gehärtet von Arbeit und Kampf, neigt sich mit schwindenden Kräften dem Untergang zu. Das Haupt senkt sich; der starke Nacken ist gebeugt; die grobe kräftige Arbeitshand, die eben noch das Schwert schwang, stützt sich auf die Erde, um mit letzter Anstrengung den sinkenden Leib aufzuhalten.

So sehe ich die leidende Menschheit – so sehe ich Europas leidende Völker auf den Schlachtfeldern verbluten nach Kämpfen, die meist nicht die eigenen waren.

Machtgier, Imperialismus, Militarismus sind in zerstörerischer Wut über die Erde gerast. Die goldene Erde liegt zerstampft unter eisernen Füßen – die Erde liegt verwüstet, die Gesellschaft gerät aus der Ordnung. Die Völker aber beugen ihre Köpfe in stummer Hoffnungslosigkeit. Die Weltseele ist sterbenskrank. Der Mut ist gebrochen, die Ideale sind verblichen, der Lebenswille ist verwundet. In der Ferne schwelen nach Brand und Vernichtung die Rauchwolken. Der Glaube an die Morgenröte lebt nicht mehr."

Die Menschen saßen bestürzt vor Nansen, der ein schreckliches Bild der gegenwärtigen Welt zeichnete. Die meisten Zuhörer waren gekommen, um ein Bekenntnis der Zufriedenheit zu hören, das ihr Gewissen beruhigen würde durch die Worte: alles ist gut. Nichts ist gut, alarmierte sie Nansen, und ging zum Angriff über auf jene Kreise, aus denen ein Großteil der Gäste kam. Ordengeschmückten Diplomaten wurde auf ihren Sitzen unbehaglich, Politiker fühlten sich angegriffen, als ihnen der Mann vom Rednerpult die Gefahr einer neuen möglichen Apokalypse ankündigte.

„Wo können wir das Heil finden? Bei den Politikern?" rief er in den Saal. „Sie meinen es vielleicht ganz gut, jedenfalls viele von ihnen. Aber die Welt braucht nicht noch mehr Politik, nicht neue politische Programme – die Welt hat allzu viele davon. Letzten Endes geht der Kampf der Politiker auf nichts anderes aus als auf Macht!

Vielleicht bei den Diplomaten? Sie meinen es vielleicht auch gut; sie sind nun aber eine sterile Rasse und haben den Menschen mehr Böses als Gutes gebracht. Erinnern wir uns nur der Abrechnungen nach den großen Kriegen. Der Westfälische Friede, der Wiener Kongreß mit der Heiligen Allianz und wie sie alle heißen. Hat ein einziger dieser Kongresse die Welt vorwärts gebracht?

Nein! Zu den Regierungen sehen wir nicht länger mit Hoffnung auf Rettung auf. In letzter Zeit erlebten wir eine Unzahl von Diplomaten- und Politikerkongressen. Hat ein einziger von ihnen uns der Lösung, der Genesung nähergebracht?"

In den Satzpausen wurde man der beklemmenden Stille gewahr. Niemand hüstelte, kein Sessel wurde gerückt, nicht ein Kopf bewegte sich hin und her, niemand flüsterte zu seinem Nachbarn. Die Friedensrede wurde eine Abrechnung; eine Abrechnung mit allen, die versagt hatten – und viele, die im Saal saßen, fühlten sich betroffen.

„Das Gemeinwohl Europas ist ein Ball in den Händen gewissenloser Spekulanten – politischer Spekulanten, Geldspekulanten, von Dummköpfen und geistig Unfähigen, die nicht begreifen, wohin ihre Handlungsweise führt.

Mißtrauen vergiftet das Verhältnis der Völker zueinander. Ohne Vertrauen aber gibt es keinen Frieden, nur immer wieder Krieg – ohne Blutvergießen vielleicht und doch blutig genug.

In diesem Zusammenhang möchte ich ein paar Worte über die Rußlandhilfe sagen. Der Völkerbund war, was ich zutiefst bedaure, nicht dafür. Hätte der Völkerbund seine Autorität eingesetzt, ehe es zu spät war, dann hätte die Lage in Rußland gerettet werden können und das Verhältnis Europa und Rußland würde sich wesentlich von dem unterscheiden, wie es gegenwärtig ist. Das ist meine tiefste Überzeugung.

Ich will über die Hilfe, die geleistet worden ist, nichts weiter sagen, nur soviel, daß die Schwierigkeit nicht darin lag, Lebensmittel und Transportmittel zu beschaffen. Es gab damals wie heute genug davon. Die Hauptsorge war, daß wir nicht genug Geld hatten.

Die europäischen Regierungen lehnten eine Anleihe von 10 Millionen Pfund ab. Sie wären aber notwendig gewesen, um die hungernden Millionen in Rußland zu retten. Ich konnte daher nur an die private Wohltätigkeit der ganzen Welt appellieren. Die Antwort war überwältigend und übertraf alle Erwartungen. Geld kam aus allen Ländern. Mein eigenes kleines Land, das norwegische Parlament und die norwegische Regierung waren so großherzig, daß die russische Hungersnot der Vergangenheit angehören würde, hätten andere Lädner im selben Maße gegeben.

Es gab eine Ausnahme. Aber sie geschah nicht in Europa. Amerika schenkte wieder einmal mehr als irgendeiner. Zuerst war es Hoovers Organisation, später die Regierung. Alles in allem muß Amerika ungefähr 50 oder 60 Millionen Dollar für den Feldzug gegen den Hunger ausgegeben haben.

Warum weigerten sich einige Leute zu helfen? Besser, Sie fragen sie selbst. Vor allem aus politischen Gründen. Sie sind schuld, daß in Europa die nackte Selbstsucht herrscht. Diese Individuen nennen uns Fanatiker, Schwachköpfe, sentimentale Idealisten, nur weil wir den Glauben nicht aufgegeben haben, daß auch in unseren Feinden Gutes ist. Ja, wir glauben daran, mit Freundlichkeit mehr zu erreichen, als durch unmenschliche Härte. Jene Leute aber, die hinter ihren politischen Programmen verknöchern, die sich dem menschlichen Leid, dem Streben von Millionen verschließen, diese Leute sind in Wirklichkeit jene, die Europa zertrümmern."

Nansen sagte rücksichtslos, was er dachte. Mochten die dort unten nachher die Nase rümpfen oder ihn totzuschweigen versuchen, jetzt hatte er das Wort, und sein Wort kam aus einem tiefen klaren Brunnen der Liebe und kannte keine beruhigenden Halbwahrheiten. Was gewesen war, beklagte er, was sich in der Gegenwart begab, bedauerte er, was die Zukunft bringen könnte, davor warnte er.

„Das ist der Kernpunkt: wie kann Vertrauen geschaffen werden? Durch die Politiker und Diplomaten? Daran glaube ich nicht. *Alle* Menschen müssen heran zur Arbeit. Wir müssen die Feuerzeichen der Liebe von Hand zu Hand geben. Wir müssen das Licht anzünden, bis es von allen Höhen leuchtet. Wir müssen unsere Fahne der Brüderlichkeit in allen Ländern hissen und eine Bruderkette um die ganze Erde schmieden. Auch die Regierungen müssen sich diesem Ruf beugen. Schulter an Schulter wollen wir stehen, nicht, um eine Schlachtreihe zu bilden, sondern, um einer ehrlichen Arbeit zu dienen für eine neue Zeit.

Tage trennen uns noch von dem Fest der Weihnacht, die den Menschen die Botschaft brachte: Friede auf Erden. Nie zuvor hat die leidende, in Finsternis irrende Menschheit mit größerer Sehnsucht eines Friedensfürsten geharrt, jenes Fürsten der Menschenliebe, der das weiße Banner erhebt, auf dem in goldenen Lettern das segensreiche Wort leuchtet: Arbeit.

Jeder kann unserer Schar angehören, kann den Siegeszug über die Erde hin unterstützen, kann mitwirken, eine neue, frohe und glückliche Generation zu erwecken, ihr die Nächstenliebe und den ehrlichen Friedenswillen einzupflanzen, die Freude und den Willen zur Arbeit zurückzugeben und bei ihr den Glauben auferstehen zu lassen an die Morgenröte einer besseren Welt."

Nach dieser Rede war es still. Die Menschen saßen fasziniert, verschreckt, hingerissen auf ihren Plätzen. Diese mutige, offene

Rede war eine Leistung, die allein schon den Friedensnobelpreis verdient hätte. Das fühlten die Menschen im Saal, und als sich König Haakon spontan erhob und zu applaudieren begann, war der Bann gebrochen, und die laute Begeisterung widerlegte Nansens Befürchtung, seine Rede könnte zu scharf, zu verletzend sein. Nun stand er da, von dem unangenehmen Gefühl beherrscht, Mittelpunkt einer Ehrung zu sein. Seine hilflosen Gesten deuteten darauf hin, daß er sich weit fort wünschte.

Von der Arbeit hatte er gesprochen. Er sprach nicht nur von der Arbeit, er zeigte sie, er lebte sie vor. Er war aus Griechenland gekommen, um den Nobelpreis in Empfang zu nehmen. Er fuhr sofort zurück, um seine Mission fortzusetzen und den Menschen eine neue Heimat bauen zu helfen. Er hatte von einem Friedensfürsten gesprochen, nach dessen Gaben sich die Menschen sehnten: nach Frieden und Arbeit. Eines war ohne das andere nicht denkbar. Nansen brachte Griechenland 1,5 Millionen Menschen, den Menschen gab er Arbeit – und Frieden. Wo er hinkam, streckten sich ihm dankbare Arme entgegen, und die griechischen Mütter falteten am Abend die Hände ihrer Kinder und trugen ihnen auf, zu Gott für den Schutzpatron aller Flüchtlinge zu beten.

In Genf schloß Nansen seinen Bericht über die Griechenlandhilfe mit den erfreulichen Worten: „Was ursprünglich den Anschein hatte, ein Unglück für das Land zu werden, ist so mit Hilfe des Völkerbundes in einen glänzenden Erfolg verwandelt worden."

Blutiges Land Armenien

Wieder kehrte er nach Polhögda zurück – auf einen Atemzug lang. Liv hatte dort ihr Haus gebaut, ihre Tochter Klein-Eva, nach der Großmutter genannnt, war zwei Jahre alt und der richtige Spielgefährte für Großvater Nansen. Nansen liebte Kinder. Das neue Erlebnis, eigene Enkel zu haben, beeindruckte ihn. Er konnte mit dem Kind spielen, ohne von Erziehungspflichten beschwert zu sein. Erziehung schien ihm hier auch nicht vonnöten, denn Eva war in seinen Augen schlechthin vollkommen. Niemand aus der Familie wagte es, Nansen im Turmzimmer bei der Arbeit zu stören. Eva tat es, Eva durfte es. Sie nahm das Haustelephon, und ihre helle Stimme sagte: „Das bin ich, Großvater!"

Dann kam es zurück: „Einen Augenblick, Kleinchen, gleich komme ich!"

Die Dielen knarrten, der große alte Mann kam herunter, ergriff seinen Hut, nahm Eva bei der Hand, und Hand in Hand wanderten sie hinaus auf die Wiese, hinein in den Wald, in das Leben.

Beim Essen saßen sie nebeneinander. Für Nansen gab es damals kein interessanteres Tischgespräch, als Evas Plappern. Alles, was sie sagte, schien ihm bemerkenswert.

Nansens eigene Kinder waren erwachsen. Odd besuchte die Hochschule in Drontheim, um Architekt zu werden. Kurz nach seiner Diplomarbeit heiratete er Kari Hirsch, die Nansen ganz besonders ins Herz schloß. Immi hatte zu malen begonnen; wenn jemand Nansen nach Immi ausfragte, dann sagte er stolz: „Meine Tochter Immi ist Malerin!"

Sie war auch diejenige, die ihn beim Fischen und Jagen begleitete und mit ihm auf die Berge stieg.

Liv hatte noch einen Knaben. Als um die Namensgebung debattiert wurde, schlug Andreas Høyer vor, das Kind Fridtjof zu nennen.

„Mein Lieber", sagte Nansen schmunzelnd zu seinem Schwiegersohn, „ist das wohl ein Namen für ein unschuldiges Kind?"

218

„Nicht, wenn er Fridtjof Nansen hieße", warf Liv ein, „Fridtjof Høyer klingt aber doch ganz gut."

„Es geht an", sagte Nansen.

Solche heiteren Tage im Kreise der Familie waren für Nansen selten, und zusammengezählt ergaben sie nur wenige Wochen im Jahr. Es hätte mehrerer bedurft, er sehnte sich nach einfachen Spielen mit Kindern. Aber die Menschen brauchten ihn noch immer. Sie riefen nach dem Arzt, der die Wunden heilen sollte. Telegramme häuften sich auf seinem Tisch: Notrufe, Hilfeschreie: Menschen kamen in Shanghai um; China wußte sich nicht mehr zu helfen. Flüchtlinge litten in Syrien, in Marokko. Also setze Nansen seine Bettelfahrten fort, ließ die „Nansenmarke" drucken, die von bemittelten Flüchtlingen gekauft werden sollte. Mit dem Erlös half er den Ärmsten, gewährte Darlehen, streckte die Kosten für Emigrationen vor, als die Wirtschaftslage in Europa schwieriger und schließlich aussichtslos wurde.

Aber die andauernden Notschreie hatten die Menschen auch taub gemacht. Es kostete immer mehr Mühe, mitleidige Herzen zum Spenden zu bewegen. Trotzdem: Nansen war unterwegs; pausenlos bedrängte er die Zufriedenen und Satten für seine notleidende Gefolgschaft. Hätte er versagt, wäre das Schiff der Nächstenliebe ohne geistigen Führer gestrandet. Für Nansen gab es keine Kompromisse und keine Leiden nebensächlicher Art. Er nahm alle und alles ernst. Denn aus geringfügiger Verbitterung wuchs oft der größte Haß und die tiefste Verzweiflung. Er war wachsam; er eilte zu Hilfe, wenn ihn eine kleine Gruppe rief, gleich welcher Nationalität, ob Besiegte oder Sieger, Juden, Christen oder Ungläubige. Das erste war: der bedrängte Mensch. Ihm galt seine Sorge, nur ihm.

Eines Tages beschloß man in Genf: Das armenische Unglück müßte beseitigt werden!

Seit einem Jahrhundert empörte sich die zivilisierte Welt über das jammervolle Schicksal der Armenier, protestierten europäische Staaten mit diplomatischen Noten gegen die lange, blutige Unterdrückung. Den Armeniern half die Empörung in den fernen Staaten nichts, ihre Peiniger störte sie nicht. Die Türken nahmen die Prostete nun zum Anlaß, die armenische Frage auf ihre Art zu bereinigen: durch weitere Greueltaten, mit dem Ziel der Ausrottung dieses Volkes.

Der Völkerbund hatte Armenien gegenüber eine doppelte Schuld; erstens sollte es ja allen notleidenden Völkern helfen, und zweitens war die Not in Armenien zum guten Teil auf das frühere Verhalten der Westmächte England, Frankreich und Italien zurückzuführen, die im Völkerbund jetzt entscheidend mitwirkten.

Seit rund hundert Jahren waren die Armenier ein verfolgtes, gehetztes, geschundenes Volk. 1827 entriß Rußland den Persern das Land nördlich des Arasflusses, der übrige Teil Armeniens fiel der Türkei zu. Von Rußland setzte eine systematische Russifizierung der Armenier ein, im türkischen Teil begann eine Leidensgeschichte, wie sie schlimmer kaum ein Volk erlebte. Die Armenier wurden ausgesogen, beraubt, grausam mißhandelt, getötet – zu Tausenden abgeschlachtet. Abdul Hamid, der gegen Ende des 19. Jahrhunderts Sultan war, wurde geradezu der Mörder auf dem Thron genannt. Protestnoten der Westmächte verlachte er und ließ wie zum Hohn weitere Massaker veranstalten. Die Partei, die Abdul Hamid ablöste, verfuhr gegen die „heidnischen Hunde" – die christlichen Armenier – um nichts menschlicher: Ausrottung der verhaßten Rasse war ihr Ziel. In den Jahren 1915 und 1916 fanden „Säuberungsaktionen" statt: die Zahl der Opfer ging in die Hunderttausende.

Sogar das damals mit der Türkei verbündete Deutschland schickte eine Protestnote. Der türkische Innenminister Tala'at antwortete: „Die Frage der Armenier existiert nicht mehr!"

Diese zynische Antwort bestand fast zu Recht. Europa glühte vor Empörung, und mit Versprechungen von Genugtuung, Freiheit und Selbständigkeit gewannen die Westmächte armenische Freiwillige für ihren Krieg. Die Männer strömten in Scharen herbei und kämpften in fremder und eigener Sache mit dem Mut eines verzweifelten Volkes für England, Frankreich und Italien. 200 000 starben auf den Schlachtfeldern für die Alliierten.

Dann war der mörderische Krieg vorbei. Im Mai 1918 erklärte sich Armenien als unabhängige Republik mit 350 000 Einwohnern auf einem Gebiet von 9 000 km^2. Ein kleines, friedfertiges Volk wollte an die Arbeit gehen. Doch eines fehlte in Armenien: ein wirksamer Schutz. Die Alliierten schickten keine Truppen. Und so kam über Nacht, was an der Grenze seit Wochen drohte. Die Türken eroberten das Land im Handstreich zurück und besetzten es. Die Länder des Westens kamen nicht zu Hilfe.

In der ersten Völkerbundsitzung wurden die Greuel besprochen. Was dabei ans Licht kam, war unfaßbar: eine Million Armenier sind von den Türken getötet worden, 500 000 sind auf andere Weise ums Leben gekommen; auf türkischem Boden sind alle Armenier ausgerottet; 200 000 Frauen sind in türkische und kurdische Gefangenschaft geraten; 700 000 Flüchtlinge sind über drei Erdteile verstreut.

Lord Curzon sprach auf der Friedenskonferenz in Lausanne über die armenische Frage und nannte sie „einen der größten Skandale der Welt".

Nansens Vorschlag, Armenien in den Völkerbund aufzunehmen, wurde abgelehnt; sein Vorschlag, Armenien 60 000 Mann alliierte Truppen zu schicken, abgewiesen. Vergeblich warnte er den Völkerbund, während man die Grenzziehung diskutierte: „Ehe wir die Grenzfrage besprechen, müssen wir das armenische Volk vor der Ausrottung schützen, damit jemand da ist, das Land zu bewohnen, das man hier festlegt."

In höchster Not, verloren und von den Verbündeten verraten, flüchteten die wenigen überlebenden Armenier in das Lager des „Feindes". Das, was von Armenien noch übrig war, nahm die Sowjetverfassung an und stellte sich mit den beiden anderen kaukasischen Republiken vereint unter den Schutz Moskaus.

Nun erhob sich ein Geschrei im westlichen Lager, jetzt war man den Armeniern nichts mehr schuldig: sämtliche lästige Versprechungen und Verpflichtungen konnten vergessen werden. Aber Nansen, „das Gewissen der Welt", und Lord Cecil ließen nicht locker. Immer wieder, gleichviel bei welcher Gelegenheit, sprach Nansen über die armenische Frage, über die unerfüllten Verpflichtungen der Großmächte, bis die Mitglieder der Völkerbundversammlung endlich wenigsten der Gründung einer Kommission zustimmten.

Nun war Nansen unterwegs. Das Schiff brachte ihn nach Batum, die Bahn trug ihn nach Tiflis und kurvte in steilen Schleifen durch den kleinen Kaukasus nach Eriwan empor. Er sah das kahle Bergland, die steinigen Ebenen, er schritt am Fluß Aras entlang und blickte gebannt auf den weißen Gipfel des Ararat. Er sah die Wüste Sardarabad und tiefe Hoffnungslosigkeit befiel ihn. Braungelber Sand rieselte im Wind über verdorrte Disteln; bleiche Steine, von der Sonne zersprengt, blendeten die Augen. Dann aber, als käme er aus der Hölle in das Paradies, hinter einer Mauer aus Stein, kam Nansen in ein üppiges Gartenland. Marillen, Pfirsiche, Kirschen, Äpfel – ein Teppich von duftenden Gärten und gepflegte Häuser überraschten ihn. Das Wunder war nichts weiter als genügend Wasser, Labsal dem dürstenden Boden, der mit laubreichen Bäumen dankte.

Nansen untersuchte und begutachtete mit den Sachverständigen und den Behörden das Bauprogramm und kam zu dem Resultat, daß die Bewässerungsprojekte mit geringen Mitteln verwirklicht werden könnten. Der Fleiß und der fröhliche Zukunftsglaube der Menschen bestärkten ihn in seiner Absicht, für Hilfe zu sorgen. Er besuchte Baumwollfelder, Reisfelder, und als am 21. Juni der Schiraksky-Kanal bei Leninakan eröffnet wurde, war er zufällig anwesend.

Tief beeindruckt von der sorgfältigen Planung und Durchführung des gesamten Werkes – Damm, Tunnel und Kanal miteingeschlossen –, besprach Nansen die weiteren Projekte Armeniens mit den Vertretern der Regierung und den Technikern. Was ihn besonders überraschte, waren die niedrigen Herstellungskosten der Wasserbauwerke; trotzdem mußte die Bewässerung der Sardarabad-Wüste als zu kostspielig gestrichen werden. Aber 36 000 ha Land auf den Hochebenen zu bewässern, erschien Nansen als ein durchführbares Unternehmen, zumal es 25 000 Menschen – davon 15 000 Flüchtlingen – Land und Heimat wiedergeben konnte.

Vier Wochen lang prüfte Nansen die Bauprojekte. Ihm war klar geworden, daß mit einem Kredit von 90 000 Pfund Sterling das verdorrte Land in einen blühenden Garten verwandelt werden könnte. Aber seine Zweifel an der Bereitwilligkeit des Völkerbundes waren groß, und er verschwieg sie nicht. Er sagte seine Bedenken in die hoffenden Gesichter, die noch immer an eine günstige Wendung der Dinge glaubten. Wäre sonst Nansen gekommen? Wo er hinkam, half er, was er in die Hand nahm, wurde gut.

Sie gaben für Nansen ein Fest, sie feierten ihn in begeisterten Reden, ihn, der ihnen nichts gebracht hatte als eine vage Hoffnung. Er war ihre Zukunft.

Nansen nahm Abschied. Er verließ das Land Noahs, das Land des babylonischen Turmbaus, das Land des verlorenen Pardieses und kehrte durch Transkaukasien und über das Kaspische Meer zurück. Er hatte den Vertrag Armeniens in der Tasche und die Garantie der russischen Regierung, alle Steuern und Abgaben der Siedler in neubewässerten Gebieten zur Schuldentilgung zu benützen; er hatte Berechnungen in seiner Mappe, daß der Wert des Neulands bei weitem die Höhe der notwendigen Anleihe übersteigen würde.

Die sechste Versammlung des Völkerbundes tagte. Nansen trug seine Ergebnisse vor und beschwor den Völkerbund, die Anleihe nicht zu verweigern.

„Die Armenier haben in dieser kleinen Republik endlich eine nationale Heimat gefunden. Ich bitte Sie, Ihr Gewissen zu befragen, ob Sie ernstlich und aufrichtig glauben, daß man für die Armenier woanders eine nationale Heimat finden kann. Ich glaube, ich kenne ihre Antwort. Deshalb appelliere ich an Ihr Gewissen, diesem Versuch zuzustimmen, um einen Bruchteil dessen zu verwirklichen, was man seit Jahren dem armenischen Volk versprochen hat ...

Denken Sie daran, daß vor kurzem eine europäische Großmacht ein Schlachtschiff vom Stapel laufen ließ. Dieses Schlachtschiff kostete 7 000 000 Pfund Sterling, seine Instandhaltung kostet eine halbe Million Pfund. Zwei Jahre der Instandhaltung dieser Kriegsmaschine würden genügen, um den Kredit zu decken, um den wir bitten. Das Geld für dieses Schiff ist vertan, ohne die Spur einer Verbesserung der menschlichen Beziehungen herbeizuführen. Das Geld für die Anleihe jedoch hat produktiven Wert, gibt zahlreichen Menschen Land und Heime, schafft Glück und Zufriedenheit. Das Schlachtschiff ist eine Versicherung gegen eine Kriegsgefahr, die im Augenblick gar nicht vorhanden ist. Aber ist ein großes Friedenswerk nicht ebenso eine Versicherung gegen den Krieg? Denn durch ein solches Werk werden die Mißverständnisse zwischen Völkern bereinigt, neue Bindungen geknüpft, und sie stellen eine bessere und billigere Versicherung dar als ein Schlachtschiff.

Ich bitte Sie, sich noch einmal die ganze Tragödie zu vergegenwärtigen. Vor allem bitte ich die drei großen Nationen Europas um schnelle Hilfe. England, Frankreich und Italien haben das Schicksal der Völker im Lauf der Geschichte wesentlich beeinflußt. Sie haben indirekt eine bedeutende Rolle in der Tragödie des armenischen Volkes gespielt. Ich bitte Sie, helfen Sie mit, aus dem kläglichen Versagen in der Vergangenheit die Lehren zu ziehen und einer hartgeprüften Nation eine bessere Zukunft zu bauen.

Ich wende mich besonders an die Abordnungen Englands, Frankreichs und Italiens. Hier und an anderer Stelle ist der Name Armenien oft auf den Lippen ihrer Führer gewesen. Die Reste der armenischen Nation warten auf Ihre Hilfe. Ich flehe Sie an, lassen Sie dieses tapfere Volk nicht vergebens warten."

Die Rede Nansens begeisterte wie immer die Galerie und die Journalisten. Den Diplomaten brachte sie Unbehagen. War die Republik Armenien nicht eine der sowjetischen Republiken geworden? Nansens Plan wurde als Utopie, als undurchführbar verworfen. Man entschloß sich daher, eine weitere Kommission zu entsenden, deren Aufgabe es war, nochmals die Lage zu überprüfen.

Nach einem Jahr kehrte die Kommission zurück und bekannte, daß Nansens Projekt durchführbar sei. Nansen griff nun noch einmal den Völkerbund an. Er witterte die Chance, er trug die Leiden Armeniens, die sattsam bekannt waren, an die Verantwortlichen abermals heran. Er sprach von einer Ehrenschuld, von einem Zeichen, daß die Welt die Leiden der Armenier nicht vergessen hat.

Ausflüchte, nichts als Auflüchte legte man ihm statt der Anleihe in die Hände. Nansen strich die geforderte Summe auf die Hälfte, auf ein Drittel zusammen. Es half nichts. Armenien blieb ein schwarzer Fleck auf dem Gewissen der Weltmächte – einer von vielen.

Einige Regierungen waren bereit, für Armenien zu spenden. Deutschland, das keinerlei Verpflichtungen gegenüber Armenien hatte, versprach einen Kredit von einer halben Million Goldmark; Griechenland, Luxemburg und Norwegen gaben kleinere Beträge. Nur die ehemaligen Entente-Mächte blieben taub.

„Wenn niemand bereit ist", erklärte Nansen vor dem vollen Haus, „etwas zu opfern, um sein Versprechen zu erfüllen, so verdient der Bund es nicht mehr, sich mit dieser Angelegenheit zu befassen. Ich ersuche daher den Rat, sein Mandat über die Armenier aufzuheben. Ich selbst wünsche gleichfalls, mich davon zurückzuziehen. Ich bringe es nicht fertig, dieses Volk weiter zum Narren zu halten. Hiermit lege ich mein Amt als Hochkommissar nieder!"

Sprach's, verließ das Pult, den Saal, eilte in das Büro des Völkerbundsekretärs Eric Drummond, um seinen Abschied offiziell einzureichen.

Verwirrung und Aufregung herrschten unter den Delegierten. Sie ahnten, welchen Schaden das Ansehen des Bundes erleiden könnte, wenn ein Mann wie Nansen ihn unter solchen Umständen verließ.

Der Vertreter Frankreichs sprang auf, jagte Nansen bis in das Büro nach und bettelte, beschwor ihn und überredete ihn zur Rückkehr.

Nansen kehrte zurück. Er trat wieder an das Pult. Einmal noch stellte er seine Forderungen. Niemand wagte einen Widerspruch, schweigend nahmen es die Delegierten hin, daß das Flüchtlingsbüro weitere zehn Jahre mit größter Unterstützung aller Nationen arbeiten sollte und nicht, wie vor einer Stunde beschlossen, seine Tätigkeit einstellen müßte.

Sodann bat der Rat selbst, Nansen möge noch einmal an die Mitglieder des Völkerbundes eine eindringliche Aufforderung richten, die notwendigen Kredite für das Armenienprojekt zu beschaffen. Nichts tat Nansen lieber.

Das Ergebnis war zwar bescheiden, aber es gelang Nansen, einiges für das armenische Volk zu tun. Er bewerkstelligte, daß 70 000 Armenier im Jahre 1928 aus aller Welt heimkehren konnten, er hatte eine Vereinbarung getroffen, die weiteren 12 000 armenischen Flüchtlingen die Heimreise ermöglichte. Er, nur er war es, der Tausenden Familien Freude brachte, er, der „Freund der Armenier". Was Nansen nicht durchsetzen konnte, war das Bewässerungsprojekt. Es wurde 1929 vom Völkerbund endgültig fallengelassen. Die Bitterkeit, die Nansen darüber empfand, zwang ihn, ein Buch über Armenien zu schreiben und die Leiden seiner Bewohner zu schildern, um ihnen auf diese Art ein Denkmal zu setzen. Er nannte das Buch „Betrogenes Volk" – und daß dieses Volk nicht vollends betrogen wurde, ist vor allem ihm zu danken.

Krieg dem Krieg

Zehn Jahre seines Lebens, von 1920 an, gab Nansen dem Völkerbund, vielmehr den Bedrängten, Unterdrückten, Hungernden, den Menschen auf der Flucht, den Heimatlosen, den Rechtlosen. Wie er es fertigbrachte, dazwischen seine Bücher zu schreiben, in New York zu sprechen, Sitzungen in Genf beizuwohnen, in Charkow von seinen Reisen zu sprechen und überdies wissenschaftliche Aufsätze zu publizieren, übersteigt die Vorstellungskraft eines Menschen mit durchschnittlicher Arbeitskapazität.

Oft rief ihn in diesen Tagen Norwegen um Hilfe, wenn das Staatsschiff gefährlich schlingerte. Dann stand er entschlossen als Norweger gegen eine Gruppe Unverbesserlicher, brachte sie zur Vernunft und prägte ihnen ein, daß Vaterlandsliebe nichts mit einem Haß-Nationalismus zu tun hat. Nach solchen „Befriedigungsfeldzügen" kehrte er wieder nach Genf zurück.

Zwei Monate nur, hatte Noel Baker gesagt. Wann war das? Die Jahre waren zerronnen, verflogen in Eisenbahnzügen, auf kalten Bahnhöfen, in Konferenzsälen, in Hungergebieten. Zehn Jahre waren verloren für die Wissenschaft. Reute es ihn? Er bereute nichts; er hatte sein Herz an die Geknechteten der Erde verloren.

Aber eine andere Frage beschäftigte ihn. Wären diese zehn Jahre notwendig gewesen, wenn der Krieg unterblieben wäre? Nein, er hat es immer wieder erklärt: der Krieg verbraucht die besten Kräfte – sinnlos.

Immer wieder sagte er dem Krieg den Krieg an – jederzeit und überall. Er war Vorsitzender des Ausschusses zur Regelung der „Mandaten-Frage". In diesem Ausschuß kämpfte er gegen die Unterdrückung der farbigen Völker. Er empörte sich, er fuhr mit seiner umbequemen Sachlichkeit dazwischen, wenn ihm die glänzenden Reden über Frieden und Brüderlichkeit zuviel wurden. Er stach aber noch tiefer in das Wespennest und prangerte die Haltung der Großmächte an, die Europa in eine Wirtschaftskrise trieben.

226

„Alle Autoritäten haben erklärt", schleuderte er ihnen entgegen, „daß die Grundlagen eines gesunden Wirtschaftslebens unmöglich errichtet werden können, ehe die Frage der Reparationen geregelt ist. Wir haben vier Jahre darauf gewartet, daß die Länder die Frage regeln würden, deren Entscheidung die Welt ihnen vertrauensvoll überlassen hat. Wenn sie sich nur endlich zur Entscheidung entschließen könnten!"

Poincaré behauptete, Frankreich hätte ein Recht auf die Ruhrbesetzung und erklärte darüber hinaus, die Kriegsentschädigungen gingen nur die Siegermächte etwas an. Damit kam er bei Nansen schlecht an.

„Die Kriegstribute sind eben dabei, Europa in ein unübersehbares Chaos zu stürzen. Und die Ruhrbesetzung? Ist das etwa ein Erfolg der schönen Reden über Brüderlichkeit, Liebe und Völkerversöhnung? Ich warne Sie: dieser Schritt wird nur neuen Haß säen. Es wäre besser, die Mittel des Völkerbundes anzuwenden statt brutaler Gewalt."

Nansen glaubte unerschütterlich an die hohe Sendung des Völkerbundes. Zweifellos ist es ihm zu verdanken, daß der Völkerbund nicht schon viel früher Schiffbruch erlitten hat. Er war die moralische Kraft, das sichtbar gewordene Gewissen, das zwar viele störte, aber auch viel Gutes wirkte und viel Schlimmes verhinderte.

Einen Beweis dafür hatte Nansen auch im Sommer 1923 geliefert. Bei einer Grenzregulierung zwischen Albanien und Griechenland wurden fünf italienische Offiziere aus dem Hinterhalt von einem Unbekannten erschossen.

Vier Tage nachher ließ Staatchef Mussolini zur Vergeltung die Insel Korfu ohne Warnung bombardieren. 15 Menschen wurden getötet, 40 schwer verwundet. Wenige Tage später besetzte Italien mit 10 000 Mann Korfu.

Da Italien zu den Großmächten des Völkerbundes gehörte, wagte niemand einen Einspruch, selbst als Griechenland um Hilfe rief. Ja, Poincaré, der Vertreter Frankreichs, hieß den Raubüberfall gut, und Italien behauptete, der Völkerbund hätte kein Recht, einzuschreiten.

Das war Nansen zu viel. Er bearbeitete die öffentliche Meinung, schmiedete eine Phalanx der kleinen Staaten gegen Italien und überredete den Schweden Hjalmar Branting, den Angriff einzuleiten.

Branting sagte: „Zwar hat der Völkerbund die Aufgabe, den Frieden zu erhalten; ein Friede jedoch, der nicht auf den Fundamenten des Rechts ruht, enthält die Keime künftigen Zwistes."

Dann eilte Nansen zum Pult, begleitet von demonstrativem Beifall. Mit knappen Worten schilderte er den Gewaltstreich Italiens und beantragte, den Streitfall Korfu dem internationalen Schiedsgericht in Den Haag vorzulegen.

„Wir sind überzeugt, daß jedes Mitglied des Bundes verpflichtet ist, sich an den Rechtsweg zu halten, den der Pakt vorschreibt, bevor es zu Zwangsmaßnahmen greift. An diesen Grundsätzen darf niemals gerüttelt werden. Es gibt kein ernsthaftes Argument, das dagegen angeführt werden kann."

Sodann begann er mit scharfen Worten die Gewaltpolitik Italiens anzuprangern. Die italienischen Delegierten wurden unruhig, sprangen auf und machten Zwischenrufe. Da geschah es zum erstenmal, daß der Vorsitzende Nansen unterbrach und zur Ordnung rief, weil nicht der Konflikt zur Debatte stand, sondern lediglich die Frage, ob das Schiedsgericht diesen Fall behandeln sollte oder nicht.

Nansen brach ab, er blickte in die Versammlung, schüttelte den Kopf und stieß hervor: „Gut, ich will schließen. Ich hätte noch eine Menge auf dem Herzen. Aber was ich gesagt habe, mußte ich sagen."

Er senkte den Kopf und kehrte zu seinem Platz zurück. Jedermann verstand das, was unausgesprochen blieb; es war für Italien nicht schmeichelhaft.

Der Widerhall von Nansens Einspruch war im Völkerbund immerhin so stark, daß Mussolini Genf nicht herauszufordern wagte. Er versuchte zwar, die norwegische Regierung zu zwingen, Nansens Haltung zu verurteilen und ihn selbst in die Schranken zu weisen – aber er erhielt eine Abfuhr. Korfu wurde geräumt.

Nansen wachte nicht nur, er kam immer wieder mit neuen unbequemen Forderungen. Er rollte die Frage des Sklavenhandels auf, ohne auf die Kolonialmächte Rücksicht zu nehmen.

„Wenn wir hier unsere Ansichten durchdrücken wollen, so laufen wir Gefahr, Frankreich und England gegen uns zu haben", sagte einmal Lord Cecil.

„Selbstverständlich", erwiderte ihm Nansen. „Warum auch nicht?"

Er kritisierte den Versailler Vertrag, er verhandelte mit dem deutschen Reichskanzler Marx und erzwang schließlich die Aufnahme Deutschlands in den Völkerbund.

Zwei Ereignisse waren es, die Nansen Mut gaben, auf einen dauerhaften Frieden zu hoffen: der Pakt von Locarno 1925 und die Aufnahme Deutschlands in den Völkerbund 1926. Den führenden Vertretern dieser Versöhnungspolitik, dem Franzosen Aristide Briand, dem Engländer Sir Austin Chamberlain, dem Amerikaner Charles G. Dawes und dem Deutschen Gustav Stresemann, wurde im Dezember 1926 der Friedensnobelpreis verliehen.

Es fiel Nansen zu, den Preis zu überreichen. Er war weder von Genugtuung noch von besonderem Stolz erfüllt, als ihm diese Aufgabe übertragen wurde. Verantwortung und die Sorge um den Bau der zukünftigen Welt beherrschten ihn, als er in Oslo die Festrede vor den vier ausgezeichneten Staatsmännern hielt.

„Die Losung unserer Arbeit muß lauten: Nie wieder Krieg! Das heißt nicht, keinen gewaltigen Krieg mehr – wohl aber Recht zu kleinen privaten Kriegen. Das heißt nicht, keinen riskanten Krieg mehr – ausgenommen jenen, einen schwachen Nachbarn zu zerstampfen. Und es heißt nicht, keinen Krieg mehr – außer jenen, der das zu verteidigen hat, was man früher ‚nationale Ehre‘ nannte. Es heißt: überhaupt nie wieder Krieg! Nie wieder blutige und rücksichtslose Zusammenstöße, die seit Jahrtausenden die Geschichte des Menschengeschlechtes besudelt haben. Nie wieder Krieg heißt: Arbeit! Daran arbeiten, daß die Politik aller Staaten davon befreit wird, Mittel der Gewalt anzuwenden . . .“

Der Nobelpreis war verliehen; die Presse hatte ihre Schlagzeilen. Es waren Schlagzeilen, die wohltaten, die den Leser aufrichteten. Aber daneben stand anderes, Bitteres, von Unverständnis und Verblendung Geschriebenes. Nansen verschloß nicht die Augen, er war nicht der wirklichkeitsferne Träumer, wie man ihn gerne bezeichnete, um seine Argumente zu entkräften. Er sah die Wirklichkeit, wie sie war. Sie schmerzte ihn, sie bewog ihn nachzudenken, der Aggression auf den Grund zu gehen, den Machttrieb der Menschen zu entschleiern. Für ihn war es keine Frage, daß Güte nicht Luxus bedeutete, den man sich nur in günstigen Zeiten leisten konnte. Für Nansen war Güte eine Lebensnotwendigkeit und höchste Zweckmäßigkeit. Es war eine edle Form von Egoismus, denn gütig sein hieß bei ihm nicht nur, anderen Gutes tun, sondern dadurch letztlich auch sich selbst. Das war seine Philosophie: Wahrheit war bei Nansen das Walten des Gesetzes, die Weisheit, das Wissen um das Gesetz und die Liebe seine Erfüllung.

Mit diesen Gedanken stand er nicht allein da. Viele Weltreligionen lehrten sie. Obwohl Nansen durch und in der Güte lebte, war es trotzdem verwunderlich, daß die ökumenische Bewegung, die christlichen Kirchen, andere Weltreligionen, Sekten und Glaubensgemeinschaften umfaßte, Nansen bat, den Vorsitz zu führen, als sie zu einer Konferenz in Genf zusammentrat. Niemand nahm Anstoß daran, daß er ein „Ungläubiger" war, daß er als junger Mann die Staatskirche* verlassen hatte. Sie alle, Juden, Christen, Mohammedaner, Buddhisten, Hindus und Shintoisten waren zusammengekommen, erfüllt von tiefer Achtung und weitgespannter Toleranz, um das brennendste Problem zu behandeln: die Erziehung der Menschen zum Frieden.

Wieder wurde Nansen zum Mahner, um der Liebe und der Güte den Weg freizumachen. Er kümmerte sich nicht um Glaubenssätze, ihm waren Dogmen nur Hindernisse auf dem Weg zu den Herzen der Menschen. Er rief alle Vertreter der Weltreligionen auf, das Trennende abzustreifen und das Gemeinsame in den Vordergrund zu stellen: der Menschheit die Erlösung zu bringen und ihre Sehnsucht nach Frieden zu erfüllen.

„Wir hassen uns selbst, wenn wir Menschen hassen. Wir unterdrücken uns selbst, wenn wir Schwache unterdrücken. Wir vergewaltigen die eigene Seele, wenn wir Lebenden Gewalt antun, und Lüge muß sich selbst stets Lügen strafen. Haß, Gewalt und Lüge sind Sünden, weil sie der wahren Natur des Menschen zuwiderlaufen. Sie heben sich selbst auf; denn der großen Einheit der Menschheit und ihrem lebendigen Organismus zu dienen ist unser Daseinszweck. Und weil Wahrheit den Kern unseres eigenen Wesens bildet, können wir den Glauben an sie nie verlieren."

Das war Nansens Gebet. Nicht aus seinen Worten allein sprach die höhere Einsicht, sie sprach noch deutlicher aus seinen Taten. Die göttliche Wahrheit kam aus seiner Seele, und diejenigen, die sich auf Seelen verstanden, spürten sie und nahmen sie an, denn in vielen Zeichen offenbart sich Gott. Die Priester der Welt verneigten sich vor Nansen.

---

* In der Zeitschrift „Kirke og Kultur" (Kirche und Kultur) schrieb Bischof Beggrav 1930: „Seine ehrliche Überzeugung hatte ihn aus der norwegischen Staatskirche herausgeführt. Es ist, als habe die Tiefe seines Gemüts einen Ausgleich darin gesucht, Opferdienste der Liebe in gigantischem Ausmaß zu üben. Wir können uns nicht der Tatsache entziehen, daß wir in Nansen den größten Liebeseinsatz unserer Generation haben; der Mann selbst sah sich jedoch genötigt, außerhalb der Kirche zu stehen. Diese Tatsache verlangt von uns nicht, daß wir Nansen bedauern, sondern sie ruft uns in erster Linie zur Besinnung auf uns selbst auf."

Liebe deinen Nächsten wie dich selbst

Die Zeit verflog, war angefüllt mit Arbeit. Trotzdem erstickte Nansen nicht in der Routine. Er korrigierte und verbesserte seine Bücher, er griff unerschrocken sein eigenes Weltbild an. Zweifel drängten ihn dazu, seine Lebensauffassung zu ergänzen, sie abzuwandeln. Er selbst gestand Irrtümer ein, zerlegte sein sorgfältiges Gebäude festgefügter Meinungen, obwohl es ihn schmerzte, neu zu beginnen. Er tat es nicht heimlich und bei sich, er sagte es der Welt: Hier habe ich mich geirrt. Nie wich er von dem Prinzip der Wahrheitsliebe ab.

„Die alten Grundfesten haben nicht standhalten können. Eine neue Grundlage menschlichen Verhaltens hat die Wissenschaft nicht zu bauen vermocht. Uns ist nichts anderes geblieben, worauf wir zurückgreifen können, als die christliche Ethik. Nur eine Erlösung gibt es: die Bruderschaft, die Verbundenheit aller Menschen über nationale und soziale Grenzen hinaus."

Aber auch damit gab er sich noch nicht zufrieden. Er versuchte neue Erkenntnisse in den alten Bau einzufügen. Es war ihm unmöglich, nicht an der Vollendung zu arbeiten, obwohl ihm beängstigend klargeworden war, daß er nicht mehr viel Zeit hatte. Trotzdem versuchte er, sein Haus zu decken.

„Wir sprechen verschiedene Sprachen und doch sagen wir vielleicht das gleiche. Wenn nur die Menschen das erkennen könnten, damit ihnen genügend Kraft bliebe, ihren Glauben zu leben. Strebt nicht alles Leben nach einer großen Einheit! Der eine nennt es Gesetz, der andere Gott, der nächste Geist und Wille, Licht, Vernunft. Nicht auf Formeln, nicht auf Glaubenssätze kommt es an, nur einzig und allein darauf, daß das Gefühl der Zusammengehörigkeit, daß Liebe unser ganzes Tun durchströme."

Was er täglich neu hinzufügte, was wuchs und ihn auszeichnete, war Ehrfurcht. Ihm war es keine Phrase, das zu bekennen. Die Ehrfurcht vor dem, was über ihm war, was ihm gleich und was unter ihm stand, spiegelte auf ihn zurück. Die Ehrfurcht hielt ihn vor tiefen Stürzen zurück, sie leitete ihn über die schwindelnden Schründe der Verzweiflung.

Die Ehrfurcht führte Nansen immer wieder zurück in das Leben, so daß er es ohne zu straucheln durchwandern konnte; die Ehrfurcht spannte eine Brücke zwischen dem Verstand und dem Herzen, sie führte ihn in die Vergangenheit, sie war die Grundlage des Gebotes, das seine eigenen Taten leitete: Liebe deinen Nächsten wie dich selbst!

Dieses alte und realistische Gebot stand felsenfest in ihm. Nichts vermochte es zu zerstören. Es trug ihn aus dunklen Stunden immer wieder in den hellen Tag.

Rede an die Jugend

Der Bahnsteig in St. Andrews war von Studenten dicht besetzt. Als der Zug einfuhr und Nansen ausstieg, jubelten und winkten sie und stimmten das Lied an: „For he's a jolly good fellow." Sie hatten ihn gerufen, und er war gekommen. Sie hatten ihn zu ihrem „Lord Rector" gewählt, einstimmig, alle Studenten der schottischen St.-Andrews-Universität. Er war der erste Ausländer, dem die hohe Ehre zuteil wurde. Nansen schätzte diese Ehre, er schätzte sie mehr als Orden und Auszeichnungen; mehr noch, sie machte ihn glücklich, denn die Jugend hatte ihn gerufen. Für ein Jahr würde er Rektor sein. Nun sollte er zur Jugend sprechen und durfte ihr für das Glück danken, das er empfand. Das würde seine ganze Arbeit als Rektor sein.

Er kannte die Gepflogenheiten der schottischen und englischen Universitäten. Er wußte, daß die Studenten den Rektor bei seiner Antrittsrede unterbrechen durften. Er war vorbereitet, er war unbesorgt, er war ruhig und seiner Sache gewiß. Nansen war gewappnet mit dem besten Schild, an dem alle Pfeile zerbrechen mußten: mit der Liebe zur Jugend!

Bei der Eidesformel, die er zu sprechen hatte, geschah es, daß er seine Brille nicht finden konnte. Während die Studenten stehend seinen Schwur erwarteten, tastete Nansen hastig in dem faltenreichen Talar nach seinen Gläsern. Aber er fand sie nicht, und die Heiterkeit begann hohe Wellen zu schlagen. Je mehr die Studenten lachten, um so schwieriger wurde es für Nansen, seine Taschen zu durchsuchen. Schließlich zauberte er sie doch noch aus den Falten hervor und verlas seine Eidesformel. Er bekam das Rektorbarett überreicht und wechselte den violetten Talar mit einem roten aus. Dann trat er hinter das Pult.

Als er begann, war noch heitere Unruhe im Saal. Es gab einige Ansätze, Nansen in seiner Rede zu unterbrechen. Nach wenigen Minuten herrschte atemlose Stille. Wovon er sprach? Nansen sprach von Nansen, er sprach vom „Abenteurergeist".

Er vermied Gemeinplätze. Was sollte das auch? Hier stand er, der fünfundsechzigjährige Mann, dort saß die Jugend, hellwach, gespannt, dazwischen lag sein Leben. Er schüttete es vor ihnen aus, sie griffen begierig danach. Er sprach von der Zeit, in der sie lebten, von dem Pessimismus, der die Menschen ergriffen hatte, und von dem Gespenst des Unterganges ihrer Kultur. Er verlachte die Pessimisten, er warnte aber gleichzeitig vor dem Hochmut „auserwählter Rassen".

Alles, was nachdrängte, Altes über den Haufen rennen wollte, schoß oft über das Ziel hinaus, gärte so stark, daß der Bottich überlief. War das eine neue Erscheinung? O nein, sie war jahrtausendealt. Aber die, die abtreten sollten, um dem Neuen Platz zu machen, konnten sich nie damit abfinden.

„Die Zeit, in der wir leben, ist eine gefährliche See, heißt es. Ich glaube, es müßte eine äußerst interessante Reise sein. Ein Akt des Schauspiels ist vorbei, ein neuer beginnt.

Viele werden vielleicht Schiffbruch erleiden. Um so mehr bleibt für jeden von Ihnen zu tun, der aus dem rechten Stoff gemacht ist."

Er warnte vor den Segnungen der Zivilisation, vor der Überbewertung moderner Errungenschaften, und er führte den Hörern dazu den Unterschied alter, echter Kultur vor Augen.

„Ich könnte mir folgendes Zwiegespräch zwischen Sokrates und Marconi vorstellen. Sokrates, nachdem er alle Erfindungen besichtigt hat: ‚Das ist sehr interessant. Aber was hat es dich über dich selbst gelehrt?'

Marconi: ‚Verstehen Sie nicht, welche enorme Bedeutung es für das gesamte menschliche Dasein hat, für das Geschäftsleben, für die Wirtschaftsverhältnisse und deren Entwicklung, daß man Nachrichten schnell verbreiten kann?'

Sokrates: ‚Inwieweit hat das alles aber dir geholfen? Bist du dadurch ein besserer Mensch geworden? Und wenn es einigen Menschen hilft, so leiden vielleicht andere darunter.'

Marconi: ‚Aber nehmen Sie doch den Rundfunk, der Tausenden, ja, Millionen Menschen schöne Musik und gute Vorträge bringt.'

Sokrates: ‚Aber wie können die Menschen dann noch Zeit finden zu dem, was unendlich wichtiger ist – nämlich, selbst zu denken?'"

Nansen trieb seine Gedanken auf die Spitze, er wanderte bewußt auf der Schneide, aber er fand es richtig, dem Überschwang der Jugend mit Übertreibung zu entgegnen. Wenn er über die jungen Menschen hinblickte, wenn er ihre leidenschaftliche Aufmerksamkeit sah, riß ihn die Rede fort, ließ ihn tief ausholen und verschüttete Erinnerungen nah vor seinem Auge erstehen.

Er griff noch weiter zurück. Er entwarf in kühnen Zügen die Entwicklung der Menschenrasse, er lobte und verwarf, er gab Hoffnung auf die Weiterentwicklung des Individuums, er warnte vor der unterentwickelten Moral des Rudels.

„Die Nationen haben kaum begonnen, eine wirkliche Moral zu entwickeln. Sie sind nicht viel mehr als ein Rudel von Raubtieren. Die menschlichen Tugenden des einzelnen, wie Bescheidenheit, Selbstlosigkeit, Nächstenliebe, Solidaritätsgefühl, werden noch immer als lächerliche Torheit angesehen, sobald man ernsthaft darangeht, sie in der Politik anzuwenden."

Er fühlte sich verpflichtet, über den Völkerbund zu sprechen. Ein Bund der Völker war seine Hoffnung, sein Glaube. Er mußte beides weiterverpflanzen, er mußte ihnen den Wert eines Gesprächs um einen runden Tisch vor Augen führen; er verschwieg aber nicht die Fehler und wies auf die Hungersnot in Rußland hin, die der Völkerbund nicht bekämpfen wollte.

Er zeichnete die Welt, wie sie war. Ein Babel, zersplittert in Nationalismus und Klassenkampf, in Internationalismus und Rassenkampf. Er warnte vor Verallgemeinerung, vor Gleichschaltung, vor Abkapselung, er hob das Individuum empor, das selbständig zu denken vermag und am Prinzip der Nächstenliebe festhält.

„Der Prüfstein wahrer Kultur soll das Gefühl für Gemeinsinn sein. Denken Sie daran: Sie, Ihre Familie, der Stand, dem Sie angehören, Ihr Volk sind nur Teile eines großen Ganzen, Glieder einer Kette durch Zeit und Raum. Dieses Gefühl scheint aber zwischen den Nationen noch nicht zu leben, und kaum spürbar ist es zwischen den Gesellschaftsklassen. Im Verhältnis zueinander herrscht noch immer die Unmoral, die nur auf den eigenen Vorteil sieht."

Er hob immer das Solidaritätsgefühl hervor. Für ihn war es das Bindemittel, welches das Mosaik zusammenhielt. Er sollte vom Abenteurergeist sprechen und sprach von einer Welt, die aus den Fugen geraten war. Aber Leben, Leben, wie es jeden Tag an den Menschen herantrete, in seiner Vielfalt, die nicht von der kühnsten Phantasie übertroffen werden könnte, war es nicht selbst ein wunderbares Abenteuer?

„Die Abenteurerlust, was ist sie? Sie ist das Streben, das die Menschen vorwärtstreibt auf dem Weg der Erkenntnis. Sie ist der geheimnisvolle Drang unserer Seele, alle leeren Räume aufzufüllen, zu erforschen. In uns allen lebt der Geist des Wagemuts, er ist unsere Sehnsucht, etwas zu tun, das Leben reicher zu machen und über den täglichen Trott vom Heim zur Arbeitsstätte und von der Arbeitsstätte nach der Heimstätte emporzuheben. Abenteurerlust! Ewiges Verlangen, Schwierigkeiten und Gefahren zu überwinden, Verborgenes zu entdecken, in unbetretene Wälder einzudringen; sie ist die Zauberkraft des Unbekannten, unsere Sehnsucht nach dem Land hinter den bekannten Grenzen, die göttliche Macht, tief eingesenkt in die menschliche Seele – vielleicht die Triebfeder zu unseren größten Taten."

Er war bei seinem ureigensten Thema angelangt. Er tat einen tiefen Griff in die Vergangenheit, und was er herausholte, waren Kostbarkeiten, die er großzügig verschenkte.

Er erzählte ihnen von den Wikingern, von der Fahrt seiner „Fram", die eintauchte in die dichten Nebel des Nordens und am Rande der Ewigkeit lebte.

Und während er erzählte, tauchte er selbst ein in das einfache Leben am Rande der Welt. Er stand mit Sverdrup hinter dem Steuer, er jagte den Bären nach, kletterte über Eisblöcke, versank im Eisschlamm, kroch im Dunkel der Polarnacht aus seiner Steinhütte, um dem Atem der Welt zu lauschen.

Erzählte er den Jungen? Oder hielt er Abrechnung vor seinen jugendlichen Richtern? Blieb von seinem Tun etwas übrig, was wert war, in die Archive junger Herzen eingeschlossen zu werden?

„Lassen Sie sich nicht von dem Gejage und dem Hasten modernen Lebens überrumpeln. Die erste und größte Aufgabe im Leben ist die, sich selbst zu finden. Dazu bedarf es der Einsamkeit und der Betrachtung.

Ich beschwöre Sie: das Heil kommt nicht aus den turbulenten Zentren der modernen Zivilisation. Das Heil wird aus der Einsamkeit kommen. Die großen Umwandler der Geschichte kamen aus der Wüste."

Er breitete vor ihnen seine Philosophie aus. Er sprach nicht in Rätseln, verklausuliert, in gewundenen, verschwommenen Sätzen. Die großen Dinge waren einfach; einfach waren Nansens Worte. Er bot den Jungen sein System an, das ihn zum Erfolg geführt hatte.

„Mein Geheimnis war, daß ich meine Schiffe verbrannte und die Brücken hinter mir abbrach. Da blieb keine Zeit, zurückzuschauen und lange Überlegungen anzustellen. Jetzt galt es, vorwärts zu sehen und das war genug. Dann blieb keine andere Wahl als vorwärtszuschreiten, sich durchzuschlagen oder unterzugehen! Die vielgepriesene ‚Rückzugslinie‘ kannte ich nicht. Sie ist eine Mausefalle für Leute, die ihr Ziel nicht erreichen wollen."

„Wir brauchen Sie, meine jungen Freunde, mit Ihren gesunden Augen, die die einfachen, die elementaren Dinge zu sehen vermögen, die Sie bereit sind, neue Wege zu versuchen, den Gefahren zu begegnen und das Unbekannte zu wagen! Doch denken Sie immer daran, daß wahre Größe niemals ohne Geduld und Arbeit erzielt werden kann!"

Glück! Das Glück erwähnte Nansen. Er warnte vor dem, was die Menschen im allgemeinen unter Glück verstanden. Nicht nach dem Glück zu suchen hätte Sinn, sagte er, wichtiger wäre, die Fähigkeit zu entwickeln, Glück empfinden zu können. Die Bescheidung, die Unabhängigkeit von Tand und vielgepriesenem Plunder garantiere erst die innere Freiheit. Innerlich frei sein von Tausenden zivilisatorischen Gütern, Krimskrams und Nebensächlichkeiten, ermögliche erst den Höhenflug der beschwingten Seele in die Regionen des Glücks.

Nein, es hatte keinen Sinn nach dem Glück zu suchen. Hatte er es versucht? Dann war er daran gescheitert. Die schmerzhaften Stationen seines Lebens rasten in Sekundenschnelle an seinem Auge vorbei. Doch, er wußte es wieder: Heimkehr aus Grönland, Heimkehr vom Eismeer, der Blumenstrauß einer griechischen Mutter, das „Danke" eines russischen Kindes für ein Stück Brot. Nein, er war nicht ohne Glück; es hatte darin bestanden, das Licht in den Augen abgestumpfter Menschen wiedererweckt zu haben.

Er blickte nun bewußt in die Gesichter der Jugendlichen, die vor ihm saßen. Er kannte dieses Leuchten in den Augen, er kannte diese knisternde Stille höchster Gespanntheit in einem Saal, er kannte die Röte auf den heißen Wangen, die Erregung, wenn von dem Bildnis einer fernen Welt die Schleier fielen. Die Sehnsucht überwältigte ihn, hinunterzusteigen, Platz zu nehmen in den Reihen, neu zu beginnen, eine noch größere „Fram" zu bauen für die Eismeere der Pole, für die Eismeere erkalteter Herzen und frostiger Gedanken.

Er blickte lange hinunter in den Saal, sein Mund blieb eine Weile stumm. Sie blickten zu ihm empor. Dort stand er, der Abenteurer, der Erwecker ihrer Herzen. Er war einer von ihnen. Mochte er alt sein, er war einer von ihnen. Denn was von seinen Lippen kam, war neu und unverbraucht wie sie, war der Leitfaden zu einem Leben, wie sie Leben verstanden.

Ein zitternder Schauder überlief sie, als er stumm blieb und sich vor ihren Augen sammelte. War das noch eine Rektoratsrede? Sie wußten nicht, was es war, aber sie fühlten, daß vor ihren Augen ein Mensch Bilanz zog, ihnen sein Vermächtnis in den Schoß legte, ein Testament in ihre Hände gab.

Nansen atmete tief. Er senkte für einen Augenblick die Lider. Dann richtete er sich wieder auf, und seine Stimme wurde fest und klar.

„O Jugend, Jugend! Welch herrliches Wort! Vor euch unbekannte Welten, verborgen hinter Morgennebeln. Wenn ihr vorwärtssegelt, tauchen neue Inseln auf, aus den zerfließenden Nebeln erheben sich Berggipfel, die darauf warten, von euch bestiegen zu werden! Dichte neue Wälder, endlose Gefilde breiten sich vor euch aus, damit ihr sie durchforscht und durchwandert.

Frei wie die Vögel unter dem Himmel könnt ihr über den Sonnenuntergang hinausfliegen und das Weltall erforschen.

Wie herrlich ist es, den Tag heraufdämmern zu sehen und zu wissen, daß eine lange Fahrt durch neue Reiche auf euch wartet. In weitem Bogen springt der Mut dem Licht, der Himmelswölbung, entgegen.

Ihr verlacht das Wagnis und lächelt über die Gefahr. Der Glaube, euer jugendlicher Glaube, das Selbstvertrauen steht am Steuer. Der Sturm kann euch nichts anhaben. Und schaut! Weit voraus, über Nebel und Gischt, hebt sich das Land des Jenseits.

Wir alle haben im Leben ein Land des Jenseits zu suchen. Mehr können wir nicht wünschen. Es liegt an uns, den Weg dorthin zu finden. Ein weiter Weg, ein mühseliger Weg steht uns bevor; was tut's! Die Stimme ruft, wir folgen ihr gebannt.

Tief in unserer Natur wurzelt die Abenteurerlust. Der Ruf der einsamen Wildnis lockt, klingt in allen unseren Taten mit und macht das Leben tiefer, höher und edler...“

Immer kommt ein neuer Frühling

Polhögda war immer noch die Oase. Hier war die Stille. Gegen Weihnachten heiratete Nansens Tochter Immi, die seine Jagdgenossin und Gefährtin auf Lysaker gewesen war. Kare, sein ältester Sohn, nahm Abschied und ging nach Kanada, wo Odd mit seiner Frau Kari schon lange waren. Es wurde still auf Lysaker, manchmal zu still. Immer häufiger kehrte Nansen heim, aber nicht um zu ruhen und über den Fjord zu blicken. Er arbeitete wieder an seinen wissenschaftlichen Studien. Dazwischen rief ihn Genf von seiner Arbeit weg. Wenn er nach Tagen nutzlosen Beschwörens heimkehrte, müde und verbraucht hinter seinem Schreibtisch saß, klettere Klein-Eva auf seine Knie und strich ihm behutsam über die Wangen:

„Großvater, bist du ein bißchen alt?"

„Liebes Kleines du!" Gerührt ließ er den Kopf auf Evas Haar sinken.

Die Freude, zu seinen Enkeln heimzukommen, schenkte ihm neue Spannkraft. Er ging daran, seine wissenschaftlichen Abhandlungen und eine Reihe seiner Bücher selbst zu illustrieren. Von seinem Freund, dem Maler Werenskiold, lernte er die Kunst der Lithographie.

Noch gab es ein Problem, das ihn nicht freigab. Er konnte nicht damit fertig werden, daß seine Untersuchungen in der Arktis unvollständig geblieben waren. Der Gedanke beherrschte ihn, sie jetzt zu Ende zu führen. Vielleicht war mehr als sein Eifer für die Wissenschaft die Sehnsucht nach der großen Freiheit die Triebfeder.

Wenn Nansen die Augen schloß, sah er die flammenden Lichter über den Himmel jagen, hörte das Knirschen des Eises, das Knallen zerspringender Schollen, roch die salzige Feuchte nahender Wolken, das zuckende Tranlicht im sturmumtosten Zelt – fühlte das Schweigen.

Die Welt war anders geworden. Die Technik rückte an die Grenzen des Lebens heran, wagte Sprünge über das weiße Nichts und versuchte ihm das Geheimnis aus der Sicherheit einer warmen Kabine zu entreißen.

Sicherheit? Wo war Andrée geblieben, wo hatte ihn der Freiballon hingetragen? Amundsen mußte notlanden. Byrd überflog den Pol; es war das Jahr 1926. Zwei Jahre später schwebte das Luftschiff „Italia" hundertfünfzig Meter über dem Pol. Beim zweiten Versuch sank das Luftschiff. Ein Offizier verschwand im weißen Schweigen, Nobile und die anderen wurden gerettet. Amundsen kehrte von seinem Suchflug nach Nobile nicht mehr zurück. Sicherheit? Es gab keine Sicherheit.

Nansen interessierte sich nicht für Flugzeuge. Sie boten keine Möglichkeit einer wissenschaftlichen Beobachtung – damals noch nicht. Es war noch zu riskant, mit ihnen zu landen. Nansens Absicht war, mit Doktor Eckeners Luftschiff, dem „Graf Zeppelin", zum Nordpol zu fliegen. Vom „Zeppelin" war es möglich, ein Arbeitsteam auf das Eis herabzulassen, um Messungen vorzunehmen.

Nansen gründete eine arktische Gesellschaft, gab die Zeitung „Arktis" heraus und beschäftigte sich mit den neuen Instrumenten und Apparaten, die zu konstruieren waren und erprobt werden mußten. Er entwarf ein Zelt, das an den Polarstationen benutzt werden sollte, und stellte die Ausrüstung zusammen, die ihm für die Sicherheit der Expedition notwendig schien. Der Bau des Luftschiffes fesselte ihn. Er besuchte die Baustelle in Friedrichshafen am Bodensee und kroch im riesigen Gerippe des Luftschiffes umher, um die Konstruktion der weitverzweigten Streben, die Gaszellen, die Beobachtungsplattform, die Seitengondeln und die Führergondel zu besichtigen. Nichts entging ihm, jede Kleinigkeit studierte er mit Wißbegierde.

Als er Friedrichshafen verließ, kannt er den „Zeppelin" wie einst seine „Fram". Das Knattern der Niethämmer war noch in seinen Ohren, als er heimkam und die Koffer packte. Er reiste durch Europa, Amerika und Kanada, hielt Vorträge, erweckte Begeisterung für seine neue kühne Forschungsreise und sprach mit sicherem Gefühl für die Zukunft über den Verkehr in der Arktis im Jahre 2000.

Der Vertrag mit Dr. Eckener war unterschrieben. Der Start des Fluges zum Pol war für den April 1930 geplant. Nun wartete er; er, der bald Siebzigjährige sollte doch den Pol sehen. Sie würden von Norwegen über Alaska und Sibirien über den Pol fliegen, die Tiefen des Polarbeckens ausloten und atmosphärische Forschungen betreiben. Das Eis würde unter ihnen pressen, splittern, aufreißen, die Rinnen würden sich schließen, die Drift würde Eisbarrieren auftürmen und die weiße Wüste unbegehbar machen. Sie würden in der Gondel sitzen und auf die Pulsschläge der Arktis hinabblicken. Bären und Walrosse – in wilder und sinnloser Flucht vor dem Luftschiff – würden langsam unter und hinter ihnen zurückbleiben. Sie würden dem Geheimnis nahe sein, greifbar nahe. Einen Spaziergang über den Pol würden sie machen, einen Blick würden sie von einem bequemen Sessel aus auf die Bühne der weißen Hölle tun. Die Riesenzigarre würde sie in sicherem, gleichmäßigem Flug durch die Eiszeit tragen, und das Brummen der Motoren würde das Schweigen zerreißen.

Sicherheit? Wenn ein Sturm sie niederdrückte, die Haut aufriß, die Streben mit wuchtiger Faust zertrümmerte? Sie hatten Schlitten und Hunde mit. Es gab keine Sicherheit.

Eine neue Zeit war angebrochen und mit ihr neue Methoden der Forschung. Das Alte wurde beiseite geschoben und das Neue triumphierte. Nansen war alt. Niemand schob ihn beiseite; die junge Technik kam ohne die alte Erfahrung nicht aus. Nansen war Expeditionsleiter. Sein Geist war jung geblieben, und ungeduldig erwartete er das neue Jahr, das Jahr 1930. Er ging in die Berge, um in Form zu bleiben, wie er sagte.

Es war ein kalter Neujahrsmorgen. Seine Freunde, auf die er sonst immer auf dem Gipfel des Berges lächelnd gewartet hatte, mußten umkehren. Am Fuße des Hanges stand Nansen zusammengekrümmt auf seinen Skiern. Er hatte die Hand gegen das Herz gepreßt, und in seinen Augen war ein verzweifeltes Erstaunen. Später, auf der Hütte, war er wieder der alte und voll von Späßen und Geschichten und Plänen. Er hatte die erste Mahnung völlig vergessen, er hielt es für absurd, krank zu sein. Doch im Februar erkrankte Nansen ernstlich. Er lag in seinem großen Bett mit den geschnitzten Drachenstilpfosten, seine Stimme war klein, die Augen groß und abwesend.

„Da liege ich nun und denke daran, wie vieles ich noch tun wollte", sagte er mit dem Anflug eines wehmütigen Lächelns.

Er litt an einer Venenentzündung im Fuß, und ein Blutpfropf in der Lunge hätte ihn fast das Leben gekostet. Als er aus der Ohnmacht erwacht war, erholte er sich schnell. Seine Energie kehrte wieder, und das Bett verwandelte sich zu einem Schreibtisch. Werenskiold sah täglich nach ihm, König Haakon kam häufig ans Krankenlager, neben dem es wie in einem gemütlichen Reisebüro aussah. Pläne, Karten, Bücher und Papiere stapelten sich neben Nansen auf, und es wurde von nichts anderem gesprochen als von der Nordpolfahrt.

Wenn die Enkel kamen, dann wurde sein Gesicht hell. Eva setzte sich ruhig an das Bett, Nansen ergriff ihre Hand.

„Geht's dir besser, Großvater?"

„Ja, mein Liebling", sagte er gerührt. „Bald steh' ich wieder auf und gehe mit dir spazieren."

Fridtjof hingegen stürmte wie ein Wirbelwind zur Tür herein, brachte Waldduft und ungestümes Leben in das Krankenzimmer. Auch das freute Nansen, und er und der dreijährige Fridtjof saßen einander gegenüber und schnitten Gesichter.

Mittlerweile waren auch Immi und ihr Mann aus Ägypten heimgekehrt, Odd und Kari mit ihrer Tochter Marit aus Amerika gekommen. Alle wohnten auf Polhögda, und Nansen freute sich, von so viel Jugend umgeben zu sein. Nur Kare fehlte noch; auch er sollte bald da sein aus Kanada.

Nach einem der letzten Arztbesuche stellte Liv die Frage: „Nun? – Wie geht es ihm?"

„Ich bin so traurig, daß es deinem Vater so schlecht geht", klagte der Doktor. „Er kann sich natürlich wieder erholen und sogar imstande sein, zu arbeiten. Aber, kannst du dir deinen Vater als Herzinvaliden vorstellen?"

Niemand konnte das. Und niemand sagte ihm, wie schlimm es um ihn stand.

Am 2. Mai verließ Nansen zum erstenmal das Bett. Er spazierte auf der Galerie der Halle hin und her. Er schien nichts zu spüren. Vielleicht übertrieb er, überschätzte er seine Kräfte, denn plötzlich bekam er Schmerzen und mußte wieder zu Bett gebracht werden. Der Anfall ging vorbei, Nansen stand nach einigen Tagen abermals auf und nahm seine Arbeit mit auf die Terrasse hinaus.

Unter ihm lag der Fjord. Die Erde brach auf in der Frühlingswärme und duftete. Zwischen den dunklen Tannen hingen die zarten Schleier neugrünender Birken. Die Obstbäume blühten, die Singvögel lärmten, und einige Bachstelzen wippten graziös auf dem Geländer entlang.

Nansen atmete tief. Der schmeichelnde Wind strich sanft von den blauen Bergen, die befreiten Bäche rieselten durch die frischen Wiesen und funkelten in der Sonne.

Die Erde erwachte. Nansen stand und staunte. Die Ehrfurcht vor dem Leben überwältigte ihn aufs neue. Er sah plötzlich, wie so

242

oft, die Zusammenhänge: Aufbruch und Abschied, ewige Erneuerung, Umwandlung, geheimnisvoller Kreislauf. Dazwischen lag einen Atemzug lang das bewußte Leben. Aber es starb nie, nie starb das Leben! Eine tiefe Freude erfüllte ihn, als er in den Garten blickte. Seine Enkel knieten zwischen den Blumen. Seine Enkel, sein Leben. Nein, das Leben starb nie! Seine Schwiegertochter Kari schritt über die Wiese und blickte zu ihm, der versunken im Wunder des Frühlings auf der Terrasse saß.

„Die große Linde ist noch nicht grün", sagte er lächelnd zu Kari. „Aber bald wird auch sie ausschlagen. Auf diese Art kann ich den Frühling zweimal erleben."

Und wieder schlug eine Welle warmen Duftes aus dem sonnendurchfluteten Garten an seine Sinne. Und es war ihm, der sich so seltsam leicht werden fühlte, als trüge ihn diese Welle davon, weit davon über die raunenden Wälder den weißen Bergen entgegen.

„Der Frühling... der Frühling..", begann er; der Satz blieb unvollendet. Sein Kopf fiel nach vorn. Kari eilte zu ihm und hob das geneigte Haupt empor.

Da war Nansen bereits tot.

Es war der 13. Mai 1930.

Abschied

Auf seinem Schreibtisch lag eine unvollendete Festrede. In einigen Tagen hätte er sie halten sollen – zum jubelnden Fest am 17. Mai.

Norwegen rüstete zum Nationalfeiertag. In die fröhlichen Vorbereitungen, in die heiteren Gesangsübungen der Kinder und Studenten, fiel die Kunde von Nansens Tod. Alle hatten gewußt, daß er krank war, aber keiner hatte mit seinem Tod gerechnet.

Nun war er nicht mehr, der Unentbehrliche, der Stärkste. Sanft, wie an Nansen, trat das Unfaßliche an die Menschen heran, nahm ihnen die Lieder von den Lippen, dämpfte ihre Stimmen, zügelte ihre Schritte.

Es war Frühling in Norwegen. Der Saft stieg in den Bäumen, die Sonne zog von Tag zu Tag einen größeren Bogen. Sie schien auf Norwegen, auf das seit fünfundzwanzig Jahren freie Norwegen. Das war sein Werk, dessen, der nun tot war. Er war unter den Menschen und er würde unter ihnen sein, solange sie ihre Freiheit bewahrten.

Der 17. Mai kam. Der Sarg stand in der Universität. Die norwegische Fahne bedeckte ihn. Zum letzten Gruß schritten sie an ihm vorbei, langsam und ernst, die seinem Herzen am nächsten gestanden waren: ein langer Zug von Kindern in hellen Kleidern; denn es war Frühling in Norwegen, und Nansen hatte den Frühling geliebt, der nirgends in der Welt so schön war.

Von der Festung Akershus dröhnte ein Böller. Auf den Straßen und Plätzen Oslos, im weiten Land Norwegen hielten die Menschen an und entblößten ihre Häupter. Jeder Laut verstummte, als die Prozession von der Universität durch die Straßen schritt. Ein ganzes Volk ging im Gedenken und in stummer Trauer mit Nansen bis an die Schwelle jenes Reiches, das sich weit voraus über Nebel und Gischt erhebt: das Land des Jenseits.

Ein letztes Verweilen, ehe der Sarg mit den Blumen durch das Tor ins Dunkel glitt: König Haakon verneigte sich mit tränenüberströmtem Gesicht. Mit ihm verneigten sich die Millionen in der weiten Welt: die nicht mehr Hungernden, die nicht mehr Heimatlosen, die Heimgekehrten, die nicht mehr Vertriebenen.

Ihr ungekrönter König hatte sie verlassen. Seine Liebe aber lebte in ihren Herzen weiter.

In Polhögda war die Stille eingekehrt. Nansens lange Schritte waren verklungen, für immer. Im Turmzimmer hing noch der Geruch seiner Zigarren. Das Licht auf seinem Schreibtisch aber brannte nicht mehr, nie mehr

Interessantes und Wissenswertes

Abdul Hamid, osmanischer Sultan (1876–1909), geb. 1842, gest. 1918 in Istanbul, führte einige Reformen durch, erteilte eine Verfassung (1876), hob sie wieder auf und versuchte, alttürkische Regierungspraktiken wieder einzuführen. Unruhen zwangen A. H. zurückzutreten.

Akershus, altertümliche Festung (1299) auf einer Landzunge im Oslo-Fjord.

Aleppo, zur Zeit Hauptstadt des Bezirkes Aleppo in Nordsyrien. Seit 1516 türkisch, von da an teilte die Stadt die Geschicke mit Syrien.

Alken, meerbewohnende Schwimmvögel der nördl. Erdhalbkugel, verwandt mit Möwen, die tauchend fischen und unter Wasser die Flügel bewegen. Zur Brutzeit sehr gesellig. Sie bedecken die Vogelberge zu Tausenden. Fast alle Arten legen nur ein Ei.

Alliierte, die durch ein Bündnis zusammengeschlossenen Mächte; Bündnis: durch einen Vertrag getroffene bindende Vereinbarungen mehrerer Staaten zu gemeinsamem Zusammenwirken, häufig im Kriegsfall.

allroundman (olraundmän), engl. = ein allseitig begabter und gebildeter Mann.

Amundsen, Roald, norweg. Polarforscher, geb. 16. 7. 1872 in Borge, gest. im Juni 1928. Amundsen beteiligte sich als Steuermann an der belg. Südpolarexpedition. Mit der kleinen Jacht „Göa" gelang A. als zweitem die NW-Passage (1903–1906). 1911 unternahm A. einen Vorstoß zum Südpol. Er landete an der Roßschen Eisplatte und erreichte mit Hundeschlitten am 14. Dezember 1911 den Südpol. Um den Nordpol zu erreichen, trat A. 1918 mit der „Maud" durch die NO-Passage eine Fahrt an, mußte zweimal überwintern und kehrte unverrichteter Dinge wieder um. Ein erster Versuch, mit dem Flugzeug den Nordpol zu erreichen, mißlang, ein zweiter führte A. bis auf 87° 44' n. Br. (18. 6. 1925). 1926 konnte A. mit einem halbstarren Luftschiff gemeinsam mit Ellsworth und Nobile von Spitzbergen über den Pol nach Alaska fliegen. Im Juni 1928 kehrte A. von einem Suchflug nach Spitzbergen nicht mehr zurück.

Amur-Gebiet, erstreckt sich entlang der Mandschurischen Grenze in Ostsibirien.

Anatolien, der asiatische Teil der Türkei, die zwischen Schwarzem Meer und Mittelmeer vorgestreckte Halbinsel Asiens, einschl. des oberen Euphratgebietes.

Andrée, Salomon, schwed. Ing. und Polarforscher, geb. 18. 10. 1854 in Grenna, gest. 1897. Er nahm 1882–83 an der schwed. Polarexpedition teil. Am 11. 7. 1897 stieg er mit einem Freiballon von Spitzbergen auf, um den Nordpol zu erreichen. Seither blieb er verschollen.

Apokalyptische Reiter, nach der Offenbarung Johannes bringen sie Krieg, Not und Tod über die Welt. Die Apokalypse (griech. Offenbarung) ist eine Schrift, die den Weltenlauf und das Weltenende prophetisch enthüllt.

Ararat, hoher erloschener Vulkan auf dem Ararat-Hochland (Armenisches Hochland). Auf dem A. soll nach mißverstandenem biblischem Text die Arche Noah gelandet sein.

Aras, Hauptfluß des Ararat-Hochlandes, 1072 km lang, entspringt in der Türkei; bildet mit dem öst. Mittellauf die Grenze zwischen Türkei und Persien gegen die Sowjetunion.

Armenien, wild zerklüftetes, von erloschenen Vulkanen überragtes Hochland in Vorderasien. Viehzucht, wenig Ackerbau (Getreide, Baumwolle, Obst). Die Bewohner sind mohammedanische Kurden und christliche Armenier. Der größere Teil des Landes gehört zur Türkei, der kleiner zur UdSSR. – Armenier sind ein Mischvolk aus der Urbevölkerung des Landes (Chalder) und den eingewanderten Indogermanen. Die Armenier sind geschickte Baumeister (Wasserbauten, Kirchen) und haben eine bedeutende Literatur. F. Nansen: Betrogenes Volk (1928).

Backbord, das, die linke Seite des Schiffes, von seinem Heck aus gesehen.

Baku, große Hafenstadt am Kaspischen Meer, Hauptst. der Aserbeidschanischen Sowjetrep. seit 1920, 800 000 Einw. B. ist Mittelpunkt des größten russischen Erdölgebietes. Rohrleitungen zur Förderung des Erdöls nach Batum und nach dem Ural (854 km).

Batum, Hauptst. der Adscharischen Autonomen Sowjetrep., 75 000 Einw., im innersten Winkel des Schwarzen Meeres nahe der türkischen Grenze. Ausgangspunkt der Transkaukasischen Bahn, moderner Hafen, Erdölexport.

Bergen, („Weide zwischen den Bergen"), wichtigster Hafen der norweg. W-Küste, nach Oslo die bedeutendste Handelsstadt Norwegens, Provinzhauptst., 110 400 Einw., Universität, Handelshochschule, Schiffbau, Reedereien. Bedeutende Fischerei und großer Fischhandel.

Bernadotte (bernadot), Jean Baptiste, napoleonischer Marschall, wurde als Karl XIV. Johann König von Schweden und Norwegen.

Besteck, in der Schiffahrt: Bestimmung des Schiffortes nach geogr. Breite und Länge. *Gegißtes* (geschätztes) Besteck aufgrund des gesteuerten Kurses und der vermutlich zurückgelegten Entfernung. *Beobachtetes* Besteck nach Gestirn- und Chronometerzeitbeobachtungen oder nach Funkpeilung.

Björnson, Björnstjerne, norweg. Dichter, geb. 8. 12. 1832 in Krikne, gest. 26. 4. 1910 in Paris, schrieb Erzählungen aus dem bäuerlichen Leben des Nordens. 1903 Nobelpreis für Literatur.

Brandström, Elsa, geb. 26. 3. 1888 in St. Petersburg, gest. 4. 3. 1948 in Cambridge. 1914 stellte sie ihr Leben in den Dienst der Kriegsgefangenen in Rußland und Sibirien. Blieb bis 1920 bei den sibirischen Gefangenen, veranlaßte das Hilfswerk für die Gefangenen und pflegte viele während der großen Typhus-Epidemie. B. war bekannt unter dem Namen „Engel von Sibirien".

Brasse, Haltetau bei einem Segelschiff.

Briand (briã), Aristide, französ. Staatsmann, geb. 25. 3. 1862 in Nantes, gest. 7. 3. 1932 in Paris, Abgeordneter, Minister, mehrmals Ministerpräsident. 1925 bis 1932 Außenminister (Locarnopakt). Vorkämpfer für einen Ausgleich zwischen Frankreich und Deutschland. Friedensnobelpreis 1926.

Byrd (böd), Richard Evelyn, amerikan. Marineoffizier, geb. 25. 10. 1888 in Wichester, gest. 12. 3. 1957 in Boston, flog am 9. 5. 1926 als erster mit dem Flugzeug von Spitzbergen zum Nordpol und zurück. Überflog den Südpol (1929) und vollführte auch den 3. West-Ost-Ozeanflug.

Chabarowsk, größte und fernöstlichste Stadt in der Sowjetunion,

300 000 Einw., am rechten Ufer des Amur unterhalb der Ussuri-Mündung. Verkehrsknoten, Schiffswerften, Auto- und Flugzeugbau, Ölraffinerien, Holz, Konserven, Mühlen, Wissenschaftl. Institute, Fachschulen, Museen.

Chamberlain (tscheimbalin), Sir Joseph Austin, brit. Staatsmann, geb. 16. 10. 1863 in Birmingham, gest. 16. 3. 1937 in London, Abgeordneter, Schatzkanzler, Staatssekretär für Indien. 1918 Mitglied des Kriegskabinetts, Führer des Unterhauses. Friedensnobelpreis 1926.

Christiania, Kristiania, bis 1925 Name von Oslo.

Clemenceau (klemãso), Georges, französ. Staatsmann, geb. 28. 9. 1841 in Mouilleron-en-Pareds, gest. 24. 11. 1929 in Paris, Mitglied der Nationalversammlung, Wortführer der äußersten Linken und „Ministerstürzer" („Tiger") genannt. Einer der großen Vier bei den Friedensverhandlungen 1919, hauptverantwortlich für den Versailler Vertrag.

Dänemark-Straße, 250 km breite Meeresstraße zwischen Island und Grönland, bis etwa 600 m tief.

Davit (dävit), eiserne, oben an der Schiffswand meist paarweise angeordnete Kraneinrichtung, mit der man ein Boot mit Flaschenzügen herablassen oder hinaufziehen kann.

Dawes (des), Charles Gates, amerikan. Staatsmann, geb. 27. 8. 1865 in Marietta, gest. 23. 4. 1951 in Chicago. 1923–24 Vorsitzender der Sachverständigenkommission, die den Dawesplan entwarf (Hebung der deutschen Leistungsfähigkeit, Festigung der Währung, Überbrückungshilfe, Auslandsanleihe). Friedensnobelpreis des Jahres 1926.

Denikin, Anton Iwanowitsch, russ. General, geb. 4. 12. 1872, gest. 8. 8. 1947 in Ann Arbor. Nach der russ. Revolution wurde er im 1. Weltkrieg 1917 Oberbefehlshaber und führte im Kampf gegen die Bolschewiken seit April 1918 eine russ. Freiwilligen-Armee.

Dohrn, Anton, Zoologe, geb. 29. 12. 1840 in Stettin, gest. 26. 9. 1909 in München, erbaute und leitete die Deutsche Zoologische Meeresstation in Neapel (1874 eröffnet), die für die Entwicklung der Biologie große Bedeutung gewann.

Dreimastgaffelschoner, ein Segelschifftyp, der statt der Querbesegelung an den Rahen (vollgetakelt) längsschiffs stehende Gaffelsegel führt. Der Gaffelschoner hat 2 oder 3 Masten nur mit Gaffelsegeln.

Drift, Driftströmung, Meeresströmung, durch den Wind an der Meeresoberfläche erzeugt.

Drummond (dramend), Sir Eric, brit. Diplomat, Earl of Perth, geb. 1876, gest. 1952, war 1919–1932 Generalsekretär des Völkerbundes.

Dysenterie, die Ruhr.

Eckener, Dr. Hugo, Luftschiffer, geb. 10. 8. 1868 in Flensburg, wurde 1935 Vorsitzender der Deutschen Zeppelin-Reederei. Mit dem Luftschiff „Graf Zeppelin" machte er eine Amerikafahrt 1928, eine Weltfahrt 1929 und die Polarfahrt 1931.

Eisfuß, jener Teil der Eisscholle, der oft unter der Wasseroberfläche ins Wasser hinausragt; er entsteht dadurch, daß das im Sommer wärmere Oberflächenwasser des Meeres das Eis an der Oberfläche wegschmilzt.

enfant terrible (āfāt teribl), französ., ein alles ausplauderndes, „schreckliches" Kind, das die Umgebung in Verlegenheit bringt.

Entente (ātāt), französ., Einverständnis, Bündnis. Der Begriff blieb im 1. Weltkrieg vorwiegend auf die französ.-engl. Zusammenarbeit beschränkt.

Eriwan, Hauptst. der Armenischen Sozialist. Sowjetrep. am N-Rand der vom Ararat überragten Aras-Ebene, 200 000 Einw., Universität, Techn. Hochschule, Landwirtsch. Hochschule, Staatsmuseum, Tropeninstitut, Kupferhütte und Walzwerk, chem. Industrie. Obst- und Weinbau; Kraftwerke.

Eskimos, mongolisches Volk Grönlands und der nördl. Teile Amerikas. Die E. sind mittelgroß, gelbbraun, mit straffem, dunklem Haar. Sie leben von der Jagd (Robben, Walrosse) und vom Fischfang. Sie halten Rentiere, von deren Fleisch und Milch sie sich nähren, und Hunde, die sie vor ihre Schlitten spannen. Während des kurzen arktischen Sommers hausen sie in Zelten aus Fellen, im Winter in kunstvollen Erd- oder Schneehütten (Iglus). Die E. sind ein gutmütiges und friedfertiges Volk. Der Zutritt zu ihren Gebieten wird von der dän. Regierung sehr erschwert, um die E. vor ansteckenden Krankheiten zu schützen. Ihre Beförderungsmittel sind außer dem Schlitten die Fellboote (Kajak des Mannes, Umiak der Frau).

Ethik, Teil der Philosophie, der es mit dem Gebiet des Sittlichen zu tun hat. Die E. sucht die Fragen zu beantworten, was sittlich gut ist, wie wir handeln und warum wir so handeln sollen.

Ethnographie, beschreibende Völkerkunde, die sich mit der Erfassung des Kulturbesitzes eines Volkes, eines Stammes oder eines räumlich begrenzten Gebietes befaßt.

Euphrat, größter Strom in Vorderasien, 2 700 km lang, entsteht aus den Quellflüssen Kara Su und Murad Su in Anatolien und fließt als Schatt-el-Arab in den Persischen Golf.

Fjell, das, die weiten baumlosen Hochflächen Skandinaviens.

Fjord (fjor), durch Landsenkung oder Meeresspiegelanstieg ertrunkene übertiefe Trogtäler ehemaliger Vereisungsgebiete (Skandinavien, Feuerland).

Fockwanten, seemännisch: starkes Stahltau, auf Segelbooten auch Hanftau, das paarweise den Mast seitlich abstützt. Wanten am Fockmast, Vormast, daher Fockwanten.

Franz-Joseph-Land, Kaiser-Franz-Joseph-Land, Archipel im Nördl. Eismeer östl. von Spitzbergen, bestehend aus etwa 60 Inseln mit 19 700 km^2: die größten sind Alexandra- und Prinz-George-Land im W, Wilczek- und Graham-Bell-Land im O. Fast alle Inseln sind eisbedeckte Hochflächen von 300–800 m Höhe. F. wurde von dem Österreicher Payer und von Weyprecht entdeckt und benannt. 1926 wurde es in das Hoheitsgebiet der Sowjetunion einbezogen. Geophysikalisches Observatorium, Wetter- und Funkstation.

Gänseland, heute Halbinsel Gussinaja Semlja, eine vorspringende Landzunge an der südl. Westküste von Nowaja Semlja.

Genf, Hauptst. des Kantons Genf am Genfer See, 145 500 Einw., kultureller Mittelpunkt der französ. Schweiz. Universität, Sitz des Zwischenstaatlichen Ausschusses des Roten Kreuzes (gegr. 1864), des Internat. Arbeitsamtes seit 1920 und von 1920 bis 1939 Sitz des Völkerbundes. Mittelpunkt des Handels und der Industrie (Uhren), Fremdenverkehr.

Genfer Konvention, das internat. Abkommen zum Schutze der Verwundeten, der Kriegsgefangenen und der Zivilbevölkerung in Kriegszeiten, das unter Vermittlung der von Henri Dunant ins Leben gerufenen Organisation des Roten Kreuzes abgeschlossen wurde. Abkommen vom 22. 8. 1864.

Golfstrom, warme Meeresströmung. Er entströmt dem sehr warmen Golf von Mexiko, überquert zwischen kälteren Wassermassen den Atlantik und fließt entlang der norweg. Küste in das Nördl. Eismeer, wo er in der Barents-See endet. Der G. erwärmt das Klima NW-Europas, die Winter sind mild und die Häfen bleiben eisfrei.

Golgi (goldschi), Camillo, italien. Histologe, geb. 7. 7. 1844 in Corteno, gest. 21. 1. 1926 in Pavia, förderte durch neue Färbemethoden die feinere Anatomie des Zentralnervensystems. Nobelpreis des Jahres 1906.

Gorki, Maxim, Deckname für Peschkow, russ. Dichter, geb. 28. 3. 1868 in Nischnij-Nowgorod, gest. 18. 6. 1936 in Moskau. Behandelte in zahlreichen Erzählungen meist Stoffe aus dem Leben der kleinen Leute.

Grieg, Edvard, norweg. Komponist, geb. 15. 6. 1843 in Bergen, gest. 4. 9. 1907 in Bergen, der die norweg. Volksmusik mit der Kunstmusik verband. Lieder, Kammermusik, Klavierstücke. Weit bekannt wurde er durch seine Musik zu Ibsens „Peer Gynt".

Grönland, (= Grünland), größte Insel der Erde, dän. Nebenland, im amerikan. Nordpolargebiet, 2,2 Mill. km^2 groß, 23 000 Einw. G. ist ein breites Hochland und bis auf schmale, dürftig bewachsene Küstenstreifen von einer bis 2 000 m dicken Eisdecke, dem Inlandeis, bedeckt. Klima: arktisch-kalt. Die Bewohner sind Eskimos. Hauptort: Godthaab (800 Einw.).

Haag, Den, königl. Residenz und Sitz der holländ. Regierung, Hauptst. der Provinz Südholland und wichtiger Verkehrsknoten, 571 000 Einw., Sitz des höchsten niederländ. Gerichts, des Internat. Gerichtshofes, des Ständigen Schiedshofes, der Internat. Völkerrechtsakademie. Akademie der bildenden Künste, Königl. Bibliothek, Museen für alte und neue Kunst, geschichtl. Sammlungen, internat. Kunsthandel, mehrere Theater, Gold- und Silberwarenindustrie.

Histologie, Lehre vom Aufbau der pflanzlichen, tierischen und menschlichen Gewebe.

Hoover (huwa), Herbert Clark, 30. Präsident der USA, geb. 10. 8. 1874 in West Branch, organisierte seit 1915 das amerikan. Hilfswerk für Belgien, nach dem 1. Weltkrieg das der Quäkerspeisungen in Mitteleuropa und 1921 in Rußland. Leiter des amerikan.

Bundesernährungsamtes, Handelsminister 1921–1929; H. versuchte mittels Landwirtschaftshilfen, Unterstützungen der Banken die Wirtschaftskrise zu bekämpfen (Hoover-Plan).

Hydrograph, Wissenschaftler, der sich mit *Hydrologie* beschäftigt. Hydrologie ist die Physik des Wassers über, auf und unter der Erdoberfläche.

Ibsen, Henrik, norweg. Dichter, geb. 20. 3. 1828 in Skien, gest. 23. 5. 1906 in Oslo, größter Dramatiker Norwegens, der scharfe Kritik an der bürgerlichen Gesellschaft des 19. Jh. übte und gegen sittliche und soziale Mißstände kämpfte. Werke: „Peer Gynt", „Nora", „Die Wildente", „Hedda Gabler", „Wenn wir Toten erwachen".

Iglu, der, kreisrundes Schneehaus der Eskimos aus Schnee- oder Firnblöcken errichtet.

Integritätsvertrag, ein Vertrag, aufgrund dessen Deutschland, Frankreich, Großbritannien und Rußland die Garantie für Norwegens Integrität (= Unversehrtheit, Vollständigkeit) übernahmen. Abgeschlossen am 2. 11. 1907.

Internationaler Gerichtshof → Ständiger Internationaler Gerichtshof.

Island (= Eisland), Insel und selbständige Rep. im Nordatlantik, 102 819 km², bewohnbar 43 400 km² mit 146 500 Einw., Hauptst.: Reykjavik. Neben riesigen Gletschern erheben sich tätige Vulkane (Hekla 1 557 m); aus kahlem Gestein sprudeln heiße Springquellen, die Geiser, deren Wasser zum Heizen, Kochen und Waschen verwendet wird. Fischfang und Schafzucht, Gemüsebau in Glashäusern.

Jackson (dschäksn), Leiter der engl. Jackson-Harmsworth'schen Expedition nach dem Franz-Joseph-Land, wo er auf Kap Flora das Standlager errichtete, um geologische, botanische und zoologische Untersuchungen anzustellen.

Jamal-Halbinsel, an der N-Küste Sibiriens, westl. des Ob-Busens gelegen.

Jan Mayen, norweg. Vulkaninsel im europäischen Nordmeer, 372 km², mit 2 270 m hohem, vergletscherten Beerenberg. 1607 von Hudson entdeckt, später nach einem holländ. Walfänger benannt. In den internat. Polarjahren 1882–83 und 1932–33 hatte

J. M. eine österreichische, jetzt eine ständige norweg. meteorlogische Station.

Jenissei, Strom in Sibirien, 4 000 km lang, mündet ins Nördl. Eismeer, entsteht aus Beikem und Chakem in Tannu-Tuwa. Für Schiffe bis 7 m Tiefgang 600 km aufwärts schiffbar.

Jenisseisk, Stadt in O-Sibirien, am linken Ufer des Jenissei, 15 000 Einw., Hafen und bekannter Pelzmarkt.

Joint Distribution Committee (dschoint distribjuschn komiti), Gemeinsamer Amerikan. Verteilungsausschuß, jüdische Hilfsorganisation in den USA, gegr. Oktober 1914 zur Hilfeleistung für die Opfer des 1. Weltkrieges.

Jotunheimen, riesige Hochfläche S-Norwegens, wird von aufgesetzten Gebirgsstöcken überragt, darunter die höchsten Erhebungen Nordeuropas, der Galhöpig (2 468 m) und der Littertind (2 481 m). Viele Gletscher und wilde Hochgebirgstäler.

Jugor-Straße, 3–16 km breite Meeresstraße zwischen Barents-See und Kara-Meer, trennt die Insel Waigatsch vom Festland.

Kajak, der oder das, einsitziges Männerboot des Eskimos, aus Walroßrippen und Seehundfellen. Es war das Vorbild für unsere Faltboote.

Kap Tscheljuskin, Nordostkap, nördlichst. Festlandspunkt Asiens auf der Taimyr-Halbinsel.

Karisches Meer, Kara-See, flaches Randmeer zwischen Nowaja Semlja und der Jamal-Halbinsel, ein Teil des Nordpolarmeeres, den größten Teil des Jahres eisbedeckt.

Koltschak, Aleksandr Wassiljewitsch, russ. Admiral, geb. 1874, gest. 7. 2. 1920 in Irkutsk, bildete 1918 in Sibirien eine antibolschewistische Armee und ernannte sich zum Reichsverweser.

Kommunismus, Wirtschafts- und Gesellschaftsform, in der der Boden und die Produktionsmittel (Fabriken, Maschinen usw.) nicht Privateigentum sind, sondern der Gemeinschaft gehören. Die theoretischen Grundlagen wurden im 19. Jh. von Karl Marx und Friedrich Engels entwickelt. In den kommunistisch regierten Ländern sind Politik und kommunistische Ideologie eng miteinander verbunden. Die politische Lehre, der Bolschewismus, bildet die Grundlage für den Aufbau der Sowjetunion: völlige Auflösung des Privatbesitzes an Produktionsmitteln, Einführung der Gemeinwirtschaft.

Konstantinopel, Istanbul, größte Stadt der Türkei, 1 Mill. Einw., am europ. Ufer des Bosporus. Die wichtigste Handelsstadt besitzt in einer schmalen Bucht, dem Goldenen Horn, einen sturmsicheren Hafen. Die Altstadt (Stambul) mit ihren zahlreichen Moscheen, deren größte die Hagia Sophia ist, hat noch stark orientalischen Charakter. Benannt nach dem röm. Kaiser Konstantin. Ehemalige Hauptstadt des Byzantinischen Reiches.

Korfu, griech. Insel, 586 km², durch einen seichten Kanal vom nahen Festland getrennt, mit Felsküste. Im N sind Kalkgebirge, im S Weingärten, Gemüsefelder und Südfruchtplantagen. 1864 kam Korfu zu Griechenland.

Krasnojarsk, Gauhauptst. in O-Sibirien, beiderseits des Jenissei an der Transsibirischen Bahn, 208 000 Einw., bedeutendste Industriestadt des Gebietes, Maschinenfabriken, Schiffswerften, Papierkombinat, Holzverarbeitung, chem. Industrie, Graphitwerk, Nahrungsmittelindustrie.

Kristianshaab, kleine Siedl. an der W-Küste Grönlands, meist von Grönländern bewohnt (Eskimos mit Europäern vermischt). Polare Tierwelt, Polarweiden, Moose, Flechten, Kräuter, Erlenbestände. K. liegt auf ca. 70° n. Br.

Labskaus, das, ein Seemannsgericht aus grob gemahlenem, gekochtem Ochsenpökelfleisch, Fisch, gestampften Erdäpfeln und gebratenen Zwiebeln, mit Salzgurken serviert.

Landsmål (lansmol), = Landessprache, das, älterer Name der neunorwegischen Schriftsprache, jetzt Nynorsk.

Lappen, ein ca. 32 000 Menschen umfassendes Volk in Lappland; sie bewohnen N-Norwegen, N-Schweden, N-Finnland und die Halbinsel Kola, sie sind kleinwüchsig, kurzköpfig, zeigen osteuropide und nordische Merkmale sowie mongoliden Rasseneinschlag; urspr. Jägervolk und Nomaden, heute seßhaft oder Halbnomaden, neben Rentierzucht treiben sie etwas Ackerbau, Viehwirtschaft und Fischerei.

Lee, seemännischer Ausdruck für die Richtung, nach der der Wind weht; die vor Wind und See geschützte Leeseite.

Leichter, Lichter, Prahm, Schute; kleineres, meist offenes Fahrzeug

(Boot) ohne eigenen Antrieb, das zur Übernahme der Ladung aus größeren dient.

Lenin, Wladimir Iljitsch, russ. revolutionärer Staatsmann, geb. 22. 4. 1870 in Simbirsk, gest. 21. 1. 1924 in Gorki, Führer der Bolschewiken, die ein radikales sozialistisches Programm vertraten. 1895 als Revolutionär verhaftet und 1897 auf 3 Jahre nach Sibirien verbannt. 1907 flüchtete er ins Ausland und kehrte erst wieder während der russ. Revolution 1917 aus der Schweiz nach Rußland zurück. An der Spitze der Bolschewiken gründete er zusammen mit Stalin, Trotzki u. a. die kommunistische Staatsform des heutigen Rußland.

Lepra, die, Aussatz, Mieselsucht, eine früher sehr häufig auftretende Infektionskrankheit, die die Haut, die inneren Organe oder die Nerven des Menschen befällt. Seit dem 13. Jh. gibt es Leprosenheime. Die früher unheilbare Krankheit kann heute ausgeheilt werden.

Lloyd George (loid dschodsch), David, Earl Lloyd-George of Dwyfor, brit. Staatsmann, geb. 17. 1. 1863 in Manchester, gest. 26. 3. 1945 in Llanystumdwy. Liberales Mitglied des Unterhauses. Er führte Sozialreformen durch. Im 1. Weltkrieg wurde er Organisator der Kriegführung, übernahm das Kriegsministerium und trat 1916 an die Spitze der Regierung. Er erstrebte eine gemäßigte Behandlung des Deutschen Reiches, um das Eindringen des Bolschewismus in Europa zu verhindern. Sein Plan, eine wirtschaftliche Verständigung mit Rußland (1922) herbeizuführen, scheiterte an den anderen Entente-Mächten.

Locarno-Pakt, ein gegenseitiges Sicherheitssystem in Westeuropa, abgeschlossen am 16. 10. 1925. Hauptvertrag zwischen Belgien, Deutschland, Frankreich, Großbritannien und Italien: Bürgschaft der deutschen Westgrenzen, Entmilitarisierung des Rheinlandes, Verbot des Angriffs, Regelung aller Streitigkeiten auf friedlicher Basis. Großbritannien und Italien gaben außerdem ein Hilfsversprechen für jeden bedrohten Partner. Der L.-P. hatte den Eintritt Deutschlands in den Völkerbund zur Folge und brachte eine wesentliche politische Entspannung.

Lofoten, norweg. Inselgruppe, 5 300 km², 40 000 Einw. Die Bevölkerung lebt hauptsächlich vom Fischfang. Da die stark gegliederten Inseln vom Golfstrom umspült werden, ist das Klima mild. Hauptinseln: Hinno, Lango, Ando.

Lord-Rector, Rektor = Leiter einer Hochschule (Magnifizenz); er wird alljährlich aus dem Professorenkörper gewählt.

Marconi, Guglielmo, italien. Funktechniker, geb. 25. 4. 1874 in Griffone, gest. 20. 7. 1937 in Rom, erfand 1895 die geerdete Senderantenne. Er konstruierte den ersten brauchbaren Apparat für drahtlose Telegraphie.

Mesopotamien, Zwischenstromland, zwischen Euphrat und Tigris in Vorderasien. M. war eines der ältesten Kulturländer der Erde und im frühen Altertum von den Sumerern, Babyloniern und Assyrern bewohnt. Im 6. Jh. v. Chr. Teil des Persischen Weltreiches, 330 v. Chr. wurde es von Alexander dem Großen, später von den Römern, im Mittelalter von den Arabern erobert. Mongoleneinfälle im 13. und 14. Jh. Im 17. Jh. kam M. unter türkische Herrschaft, seit dem Ende des 1. Weltkrieges gehört es zum Königreich Irak.

Mikrokosmos, der, „die kleine Welt", der Mensch. Gegensatz: *Makrokosmos* = „die große Welt", Weltall, die gesamte Natur.

Moltebeeren, dänisch, eine Brombeerart.

Mossul, Stadt im Irak, 341 000 Einw., Mittelpunkt eines großen Erdölgebietes. Früher bekannt durch seine Textilerzeugnisse (Musselin).

Mussolini, Benito, italien. Staatsmann, geb. 29. 7. 1883 in Predappio, gest. 28. 4. 1945 in Dongo, Gründer des Faschismus. Er errang 1922 die Macht im Staate und eroberte 1935–36 trotz Einspruch des Völkerbundes Abessinien. M. schloß mit Hitler ein enges Bündnis, das wesentlich zum Ausbruch des 2. Weltkrieges beitrug.

Navigation, die, Lehre der zielsicheren Führung eines Schiffes oder Flugzeuges. Die Hilfsmittel dazu: der Kompaß, See- oder Landkarten, Sternkarten, verschiedene Instrumente, z. B. der Sextant und das Peilen (Funkpeilung).

Near-East-Relief (nia iist riliif), ein Unterstützungsfonds für die Balkanstaaten und die Länder des Vorderen Orients, der besonders in Kriegszeiten Anwendung findet.

Neusibirische Inseln, Inselgruppe im Nordpolarmeer, etwa 28 000 km^2 groß. Sie sind stark vergletschert. Klima: polar, kalt und niederschlagsarm; Tundra; Polarwölfe und Rentiere. Mammutfunde!

Nirwana, das, indisch = Erlöschen, Erlöschen des Ich, Eingehen in die völlige seelische Ruhe; ein Zustand, in dem der Mensch wunschlos ist, frei von Selbstsucht und frei von den Leiden des irdischen Lebens laut ind. Religion und Buddhismus.

Nobelpreis, ein aus dem Vermögen Alfred Nobels gebildeter Fonds. Nobel, Chemiker, Erfinder verschiedener Sprengstoffe, förderte durch seine Erfindung die Entwicklung schrecklicher Kriegswaffen. Vielleicht wollte Nobel durch die Stiftung des Preises das Unglück, das über die Menschen durch die fürchterlichen Waffen hereingebrochen war, wieder gutmachen. Der N. wird seit 1901 alljährlich für große Leistungen auf dem Gebiet der Physik, Chemie, Medizin, Literatur und der Friedensbewegung verliehen.

Nobile, Umberto, italien. General, geb. 21. 1. 1885 in Lauro, er baute die Luftschiffe „Norge" und „Italia". Mit der „Norge" überflog er 1926 mit Amundsen den Nordpol. 1928 strandete N. mit der „Italia" in der Nähe von Spitzbergen.

Nordenskiöld (nurdenschöld), Adolf Erik, Freiherr, schwed. Polarforscher, geb. 18. 11. 1832 in Helsingfors, gest. 12. 8. 1901 auf Dalbyö. 5 Forschungsreisen nach Spitzbergen 1858–1872, zwei Fahrten durch das Karische Meer 1875 und 1876 zur Mündung des Jenissei. Nordostpassage mit der „Vega" 1878–79. 1883 erforschte er von der W-Küste Grönlands aus das Binneneis.

Nordost-Passage, Seeweg vom Atlantik zum Stillen Ozean. Er führt durch das Nördl. Eismeer, entlang der N-Küste Europas und Asiens. Erste Durchfahrt: A. Nordenskiöld 1878–79. Der nördl. Seeweg ist nur während 2–2½ Sommermonaten befahrbar.

Nordpol, das nördl. Ende der gedachten Erdachse, jener Punkt im Norden, wo sie auf die Erdoberfläche trifft. Die geogr. Lage wird mit 90° n. Br. bezeichnet. Der N. kennt keine Einteilung in Tage und Tageszeiten. Die Sonne geht am N. am 21. 3. auf und am 23. 9. unter und teilt das Jahr in einen Polartag und eine Polarnacht.

Nordpol, magnetischer, liegt ca. bei 76° n. Br. und 102° w. Lg. und ist südmagnetisch. In diesem Punkt, der seine Lage mit der Zeit ändert, steht das erdmagnetische Feld senkrecht.

Nordwest-Passage, Seeweg vom Atlantik zum Stillen Ozean. Er führt durch das Nördliche Eismeer und die Beringstraße, entlang der N-Küste Amerikas. Erste Durchfahrt: 1903–1906 von Amundsen.

Norwegen, Königreich im W der skandinavischen Halbinsel, 323 000 km², 3,3 Mill. Einw. Fast das ganze Land wird von einem mächtigen Gebirge mit öden Hochflächen eingenommen, die teilw. von ewigem Eis bedeckt sind. Fast drei Viertel N.s sind unfruchtbar und menschenleer. Von großartiger Schönheit ist die fast 2 500 km lange Atlantikküste, die durch Inseln (Schären) und Fjorde reich gegliedert ist und von deren Steilwänden mächtige Wasserfälle herabstürzen. An der Küste und in breiteren Tälern Südnorwegens gedeihen Hafer, Gerste und Kartoffeln. N. muß daher Nahrungsmittel einführen. Wichtig sind Viehzucht, Holzwirtschaft und vor allem Fischfang, von dem etwa die Hälfte der Bevölkerung lebt. Die Lofoten gehören zu den reichsten Fischereigebieten der Erde. Ein großer Teil der Bevölkerung findet Arbeit in der Handelsflotte, der drittgrößten der Welt, die im Auftrag vieler anderer Staaten Waren transportiert. Bergbau: Eisenerz, Kupfer, Zink, Nickel. Industrie: Holz-, Papier-, Metallerzeugung, Schiffbau. Hauptst.: Oslo; wichtige Hafenstadt: Bergen. N. grenzt an Schweden, Finnland und im hohen Norden auch an Rußland.

Nowaja Semlja, Doppelinsel im Nördl. Eismeer, vor der sibirischen Küste, etwa 92 000 km² groß, fast unbewohnt, mit Beobachtungsstationen, Tundra, bis 1 500 m hoch, vergletschert, Fjorde. Kupfer und Kohle.

Ökumenische Bewegung (griech. oikumene = die bewohnte Welt), in den letzten Jahrzehnten unternommene Bemühung um eine bessere Zusammenarbeit der verschiedenen evangelischen und orthodoxen Kirchen. Auf der Weltkirchenkonferenz in Amsterdam wurde ein Weltkirchenrat gegründet.

Orlando, Vittorio Emanuele, italien. Jurist und Staatsmann, geb. 19. 5. 1860 in Palermo, gest. 1. 12. 1952 in Rom, liberaler Abgeordneter, mehrmals Minister, 1917–1919 Ministerpräsident, Vertreter Italiens bei den Friedensverhandlungen in Versailles.

Oslo (uslu), 1624–1924 Christiania, Haupt- und Residenzstadt Norwegens, 434 000 Einw., am N-Ende des Oslo-Fjordes, zu Füßen einer alten Festung (Akershus). O. ist eine moderne Stadt und Sitz der Regierung und des Parlaments. Textil-, Maschinen-, Papier- und Glasfabriken. Flughafen und Museen; soziale Arbeiterwohnbauten. Die Umgebung ist ein bekanntes Wintersportgebiet (Holmenkollen). Bedeutendster Hafen Norwegens, Reedereien, Werften, Universität, Nationaltheater.

Ozeanographie, Meereskunde, die Wissenschaft vom Meer, ein Zweig der Geophysik. Ihr Ziel: räumliche Erfassung und Auswertung naturwissenschaftl. Gesetze der Meere auch im Hinblick auf ihre praktische Auswirkung auf Nautik, Nutzung, Verkehr, Schiffbau, Fischerei.

Paläontologie, Versteinerungskunde; Wissenschaft von den ausgestorbenen Lebewesen, von denen wir nur Kunde durch ihre Versteinerungen haben.

Payer, Julius, Ritter von, österr. Polarforscher, geb. 1. 9. 1842 in Schönau bei Teplitz, gest. 30. 8. 1915 in Veldes, beteiligte sich 1869–70 an der zweiten deutschen Nordpolarexpedition nach Ostgrönland, führte mit Weyprecht 1872–1874 die österr. Nordpolarexpedition bis Nowaja Semlja und Franz-Joseph-Land. Nach ihm wurde die Payer-Spitze in O-Grönland benannt (2 000 m hoch).

Peary (pi^eri), Robert Edwin, amerikan. Polarforscher, geb. 6. 5. 1856 in Cresson Springs, gest. 20. 2. 1920 in Washington, stellte 1901 durch Umfahrung die Inselnatur Grönlands fest, erforschte Grinell- und Grant-Land, von wo er nach dem Pol vordrang. Am 6. 4. 1909 erreichte er als erster die unmittelbare Nähe des Nordpols.

Pedell, Schul-, Hochschuldiener.

Peer Gynt, ein phantasiereicher, willensschwacher und selbstsüchtiger Mensch, der nie den Mut zur entscheidenden Tat hat. Schauspiel von Ibsen, Musik von E. Grieg.

Pemmikan, der, gedörrtes und mürbgestampftes Fleisch, mit trockenem Gemüse vermischt, ist Jahre hindurch haltbar.

Pfund Sterling, engl. Währung. Zeichen £ = 20 shilling = 240 pence.

Phalanx, die, dichtgeschlossene Schlachtreihe der Makedonen.

Poincaré, Raymond, französ. Politiker, 9. Präsident der Republik, geb. 20. 8. 1860 in Bar-le Duc, gest. 15. 10. 1934 in Paris. Als Gegner Deutschlands Anhänger einer Bündnispolitik mit Rußland. Rivale Clemenceaus. P.s Außenpolitik trug wesentlich zum Ausbruch des 1. Weltkrieges bei.

Quäker, engl. religöse Gemeinschaft, die sich „Gesellschaft der Freunde" nennt. Die Q. stellen die innere Erleuchtung über jede

Kirchenlehre, verweigern Eid und Kriegsdienst, treten für den Weltfrieden ein und helfen durch ihre Liebestätigkeit. Besonders in den beiden Weltkriegen haben die Q. Übermenschliches geleistet. Eine Quäkergruppe bekam 1947 den Friedensnobelpreis.

Reederei, die, Unternehmen, das mit eigenen Fahrzeugen Fracht- und Passagier-Schiffahrt betreibt.

Ren, das, Hirschart des hohen Nordens, mit einem auch beim Weibchen auftretenden, schaufelartig verbreiterten Geweih; Fell graubraun, im Winter heller; breite, spreizbare Klauen und große Afterklauen. Das R. lebt teils wild, teils halbgezähmt in großen Herden; Frühjahrs- und Herbstwanderungen.

Riksmål (riksmol), Reichssprache. Urspr. die „Stadtsprache" der Gebildeten in Norwegen. Sie wurde dänisch geschrieben, aber als eine dän.-norweg. Mischung mit norweg. Lautgebung gesprochen. R. heißt nach der Sprachreinigung *Bokmål (Buchsprache).*

Robben, wasserbewohnende Raubtiere, die gesellig an Meeresküsten leben. Der Körper ist spindelförmig und hat flossenähnliche Gliedmaßen, deren Zehen durch Schwimmhäute verbunden sind.

Roter Halbmond, das statt des Roten Kreuzes in den islamischen Ländern übliche Neutralitätszeichen im Sanitätsdienst.

Rotes Kreuz, das Abzeichen des zivilen und militärischen Kranken- und Verwundetendienstes und der vom Genfer Kaufmann Henri Dunant 1863 gegr. gleichnamige Vereinigung, auf deren internat. Konferenz 1864 12 Staaten die Genfer Konvention (1906 erneuert) zur Verbesserung des Loses verwundeter und kranker Soldaten im Krieg anerkannten. Die Landesvereine bemühen sich während eines Krieges außerdem um die Kriegsgefangenen, vermitteln an sie und an internierte Personen Briefpost sowie Lebensmittelpakete und errichten einen Vermißtensuchdienst. In Friedenszeiten organisieren sie Krankentransporteinrichtungen und treten bei Elementar- und anderen Katastrophen in Aktion.

Ruhr, infektiöse Entzündung des Dickdarms, mit Fieber, häufigen blutigen, schleimigen Stühlen und Auftreten von Geschwüren.

Sardarabad-Wüste, Wüstenstreifen in Armenien nördl. des Aras-Flusses zwischen den Städten Sardarabad und Eriwan.

Schären, die, kleine, felsige Inseln vor den Küsten Skandinaviens und Finnlands.

Schönhaar, Harald I. Harfagr, gest. 933, regierte seit 860 als König in Norwegen, vereinigte die Landschaften Norwegens zu einem Reich.

Scott, Robert Falcon, engl. Polarforscher, geb. 6. 6. 1868 in Devonport, gest. Ende März 1912, nahm 1899–1904 an der Südpolarexpedition der „Discovery" teil und erreichte bei einer 1910 begonnenen Expedition mit vier Begleitern am 18. 1. 1912 (vier Wochen nach Amundsen) den Südpol. Beim Rückweg kam er mit seinen Begleitern um.

Skorbut, der, Krankheit, die durch Mangel an Vitamin C hervorgerufen wird. Die Zähne lockern sich, das Zahnfleisch blutet; auch in Muskeln und Haut kommt es zu Blutungen. Entsteht häufig durch einseitige Ernährung (kein Obst und Gemüse) auf langen See- und Forschungsreisen.

Smyrna, größter türk. Ausfuhrhafen und Provinzhauptst., liegt in W-Anatolien, 230 500 Einw. Teppich-, Textil- und Tabakindustrie, Töpferei, Gerberei und Ölpressen. Ausfuhr von Tabak, Rosinen, Feigen, Teppichen, Opium.

Sokrates, eine der Hauptgestalten der griech. Philosophie und des abendländischen Denkens, geb. 470 v. Chr. in Athen, gest. 399 v. Chr. in Athen (Giftbecher als Todesstrafe). Da er selbst nichts niedergeschrieben hat, sind uns seine Lehren nur aus den Aufzeichnungen seiner Schüler (Platon, Xenophon) bekannt.

Spitzbergen, gebirgige Inselgruppe in der Arktis, 63 000 km², ca. 2 300 Einw. Mit Ausnahme der SW-Küste ist Sp. mit Inlandeis bedeckt und durch Fjorde stark gegliedert. Kohlenbergbau in Longyearbyen und Barentsburg. Fischfang im Sommer. 1596 von Barents entdeckt.

Staatsbankrott, Zahlungseinstellung des Staates infolge angenommener, tatsächlicher oder vorgeschützter Zahlungsunfähigkeit.

Staatskirche, norwegische, ist lutherisch und umfaßt 96% der Bevölkerung. Der König bestellt alle Bischöfe und Pfarrer und übt das Recht der Kirchengesetzgebung über innerkirchliche Angelegenheiten gemäß dem Rat der Bischöfe aus; die Gesetzgebung über die äußere Organisation liegt beim Parlament.

Ständiger Internationaler Gerichtshof, der im Rahmen der Satzungen des Völkerbundes im Haag errichtete Gerichtshof, besetzt mit

15 Richtern, die von den Organen des Völkerbundes nach Vorschlägen der Mitgliedstaaten für die Dauer von 9 Jahren gewählt wurden. Zuständig z. B. für Staatenstreitigkeiten.

Steuerbord, die rechte Seite des Schiffes in der Richtung zum Bug gesehen.

Storting (sturting), das, die aus zwei Kammern bestehende norweg. Volksvertretung (Parlament).

Stresemann, Gustav, Politiker, geb. 10. 5. 1878 in Berlin, gest. 3. 10. 1929 in Berlin. Führer der deutschen Volkspartei. 1923 Reichskanzler, 1924–1929 Außenminister; er arbeitete im Sinne einer Europäischen Union auf eine Verständigung mit Frankreich hin und war maßgeblich am Locarno-Pakt beteiligt. Friedensnobelpreis 1926.

Taiga, die, Gebiet des ausgedehnten, vielfach versumpften Urwaldes Sibiriens, das fast ausschließlich mit Nadelbäumen (Fichten, Tannen, Föhren, Lärchen) bestanden und sehr spärlich besiedelt ist. Die T. wird jetzt teilweise in Ackerland und Wiesen verwandelt. Tiere: Braunbären, Elche, Hirsche und viele Pelztiere.

Telemark, Telemarken, norweg. Gebirgslandschaft, im Gaustal, 889 m hoch, hat alte Bauernkultur; neuerdings auch bedeutende Industrie (Elektrochemie). Hauptort ist Skien.

Theodolit, der, wichtigstes Winkelmeßgerät der Feldmessung, besteht im wesentlichen aus drehbaren Metallkreisen mit genauer Teilung, die mit Mikroskop abgelesen wird, und einem sowohl um die lotrechte Achse des Instruments wie um eine waagrechte Achse drehbaren Fernrohrs zum Anvisieren der Geländepunkte. Universalinstrumente haben außerdem einen Höhenkreis zur Messung von Höhenwinkeln.

Tigris, Strom in Vorderasien, 1 950 km lang, entspringt in den Ausläufern des Taurus, durchfließt Mesopotamien und vereinigt sich mit dem Euphrat zum Schatt-el-Arab.

Totwasser, das Gebiet turbulenter Strömung vor allem hinter einem umströmten Körper bei Ablösung der Strömung.

Troll, der, Unhold, Kobold der nordischen Sage.

Tromsö, Hafenstadt im nördl. Norwegen auf der gleichnamigen Insel, 11 000 Einw. Fischmehl- und Tranerzeugung. Polarlichtbeobachtungsstation.

Trotzki, Lew Davidowitsch, eigentl. Leib Bronstein, russ. revolutionärer Politiker, geb. 7. 11. 1879 in Iwanowka, gest. (ermordet) 21. 8. 1940 in Mexiko, Mitbegründer der „Roten Armee", 1899 nach O-Sibirien verbannt, floh 1902 nach England, kehrte 1917 nach Rußland zurück und schloß sich Lenin an. An der Oktoberrevolution beteiligt, geriet er nach Lenins Tod in immer schärferen Gegensatz zu Stalin, wurde schließlich 1927 aus der Kommunistischen Partei ausgeschlossen und 1929 des Landes verwiesen.

Tundra, Vegetationsform jenseits der Baumgrenze, in Polargebieten oder in Hochländern. Auf den im Sommer sumpfigen, humusarmen Böden gedeihen nur Moose, Flechten und Zwergsträucher.

Ultimatum, das, diplomatische Note eines Staates an einen anderen; enthält eine letzte Aufforderung zu einem Vergleich, verbunden mit einer Drohung, daß bei Nichtbefolgung die Verhandlungen, diplomatischen Beziehungen abgebrochen werden oder daß es zum Ausbruch eines Krieges kommt.

UNO = United Nations Organization, Vereinte Nationen, der Zusammenschluß der freien Staaten mit dem Ziel, den Frieden und die Freiheit unter den Völkern zu erhalten und die Zusammenarbeit der Nationen zu fördern. Der Sicherheitsrat: er soll internat. Streitfragen friedlich lösen. Der Sicherheitsrat hat Klagen wegen Friedensbedrohung, Friedensbruches oder Angriffshandlungen zu beraten und Gegenmaßnahmen zu ergreifen.

Ural, langer Gebirgszug zwischen dem nördl. Eismeer und der Kaspischen Senke; Eisen-, Kupfer-, Nickel-, Chromerze, Gold, Platin, Bauxit, Asbest, Kalisalze u. a. Große Industriestädte: Swerdlowsk, Magnitogorsk. Der U. gilt (nicht ganz berechtigt) als Grenze zwischen Europa und Asien.

Vardö, Ort der Provinz Finnmark, N-Norwegen, Handels- und Fischereiplatz auf der Halbinsel Varanger.

Völkerbund, auch „Liga der Nationen". 1920 wurde die internat. Staatenverbindung des Völkerbundes mit dem Sitz in Genf gegründet. Erste Mitgliedstaaten waren die Siegerländer des 1. Weltkrieges mit Ausnahme der USA, obwohl deren Präsident Wilson bei der Gründung eine Hauptrolle gespielt hatte. Dadurch und durch das Fehlen der UdSSR war die Autorität des Völkerbundes nur gering. Die wachsenden Gegensätze zwischen den Siegermächten in der Frage der Revision der Friedensverträge von 1919–20, die Einigung der faschistischen Länder und der Mangel einer entsprechenden Exekutive zur Durchsetzung seiner Beschlüsse ließen seine Bedeutung immer fraglicher werden. 1933 traten das nationalsozialistische Deutschland und Japan aus, während 1934 die UdSSR, die ebenso wie die USA ferngeblieben war, beitrat. Durch den 2. Weltkrieg bedeutungslos geworden, wurde er nach Kriegsende und Gründung der UNO 1946 aufgelöst.

Vorderfinne, die Finne ist ein Seemannsausdruck für die Flossen bei Walen, Haien und manchmal auch bei Walrossen (Brust-, Rücken- und Schwanzfinne).

Wake, die, eine Öffnung in der Eisdecke.

Walroß, gesellig lebende Robbe der nördl. Meere, bis 4 m lang und bis 1 000 kg schwer. Starke lederbraune Haut, die kurze Schnauze trägt einen dichten Bart aus hornigen Schnurrborsten, mächtige Hauer bis 75 cm lang und bis 3 kg schwer. Das W. schwimmt rasch und taucht gut, lebt jedoch meist auf Eisschollen; es nährt sich von Krebsen und Muscheln. Das W. wird wegen seiner Zähne, seines Trans und der Haut gejagt.

Weiße Truppen, die antibolschewistischen Truppen während des russ. Bürgerkrieges. Die Generäle Koltschak in Sibirien, Judenitsch in N-Rußland und Denikin und Wrangel im Süden kämpften mit ihren „Weißen Armeen" gegen die „Rote Armee". Die Rote Armee erkämpfte schließlich den Sieg und gewann die Ukraine wieder zurück.

Werenskiold, Erik, norweg. Maler, geb. 11. 2. 1855 in Kongsvinger, gest. 23. 11. 1938 in Oslo, malte stimmungsvolle Bilder der norweg. Landschaft, Darstellungen aus dem Bauernleben und charaktervolle Bildnisse.

Wilson (wilsn), Thomas Woodrow, 28. Präsident der USA, geb. 28. 12. 1856 in Staunton, gest. 3. 2. 1924 in Washington, versuchte 1918 einen Frieden der Versöhnung herbeizuführen. In 14 Punkten legte er seine Grundsätze nieder, die allen Völkern wirtschaftliche Gleichberechtigung und politische Selbstbestimmung versprachen. Ein Völkerbund sollte fortan alle Streitfragen zwischen den Nationen schlichten. Im Versailler Vertrag konnte Wilson aber nicht den versprochenen Frieden der Gerechtigkeit und Vernunft durchsetzen. Friedensnobelpreis 1919. Er begann seine politische Karriere als Univ.-Prof. in Wirtschaftspolitik.

Wladiwostok, größte Hafenstadt der Sowjetunion am Stillen Ozean mit 265 000 Einw. Moderne Stadt, Endpunkt der Tanssibirischen Bahn, bedeutender Fischereihafen. W. hat Werften, Metallindustrie, Tabak- und Konservenfabriken. Universität, Bibliotheken, wissenschaftliche Institute.

Wrangel, Peter, russ. General, geb. 27. 8. 1878 in Nowo-Alexandrowsk, gest. 25. 4. 1928 in Brüssel, befehligte im 1. Weltkrieg eine Kosakendivision, die er nach Kriegsende als „Weiße Armee" im Bürgerkrieg gegen die Bolschewiken und ihre „Rote Armee" führte.

YMCA = Young Men's Christian Associations = Christliche Vereinigung junger Männer, Jugendverbände auf christl. Grundlage zur Pflege der religiösen, sozialen, geistigen und materiellen Entwicklung ihrer Mitglieder, ferner zur Förderung des Verstehens zwischen Nationen, Rassen und sozialen Gruppen. Bedeutend waren ihre Hilfeleistungen auf materiellem Gebiet nach den beiden Weltkriegen.

Zeppelin, Graf Ferdinand von, geb. 8. 7. 1838 in Konstanz, gest. 8. 3. 1917 in Berlin. Deutscher Luftschiffkonstrukteur; erhielt 1895 das Patent auf ein nach ihm benanntes Luftschiff (Starrluftschiff) nach dem Prinzip „leichter als die Luft". Er gründete 1898 eine AG. zur Förderung der Luftschiffahrt.

Das geistige Vermächtnis Nansens

Die gewaltige Arbeit, die Fridtjof Nansen während seines Lebens geleistet hat, geht allein schon aus der Zahl seiner Publikationen hervor, von denen hier nur die wichtigsten Bücher und Abhandlungen genannt sind:

1883 Eisbärenjagd an der Küste Grönlands.
Der Nordpol und das Polareis.
Über ganzwollene Kleidung.
1884 An der grönländischen Küste entlang.
Eine Skifahrt von Voß nach Christiania und zurück.
1885 Anatomie und Histologie des Nervensystems der Myzostomen.
1886 Vorläufige Mitteilungen über Untersuchungen des histologischen Baues des Zentralnervensystemes bei Ascidien und Myxine glutinosa.
1885/86 Bärenjagd im Eismeer.
1886/87 Quer durch Grönland.
Nervenelemente, ihre Struktur und ihr Zusammenhang im Zentralnervensystem. Doktor-Dissertation.
Über das dritte Auge der Wirbeltiere, das Stirnauge.
Das Treibeis, seine Bildung und seine Wanderung.
Die zoologische Station in Neapel.
Die Naturgeschichte der niederen Tiere und Pflanzen.
1888 Grönlands Inlandeis.
Die Bewohner Grönlands.
1890 Auf Schneeschuhen durch Grönland.
Plan einer neuen Polarexpedition.
1891 Eskimoleben.
Zum Nordpol.
1892 Die künftige Nordpolexpedition und ihre Ausrüstung.
Wissenschaftliche Ergebnisse der Durchquerung Grönlands.
Die besten Skitypen und Bindungen.
1894 Entwicklung und Körperbau des Wales.
1897 In Nacht und Eis.
1898 Wie der Nordpol erreicht werden soll.

Friede und Friedenspolitik.
Unter Robben und Eisbären.

1925   Die Norweger in Grönland.

Das armenische Volk.

Die ozeanischen Probleme der noch unbekannten Nordpolargegenden.

Klima-Veränderungen in der Geschichte des Nordens.

1926   Nationalismus und Schiedsgerichts-Abkommen.

Klima-Veränderungen in geschichtlicher und nachglacialer Zeit.

Der östliche Nordatlantik.

1927   Die wissenschaftliche Notwendigkeit arktischer Forschung.

Durch Armenien.

Die Erdrinde, ihre Oberflächenform und ihr isostatisches Gleichgewicht.

Vorschlag für ein Zelt aus Segeltuch mit Schneepackung für Polarstationen.

Die nordische Zusammenarbeit.

Über den Kaukasus zur Wolga.

Die Arbeit für Kriegsgefangene und Flüchtlinge.

1930   Die Gleitfähigkeit der verschiedenen Holzarten auf Schnee.

In Zusammenarbeit mit Björn Helland-Hansen, 1909. Die jährlichen Schwankungen der Wassermassen im norwegischen Nordmeer in ihrer Beziehung zu den Schwankungen der meteorologischen Verhältnisse, der Ernteerträge und der Fischereiergebnisse in Norwegen.

Dieses Buch entstand nach einer Reise durch Norwegen und Schweden und nach dem Studium folgender Werke von und über Fridtjof Nansen:

Fridtjof Nansen:	In Nacht und Eis, 3 Bände
	Auf Schneeschuhen durch Grönland
	In Nacht und Eis, 1 Band
	Nebelheim, 2 Bände
	Eskimoleben
	Sibirien, ein Zukunftsland
	Durch den Kaukasus zur Wolga
	Betrogenes Volk
	Freiluftleben
Jon Sörensen:	Fridtjof-Nansen-Saga

Heinz Sponsel:	Fridtjof Nansen, das Gewissen der Welt
Wolfgang Sonntag:	Held des Friedens
Liv Nansen-Høyer:	Mein Vater Fridtjof Nansen
Walter Bauer:	Die langen Reisen

Fernweh Geschichten vom Reisen

Herausgegeben von Brigitte und Wilhelm Meissel

Reisen ist mehr als in der Sonne liegen, um braun zu werden. Den Beweis dafür treten 19 österreichische Autoren in diesem Buch an. Die Sehnsucht nach der weiten Welt, die Erlebnisse auf heimatlichen Straßen und in fremden Ländern, aber auch das Verlangen nach dem Vertrauten fesseln in bunter Vielfalt den Leser.
Ein Buch zwischen Fernweh und Heimweh, zwischen abenteuerlicher Realität und faszinierender Fantasie für junge Menschen, die sich mehr wünschen als eine brave Reise aus dem Urlaubsprospekt.

Hannelore Bürstmayr, Erika Eyer, Vera Ferra-Mikura, Maria Gornikiewicz, Maria Haberl, Wolf Harranth, Friedl Hofbauer, Heinz Janisch, Hans Krendlesberger, Lene Mayer-Skumanz, Brigitte Meissel, Wilhelm Meissel, Anna Melach, Monika Pelz, Renate Ross-Rahte, Chantal Schreiber, Edith Schreiber-Wicke, Evelyne Stein-Fischer, Paul Wimmer.

160 Seiten, Pappband, 1. Auflage 1989

Die Fahrt der Fram und Nansens Vorstoss zum Pol